京师比较高等教

王英杰 刘宝存◎总主编

A COMPARATIVE STUDY
ON EQUITY AND EFFICIENCY
OF HIGHER EDUCATION

高等教育公平与效率
问题的国际比较研究

刘宝存 等◎著

北京师范大学出版集团
BEIJING NORMAL UNIVERSITY PUBLISHING GROUP
北京师范大学出版社

图书在版编目（CIP）数据

高等教育公平与效率问题的国际比较研究 / 刘宝存等著. —北京：北京师范大学出版社，2023.2
ISBN 978-7-303-27806-0

Ⅰ.①高… Ⅱ.①刘… Ⅲ.①高等教育－教育资源－对比研究－世界 Ⅳ.①G649.1

中国版本图书馆 CIP 数据核字（2022）第 025879 号

教材意见反馈：gaozhifk@bnupg.com 010-58805079
营销中心电话：010-58802755 010-58800035
北师大出版社教师教育分社微信公众号 京师教师教育

GAODENG JIAOYU GONGPING YU XIAOLU WENTI DE GUOJI BIJIAO YANJIU
出版发行：北京师范大学出版社 www.bnupg.com
北京市西城区新街口外大街 12-3 号
邮政编码：100088
印　　刷：天津旭非印刷有限公司
经　　销：全国新华书店
开　　本：730 mm×980 mm 1/16
印　　张：17.75
字　　数：309 千字
版　　次：2023 年 2 月第 1 版
印　　次：2023 年 2 月第 1 次印刷
定　　价：72.00 元

策划编辑：鲍红玉　　　责任编辑：周　鹏　王思琪
美术编辑：李向昕　　　装帧设计：李向昕
责任校对：郑淑莉　　　责任印制：马　洁

总 序
FOREWORD

习近平总书记在中国共产党第十九次全国代表大会的报告中明确提出新时代的"三步走"战略目标。从党的十九大到 2020 年，是全面建成小康社会决胜期，全面建成得到人民认可、经得起历史检验的小康社会。从 2020 年到 2035 年，在全面建成小康社会的基础上，再奋斗 15 年，基本实现社会主义现代化。从 2035 年到本世纪中叶，在基本实现现代化的基础上，再奋斗 15 年，把我国建成富强民主文明和谐美丽的社会主义现代化强国。这是我国社会主义现代化建设和民族复兴的宏伟蓝图和总体方略，也是我国各项事业发展的基本依据和最终旨归。

为了贯彻落实党的十九大精神，2019 年 2 月中共中央、国务院印发了《中国教育现代化 2035》，明确提出推进教育现代化的总体目标：到 2020 年，全面实现"十三五"发展目标，教育总体实力和国际影响力显著增强，劳动年龄人口平均受教育年限明显增加，教育现代化取得重要进展，为全面建成小康社会作出重要贡献。在此基础上，再经过 15 年努力，到 2035 年，总体实现教育现代化，迈入教育强国行列，推动我国成为学习大国、人力资源强国和人才强国，为到本世纪中叶建成富强民主文明和谐美丽的社会主义现代化强国奠定坚实基础。2035 年的主要发展目标是：建成服务全民终身学习的现代教育体系、普及有质量的学前教育、实现优质均衡的义务教育、全面普及高中阶段教育、职业教育服务能力显著提升、高等教育竞争力明显提升、残疾儿童少年享有适合的教育、形成全社会共同参与的教育治理新格局。为了推进我国教育现代化，《中国教育现代化2035》提出了教育改革与发展的八大基本理念：更加注重以德为先，更加注重全面发展，更加注重面向人人，更加注重终身学习，更加注重因材施教，更加注重知行合一，更加注重融合发展，更加注重共建共享。基于上述基本理念，《中国教育现代化2035》聚焦教育发展的突出问题和薄弱环节，重点部署了面向教育现代化的十大战略任务：一是学习习近平新时代中国特色社会主义思想；二是发展中国特色世界先进水平的优质教育；三是推动各级教育高水平高质量普及；四是实现基本公共教育服务均等化；五是构建服务全民的终身学习体系；六是提升一流人才培养与创新能力；七是建设高素质专业化创新型教师队伍；八是加快信息化时代教育变革；九是开创教育对外开放新格局；十是推进教育治理体系和治理能力现代化。

《中国教育现代化2035》是我国第一个以教育现代化为主题的中长期战略规划，是新时代推进教育现代化、建设教育强国的纲领性文件。《中国教育现代化2035》的颁布标志着我国新一轮教育改革的开始。为了实现高等教育的现代化，我国将推动高等教育思想创新，分类建设一批世界一流高等学校，建立完善的高等学校分类发展政策体系，制定多样化的高等教育人才培养质量标准，促进高等教育的共建共享，加强高等学校创新体系和中国特色新型智库建设，打造一支高水平的教师队伍，利用现代技术加快推动人才培养模式改革，扩大和加快高等教育对外开放，完善高等教育治理体系，全面推进教育改革。

他山之石，可以攻玉。北京师范大学国际与比较教育研究院是首批入选的教育部人文社会科学重点研究基地之一，几十年来一直围绕世界和我国教育改革与发展的重大理论、政策和实践前沿问题开展比较研究，探索教育发展的规律，把握国际教育发展的趋势，为我国教育改革与发展提供理论支撑。正是基于此，我们在北京师范大学出版社的支持下，在 2011 年组织出版了"京师比较高等教育研究丛书"，取得了良好的社会反响。现在我们再次把基地研究人员近期在比较高等教育领域的研究成果结集出版，希望通过丛书第二辑的出版为我国新一轮高等教育的改革与发展作出一点贡献，同时也对比较教育学科的发展有所帮助。

王英杰

2020 年 10 月

前言
PREFACE

在社会发展过程中，人类始终面对着需求无限与资源有限的矛盾，公平与效率问题便成为人类社会发展所面临的两大最基本的理念诉求与现实难题。之所以将其看成一个"难题"，是因为人们既不能简单地将两者看成对立关系，也绝不应该妄分主次、厚此薄彼，以牺牲一方为代价而力图实现另一方的跨越与发展。公平与效率是矛盾的统一体，任何一方的变化与调整都会对两者的未来发展产生难以估量的影响。

高等教育中的公平与效率问题是一个世界性难题。公平与效率作为价值尺度，都是评价性概念。然而，它们有一些共同属性：其一，相对性。公平与效率都是相对性的概念，没有绝对的公平，也没有绝对的高效率。对它的认识与判断，往往受历史条件和社会群体或个人的价值观及切身利益所制约。其二，发展性。由于人们之间的差别是永恒的，提高效率和促进公平的需求也是永恒的，因此，就其抽象性来说，高等教育公平与效率是教育发展的理想追求。其三，合理性。由于高等教育公平与效率的相对性和发展性，人们并不仅仅关注公平和效率本身，即不仅关注公平的水平和效率水平，而且关注高等教育公平与效率的合理性。其四，联系性。效率是实现公平的条件，离开效率的公平并不是真正的公平；同理，公平也是实现效率的条件，离开公平的效率也是不可能长久的。其五，矛盾性。在许多情况下，公平与效率是一对矛盾的两个方面，既相互联系，又相互矛盾，呈现出不同的价值取向。也就是说，对公平的追求可能会影响效率，反之亦然，对效率的追求也可能影响公平。

受限于国家现实国情的不同，西方各国对于这一问题的应对采取了极为不同的现实方案。例如，在美国，"平权运动""多元课程""问责制度"的兴起都凸显出公平与效率问题始终是美国社会争论的焦点问题，而《平权法案》的存废之争则见证着美国对于高等教育是以公平为导向还是以效率为优先的观念上的撕裂，也说明解决公平与效率问题的复杂与艰难。在法国，人们已经意识到高等教育的发展正深受法兰西民族追求极端公平理念的拖累，于是重拾"考试"这一工具，通过"高中毕业会考""大学校竞考"等方式来重新厘定教育中公平与效率之间的关系，政府、学校与公民都纷纷行动起来，为这一问题的合理解决贡献力量。在日本，政府为了促进高等教育发展中公平与效率的协调发展，积极推进"国立大学独立行政法人化政策"与"竞争性研究经费拨款方式改革"，利用法律来赋予国立大学自主经营权力，进而打破高等教育领域中日益封闭的组织结构和僵化的行政体制运行机制，目的则是在减轻财政负担的同时，让大学参与市场竞争，来增强教育投资效率，维护高等教育领域的基本公平。

中国自改革开放以来，特别是实现从计划经济体制向社会主义市场经济体制转型以来，社会经济发展的价值取向是"效率优先，兼顾公平"。中华人民共和国成立后的很长一段时间内，存在着过分强调"公平"而忽视效率的倾向，平均主义"大锅饭"严重影响着社会经济发展。改革开放以来，我国开始重新认识公平与效率的关系，针对平均主义分配对效率造成的巨大伤害，开始破除平均主义，关注效率的提高，并于1992年党的第十四次全国代表大会的决议里第一次明确提出了"兼顾效率与公平"的方针。1993年，中共十四届三中全会通过的《中共中央关于建立社会主义市场经济体制若干问题的决定》，在效率与公平这个两难选择上，突破了以前的提法，第一次提出"效率优先，兼顾公平"的原则，同时强调效率和公平，但在优先次序上把效率放在首位。"效率优先，兼顾公平"的原则也成为近30年来我国社会经济发展一直坚持的基本价值取向。与我国社会经济发展的价值取向相一致，高等教育改革与发展的价值取向也经历了一个类似的变化过程。"效率优先，兼顾公平"也是我国经济体制改革以来高等教育改革与发展的基本价值取向。

2006 年 10 月，中共十六届六中全会通过《中共中央关于构建社会主义和谐社会若干重大问题的决定》，提出了到 2020 年构建社会主义和谐社会的目标和主要任务，效率与公平的关系问题再次成为关注的焦点。2016 年，习近平总书记在中央全面深化改革领导小组第二十三次会议上强调："改革既要往有利于增添发展新动力方向前进，也要往有利于维护社会公平正义方向前进，注重从体制机制创新上推进供给侧结构性改革，着力解决制约经济社会发展的体制机制问题；把以人民为中心的发展思想体现在经济社会发展各个环节，做到老百姓关心什么、期盼什么，改革就要抓住什么、推进什么，通过改革给人民群众带来更多获得感。"我们所要建设的社会主义和谐社会，应该是民主法治、公平正义、诚信友爱、充满活力、安定有序、人与自然和谐相处的社会。如何通过高等教育促进社会主义和谐社会建设，是一个亟待研究的课题。实现社会主义和谐社会，并不是否定"效率优先，兼顾公平"的价值取向，但是必须比原来更多地关注公平问题，而且经过几十年的快速发展，我国也更有条件解决社会发展各方面的不公平问题。如何在坚持"效率优先，兼顾公平"基本原则的前提下更好地处理高等教育发展中的公平与效率的关系问题，是摆在我们面前的一个新的课题。

　　处理好公平与效率的关系问题，既需要国人自身的努力与智慧，同时也应通过国际比较研究透视其他国家在相关问题上的理念、政策、成效与问题，汲取其经验，借鉴其教训。因此，教育部人文社会科学重点研究基地北京师范大学比较教育研究中心（2012 年更名为"北京师范大学国际与比较教育研究院"）以"高等教育发展中公平与效率问题的国际比较研究"为题，组织申报了 2007 年度教育部人文社会科学重点研究基地重大项目，并成功获批立项（项目批准号：07JJD880225）。最初，该课题是由基地委托河北大学教育学院傅松涛教授申报的，但是由于种种原因，傅松涛教授并没有完成该项研究。2015 年 7 月，基地责成我重新组织课题组开展研究，建立了由相关教育研究专家组成的研究团队。本书的整体框架由我设计提出，经课题组讨论后分章撰写，具体分工如下：第一章"高等教育发展中公平与效率理论审视"由北京师范大学林杰教授负责，第二章"美国高等教育发展中的公平与效率"由北京师范大学谷贤林教授和杜浩负责，第三章"英国高等教育发展中的公平与效率"由北京师范大学刘强副教授和康云菲负责，第四章"法国高等教育发展中的公平与效率"由北京师范大学王晓辉教授负责，第五章"德国高等教育发展中的公平与效率"由北京师范大学孙进教授和柏林洪堡大学宁海芹博士负责，第六章"俄罗斯高等教育发展中的公平与效率"由梧州学院赵伟教授负责，第七章"日本高等教育发展中的公平与效率"由北京联合大学李润华副教授负责，第八章"促进我国高等教育公平与效率协调发展的政策建议"由中国传媒大学耿益群教授负责。最后，由我负责书稿的统稿工作。江苏师范大学张伟博士协助做了统稿工作。由于基地评估在即，课题组成员放弃暑假休息的时间，加班加点，保质保量按时完成了课题。在此，我再次对他们的奉献精神和辛勤劳动表示衷心的感谢；同时，也感谢傅松涛教授在课题申报和前期研究中所做的贡献。

现在呈现在大家面前的这部著作是课题组成员集体商量、研磨与思索的结果，这一成果凝结着集体的智慧与辛劳。所有对于其他国家高等教育领域中的公平与效率问题的研究与分析，其根本目标是解决我国当前所面临的现实教育问题。高等教育效率是高等教育公平的前提，而高等教育公平是高等教育效率的目的。客观地讲，没有人能够给出一种可以从根本上解决教育领域中公平与效率问题的方法，任何探索与搜求都不过是为了达成最终目标而贡献的"绵薄之力"与"卑微之功"，换言之，本著作只是课题组成员寻求缓解当下中国教育公平与效率关系难题的一份努力，希望以此抛砖引玉，期待更多的高水平成果问世。在写作过程中，我们参考了国内外专家、同行的研究成果，未能一一列出，在此一并致以谢意！由于作者水平有限，时间短促，粗浅和遗漏之处在所难免，敬请同行专家和广大读者批评指正。

刘宝存

2020 年 11 月

目 录
CONTENTS

第一章 高等教育发展中的公平与效率理论审视

公平和效率是人类追求的两大价值，两者之间存在着千丝万缕的联系。在高等教育发展中，公平和效率也是高等教育这个系统中的矛盾统一体，如何处理好两者的关系，是各国政府普遍关注的问题，也是专家学者致力于探讨的对象。本章从理论的角度讨论高等教育公平和高等教育效率的内涵和特点等问题，分析高等教育公平与效率矛盾的必然性，以及在高等教育发展中需要处理好的矛盾关系。

第一节 高等教育发展中的公平

一、高等教育公平的内涵

教育公平是教育发展的主要目标之一。教育公平是指先天条件相同的个体，应获得相等的教育待遇和安排，同时应按个人天赋能力的差别，而予以相称的分配。追求教育公平已经成为现代国家制订教育目标时所不能忽视的一种理念。对教育公平问题的讨论自古有之，但作为专门课题加以研究，在西方是从 20 世纪 60 年代开始的，中国是从 20 世纪 90 年代开始的。高等教育公平问题，在西方是从 20 世纪 80 年代开始受到重视，随着高等教育规模的快速扩张以及大众化进程的加快，高等教育公平问题在中国日益受到社会和学术界的关注。

关于教育公平的内涵，西方的讨论源远流长。古希腊哲学家柏拉图（Plato）在其著作《理想国》中从两个方面阐述了教育公平的含义：第一，公平的教育应该使每个人特有的能力得到发展，为了使每个人都能通过教育获得发展，必须提供相同的教育机会，这种机会不应该受种族、地域、家庭背景、经济状况等外在因素的影响；第二，个人的能力应该以有益于整个国家的方式去发展，也就是说个人的发展不能以妨碍他人或整个社会的发展为代价。瑞典著名教育学家托斯坦·胡森（Torsten Husen）认为，教育公平主要指教育机会均等，包括教育起点的平等、教育过程的平等和教育结果的平等。美国霍普金斯大学社会学家詹姆斯·S. 科尔曼（James S. Coleman）提出了四条标准：一是进入教育系统机会均等，二是进入不同教育渠道的机会均等，三是教育成效均等，四是教育影响生活的前景均等。这四条标准涵盖了教育的全部过程，分别从教育的不同阶段阐释了教育公平的含义。①

关于高等教育公平的内涵，中外学者的界定主要分为以下三类。

首先，高等教育公平是指高等教育权利平等或高等教育机会均等。西方学者大多从教育机会均等角度研究教育公平。美国教育学家伯顿·R. 克拉克（Burton R. Clark）在其所著的《美国高等教育价值观》一文中指出，关于教育机会均等目前有两种说法。"一种说法：机会均等就是对所有人开放，而把学术成就放在次要地位；另一种说法：坚持一种严格的入学机会均等定义，即入学取决于个人学历，而不考虑诸如种族、阶层出身或政治派别这些外部特征。"②1948 年通过的《世界人权宣言》第 26 条规定："人人都有受教育的权利。高等教育应根据成绩对一切人平等开放。""任何人不得因其种族、性别、语言、宗教，也不得因其经济、文化或社会差别或身体残疾而被拒绝接受高等教育。"联合国教科文组织《反对教育歧视公约》（又译《取缔教育歧视公约》）规定，"使高等教育根据个人成绩对一切人平等开放"，"高等教育应根据成绩，以一切适当方法，对一切人平等开放"。1998 年联合国教科文组织在巴黎召开的首届世界高等教育大会上通过的《21 世纪的高等教育：展望与行动》和《高等教育改革与发展的优先行动框架》提出的高等教育的公平原则也是指高等教育机会均等，"高等教育应是根据个人成绩对一切人平等开放，使更多的人接受高等教育"③。

① 张人杰：《国外教育社会学基本文选》，146~179 页，上海，华东师范大学出版社，2009。

② 转引自王红：《论高等教育公平的内涵》，载《现代教育论丛》，2001(4)。

③ 赵中建：《21 世纪世界高等教育的展望及其行动框架——1998 世界高等教育大会概述》，载《上海高教研究》，1998(12)。

其次，高等教育公平是指高等教育资源分配的合理公正。代表人物是美国学者斯蒂芬·P.海纳曼（Stephen P. Heyneman）。他认为机会均等的实质可以归纳为享有公平使用教育资源的机会，不一定因为就读机会的不平等就应该减少社会对高等教育的投资。分配经济学认为，公平的本质在于它是调节社会成员之间财富分配关系的一种行为规范。在教育经济学领域，社会成员对高等教育的占有实质上也是社会成员之间对高等教育产品的分配。1966年的《科尔曼报告》（Coleman Report）在定义教育机会均等时，实际上也是从"分配"的范畴加以界定的。该报告认为，教育机会均等是指教育系统对教育产品在各个不同学生组别中的分配总体上应该是平等的。尽管人们对教育产品的具体描述有所不同，但从分配的角度界定教育公平的意义却是一致的。在高等教育领域，社会成员之间以高等教育产品的分配为核心形成了特定的社会关系，公平与否是就各社会成员以及各社会成员群体之间占有高等教育产品的相对状态而言的。因此，高等教育公平实际上指高等教育产品在社会成员之间进行分配时所遵循的行为规范，它调整的是社会成员在获取高等教育产品的过程中所呈现的利益关系。

最后，高等教育公平是对高等教育现象的评价或价值判断。我国学者张应强认为，教育公平实质上反映了人们对既存利益（教育资源、教育机会等）分配平等与否及其产生原因、标准等的价值评价和判断。[①] 李润洲认为，教育公平是指人与人之间教育利益关系以及非利益关系的反映、度量和评价。[②] 另外，也有学者认为，教育公平是一个主观概念，是"教育制度的合理性与公正性的统一"[③]。

二、高等教育公平的分类

哈佛大学哲学家约翰·罗尔斯（John Rawls）把公平分为两类：一是"均等性"的公平，其核心理念是"平等地对待相同者"，如人生而平等，法律面前人人平等；另一类是"非均等性"的公平，其核心理念是"不均等地对待不同者"，如多劳多得、贡献大者先富等。为了保证公平的实现，罗尔斯提出了著名的关于公平的三原则：（1）每个人都能获得最广泛的、与其他人相同的自由；

---

① 张应强、马廷奇：《高等教育公平与高等教育制度创新》，载《教育研究》，2002(12)。
② 张良才、李润洲：《关于教育公平问题的理论思考》，载《教育研究》，2002(12)。
③ 马和鸣：《新编教育社会学》，337页，上海，华东师范大学出版社，2002。

(2)一个人获得的不均等待遇，如地位、职位、利益等应该向所有人开放；(3)如果起始状况(收入和财富分配)不同，处于不利地位者的利益就应该用"补偿利益"的办法来保证。罗尔斯从伦理学角度提出公平的三原则，即平等自由的原则、机会的公正平等原则、差别原则。其分配教育资源的原则是能力主义与补偿教育政策相结合。①

目前学术界对高等教育公平的分类主要有以下几种。沃尔特·W. 麦克马洪(Walter W. McMahon)将教育公平分为三种类型：(1)水平公平，指相同者受相同对待；(2)垂直公平，指不同者受不同对待；(3)代际公平，指确保上一代人的不平等现象不至于全然延续下去。胡森将教育机会均等分为教育起点的平等、教育过程的平等和教育结果的平等。美国的托马斯·南格尔(Thomas Nagel)从国家是否干涉教育的角度，把教育平等分为"消极平等"和"积极平等"两种类型。科尔曼1966年通过调查，认为仅注重教育机会的平等是不够的，还需要强调教育结果的平等，主张继续推进补偿教育政策。托马斯·F. 格林(Thomas F. Green)在科尔曼的"符合能力的教育"基础上增加了"符合必要的教育"，并据此提出了教育资源分配的平等原理与最善原理。平等原理是指所有的人享有在最低限度上与提供给其他人同等程度的优质教育的机会。最善原理是指所有人都享有对他自己来说是最好的教育的权利。②

(一)起点公平

起点公平是公平不可缺少的内涵。起点公平要求不仅竞争过程中规则公平，而且对于所有社会成员来说，竞争的起点也应该是公平的。在社会经济活动中，"起点"的实质是人们所拥有的"生产条件"。生产条件主要包括两方面：一方面是指人的自然条件，如遗传、天赋、生理素质等；另一方面是指社会条件，如财产占有、家庭环境、社会地位、教育水平、居住地区等。

起点公平的实质便是要使人们具有相同或相似的竞争能力。显然，在同时具备起点公平的条件下，分配的结果即各人所拥有的收入份额间的差距将比在单纯的规则公平条件下要小，但差距仍会存在。因为即使各人拥有的生产条件

---

① 杨德广、张兴：《关于高等教育公平与效率的思考》，载《北京大学教育评论》，2003(1)。

② 翁文艳：《教育公平与学校选择制度》，42～51页，北京，北京师范大学出版社，2003。

相同或相似，还会存在因努力程度与选择上的差别而分配结果上有差距。

就高等教育而言，起点公平是指所有参与高等教育机会竞争者所具有的"生产条件"或"竞争能力"应该是相同或相似的。就高等教育而言，"生产条件"或"竞争能力"的内容主要包括两方面：一是各人所拥有的先前的教育水平；二是各人所拥有的经济条件。起点公平要求各人所拥有的先前的教育水平和经济条件均等，或先前的教育水平或经济条件不应成为各人占有高等教育机会状况差异的原因。先前的教育水平是指个人在接触到高等教育之前所受的基础教育的状况。对于竞争性高等教育系统而言，先前的教育水平是决定个人占有高等教育机会状况的主要因素。先前教育水平较高者具有较强的竞争力，从而也占有较多、较好的高等教育机会；而先前教育水平处于弱势者在高等教育机会竞争中也同样处于弱势，其结果也必然是不利的。经济条件是决定教育机会分配的重要因素。经济水平不仅从间接角度决定个人所拥有的先前教育水平的状况，在高等教育系统尚未完全免费的情况下，经济条件还直接决定着个人最终占有教育机会的状况。当个人有能力支付高等教育成本时，教育机会可以被他占有；当个人无力支付高等教育成本时，教育机会便无法被他占有。

高等教育的起点公平包括两方面的内容：其一，各成员在接受高等教育之前能够接受同等水平、同等质量的基础教育。现实生活中往往是个人所拥有的先前教育水平不同而导致高等教育机会占有状况的差异，这是不符合高等教育公平要求的。其二，各成员所拥有的经济条件不应成为阻碍其占有高等教育机会的障碍。如果某些人因无力支付高等教育的费用而失去了入学机会或只能选择较次的机会，便不符合高等教育起点公平的要求。在起点公平的要求下，如果个人或不同社会群体占有高等教育机会的差距是源自个人的选择或努力程度，而不是源自先前教育水平或经济条件时，这种差距通常可能在社会所能忍受的范围内，否则便会在社会成员中产生不合理、不公平的认定。

(二)规则公平

在经济活动中，规则公平是指在所有参与竞争的社会成员中，竞争规则必须公平。这种规则对于各社会成员来说应该是统一的、一视同仁的，既不偏袒某人，也不压制某人，所有人都遵循同一规则参与竞争活动。米尔顿·弗里德曼(Milton Friedman)说："任何专制障碍都无法阻止人们达到与其才能相称的，而且其品质引导他们谋求的地位。出身、民族、肤色、信仰、性别或任何其他无关的特性都不决定对一个人开放的机会，只有他的才能决定他所得到的机会。如果有些人仅仅因为某个种族出身、肤色或信仰而受到阻挠，得不到他们在生活中与他们相称的特定地位的话，这就否定了机会均等。"[1] 在此，机会均等其实就是指规则公平。在规则公平的规范下，人与人之间在分配结果上的差异性被认为是合理的，因为在规则统一的前提下，只要个人的收入份额与其对生产的贡献份额相一致就被认为是公平的。

个人对生产的贡献包括个人所拥有的生产要素（劳动和资本）、个人的努力程度（将生产要素投入生产的积极性）以及个人在生产过程中所做出的选择。由于个人所拥有的生产要素、努力程度及选择的不同，个人按贡献份额取得的收入份额也会不同，有些人收入会多些，有些人的收入会少些，贫富不均甚至收入悬殊的分配状况有可能出现。

但从规则公平角度来看，贫富不均并不与公平相冲突，公平的含义仅在于所有社会成员都按统一的竞争规则行事，最终谁多谁少并不是公平与否的衡量标准。高等教育规则公平与经济活动中的规则公平具有类似的含义，它是指在高等教育产品的竞争活动中，所有参与竞争的个体都遵循同一的、一视同仁的筛选与选拔规则，在高等教育资源的分配中每个人都按同样的规则分享公共资源的资助，不会因参与者的性别、民族、宗教宗仰、社会经济地位等而有任何的歧视。

在高等教育成为普及性教育之前，"成绩面前人人平等""客体与非合理因素之间不存在关联"是高等教育规则公平精神的体现。显然，高等教育的规则公平并不排斥竞争结果的差异性，"只要个体具有获得某种教育的平等机会"，"教育结果的不平等在道德上是允许的"[2]。当从规则公平的角度界定高等教育公平时，只要每个个体所面对的竞争规则、选拔标准是无差异的、均等的，即便不同社会群体以不均等的水平占有高等教育机会和高等教育资源，高等教育也应该被认为是公平的。

(三)结果公平

结果公平是更根本的，是高等教育公平的实体目标。

---

① 转引自林华开：《试析弗里德曼经济伦理思想中的自由观、效率观及平等观》，载《湖北经济学院学报》，2010(7)。

② 王红：《论高等教育公平的内涵》，载《现代教育论丛》，2001(4)。

首先，从社会正义的角度来看，结果公平是实质正义，是正义的真实价值体现。罗尔斯将"正义"区分为"实质正义"与"形式正义"。实质正义是关于社会的实体目标和个人的实体性权利与义务的正义。形式正义又叫"作为规则的正义"，其基本含义是严格地一视同仁。实质正义与形式正义的差别在于前者对于正义的要求是实质性的，后者只是形式上的。实质正义所要求的是人与人之间在事实上的、结果上的平等，而形式正义所要求的只是形式上或法律上的平等。形式正义以实质正义为前提，并为实质正义服务。

事实上的平等所关注的正是一种结果价值，是分配的最终结果，而不仅仅是在分配过程中所坚持的分配原则，实质正义的评判只能是以客观的结果为依据。显然，结果公平所追求的正是事实上的平等，它关注最终分配结果的公平性，是实质正义的体现，是社会的实体目标，以及个人的实体性权利与义务的落实，而规则公平则是形式正义的体现，形式正义可能包含某些实质的非正义，这些实质的非正义是与社会实体目标矛盾的。就人类社会追求的理想而言，体现社会实体目标的实质正义是更根本的，因而结果公平也是更根本的。

其次，结果公平是高等教育公平所追求的实体目标。高等教育的实体目标应有助于社会实体目标的实现。就分配领域而言，社会的实体目标显然是以收入差距的缩小、贫困者收入水平的提高、收入的均等化为理想的。在此条件下，高等教育公平的实体目标便被界定为有利于收入分配均等化，有利于贫穷者收入水平提高的状态，这种状态的实现只能依赖于教育机会分配的结果公平。

最后，结果公平是评判高等教育水平状况的现实标准。规则公平是一种形式上的公平，尽管它强调竞争、筛选标准的一视同仁，却可能导致巨大的结果差距，不能说一种实现了规则公平同时却使社会处境不利人群较少占有高等教育机会的分布状况是公平的。现实中也是如此，高等教育的规则公平几乎已是所有国家都已经承诺并遵循了的，然而，社会不同阶层在高等教育机会占有结果的巨大差距使得我们无法对现有的状态得出公平的结论。起点公平同样不能作为对公平状况进行评判的标准，它只是作为实现公平的必备条件，却并不必然可以得出公平的结论。即使假设每一个社会成员都接受了同等质量的大学前教育，也不能得出每一个人都能公平地占有高等教育机会的结论。高等教育机会分配的公平状况只能由最终的分配结果来判断，也只有分配结果才是更真实、客观的评判依据。

三、高等教育公平的功能

教育公平是社会公平价值在教育领域的延伸和体现。作为教育现代化的基本价值，教育公平已经成为各国教育制度和教育政策的基本出发点之一。它之所以成为现代教育的基本价值，是由于教育具有促进社会平等的社会功能。约翰·杜威（John Dewey）等教育改革者认为，教育至少有三种重要的职能：将青年人"整合"到社会及各种成人角色中去的"社会化"的职能；促进个人心理和道德生长的"发展"功能；同时，在存在经济、社会地位等方面巨大不平等的情况下，教育给人提供公平竞争、向上流动的机会，帮助处境不利者摆脱他出身的那个群体的局限，从而显著地改善人的生存状态，减少社会性的不公平。因此，现代社会的教育，一方面在社会流动、社会分化中具有"筛选器"的功能，另一方面又具有稳定器、平衡器的功能。

许多研究表明，教育还具有重要的工具性价值：对受教育者而言，这种工具性价值尤其表现在其对个人收入、社会流动性等方面的显著影响上；对社会而言，教育对一个国家的经济增长和技术进步有着积极的影响。与这两种价值相对应，教育的功能可以分为两种：一种是让学生学知识（即育人功能），另一种是给学生分出个"高低优劣"（即筛选功能）。这两种功能有密切的关系，但大体上是可以分开的：第一种功能的发挥，不必要求学生之间有竞争行为；第二种功能的发挥，必定要求学生之间有竞争行为。

厉以宁教授在1986年国家教育发展研究课题报告中提道："教育的不平等引起就业不平等，就业不平等引起收入不平等，收入不平等引起生活不平等，导致下一代又不平等。"[①]由此可见，在高度提倡发展和谐社会、以人为本的当今社会，每个人的发展而且是全面发展，才是社会公平和社会效率所要达成的最终目的和归宿。高等教育存在的目的正是实现这样一种社会理想，换言之，高等教育正是给社会大众提供了一种分流社会经济发展成果的机会，它所要围绕的中心正是我们每个存在于社会群体中的个体本身。

高等教育公平不仅仅是社会公平的重要内容，更是达致社会公平的重要手段和途径。教育经济学对高等教育在个人收入分配方面的作用有非常充分的论证。西奥多·W. 舒尔茨（Theodore W. Schultz）首先从人力资本的角度

---

① 转引自杜瑞军：《从高等教育入学机会的分配标准透视教育公平问题——对新中国50年普通高校招生政策的历史回顾》，载《高等教育研究》，2007(4)。

做出了理论解释。他指出，人力资本投资的较快增长将导致国民收入中源于劳动的份额相对上升与源于财产的份额相对下降，因而高等教育水平的提高有助于社会各阶层收入趋于均等化。更多的研究从实证角度验证了高等教育与收入分配的密切关系。

鉴于高等教育在收入分配均等化方面的作用，只有当高等教育的分配结果倾向于社会处境不利人群或扩大社会处境不利人群占有高等教育的相对数额，使之趋于公平时，收入分配的贫富差距才能缩小，收入分配才能更趋于公平，否则，即便高等教育的规则是公平的，它对于社会收入分配的公平作用也是有限的甚至是相反的。因为只有在规则公平的条件下，高等教育机会分配的结果才会由于"起点"的原因而更倾向于社会优势人群，高收入者占有更多更优的高等教育机会，收入分配的差距将进一步扩大而不是缩小。

在社会条件中，教育条件，尤其是高等教育条件是重要的方面。遗传、天赋等自然方面的差别较难克服，而教育条件等方面的均等化则可以经过人为的努力加以克服和改善，改善的途径之一便是实现高等教育的公平。显然，作为生产条件的高等教育并非指人们占有的高等教育机会的可能性，而是指人们占有高等教育机会的现实结果，是指各阶层社会成员占有高等教育机会的状况。它们要实现的公平是人们占有高等教育机会的结果的公平。

高等教育公平是社会公平在高等教育领域的延伸和体现，包括教育权利平等和机会均等两个基本方面。教育权利平等是指人们接受高等教育权利的平等，体现了现代社会每个人发展所必需的教育资源的平等享有权以及对更高级教育权利的竞争机会权。教育机会均等是指人们有接受适应其能力的教育机会。由于事实上存在的社会政治经济地位、个体才能、禀赋的差异和不平等，教育机会均等具有鲜明的价值取向，主要是改变处于不利地位的社会阶层的教育状况。机会均等意味着任何自然的、经济的、社会的或文化方面的低下状况，都应尽可能从教育制度本身得到补偿。高等教育公平之所以成为高等教育发展的基本价值尺度，成为世界各国教育政策的基本出发点，除了因为接受高等教育已成为现代社会公民的基本人权外，还因为高等教育能够显著地改善人的社会生存状况，增进社会公平，因而被视为实现社会平等"最伟大的工具"①。

---

① 肖美良：《高等教育效率、效果、效益理论辨析及实践研究》，载《黑龙江高教研究》，2012(7)。

四、高等教育不公平的表现

教育公平是社会公平的重要内容，是社会公平在教育领域的延伸，也是达到社会公平的重要手段和途径。美国教育家贺拉斯·曼（Horace Mann）曾经宣称："教育是实现人类平等的伟大的工具，它的作用比任何其他人类发明都要大得多。"[①]但是，教育要发挥促进社会平等的功能，必须以自身的公平为前提和基础。如果教育本身不公平，其促进社会平等的功能也就无从发挥，甚至不但不能纠正社会的不平等，反而会再生社会的不平等。

20世纪六七十年代以来，出于公平的目的，世界各国纷纷扩大高等教育规模，其中所蕴含的主要逻辑是，扩张将削弱入学障碍，从而为那些先前不可能接受高等教育的更多人口提供更多的入学机会。历经50余年的发展，尽管各国在推进本国高等教育公平方面取得了长足进展，发达国家先后完成高等教育的大众化目标，发展中国家也正在向大众化迈进，但在各国高等教育繁荣发展的背后，仍然存在着严重的不公平问题。

（一）入学机会

各国关于教育公平的多数公共政策，所蕴含的主要信念有：（1）高等教育大众化或规模扩张将自然波及大多数处境不利学生（主要指来自低收入家庭的学生、少数民族学生、女学生以及残疾学生等）；（2）减免学费将保障低收入的处境不利学生的入学机会和学业成功；（3）扩展专业计划和扩大就学空间将保障学生更多的选择自由；（4）举行竞争激烈的高等教育入学考试必将导致公平的录取标准，从而有助于教育公平的实现。遗憾的是，在多数国家，这些公平政策并未取得预期结果。

研究表明，扩张政策只是扩大高等教育入学机会的必要条件而非充分条件。扩充并没有充分满足所有潜在的学生和历史上教育机会一直处于不利地位的社会经济阶层接受高等教育的愿望。从世界范围看，无论是发达国家还是发展中国家，来自高社会经济阶层的学生接受高等教育的比例都非常高，而来自低社会经济阶层的学生，无论是在申请大学的学生中还是在被大学录取的学生中，一直以来都比例偏低。

[①] 转引自冯晓艳：《美国基础教育领域教育机会均等问题的历史研究》，硕士学位论文，福建师范大学，2009。

(二)学校与专业中的选择

关于公平政策的讨论大都关注为更多的学生提供就学空间以及免费或低收费，忽视同样是关乎公平的"选择"问题。选择问题不仅与进入哪所学校学习有关，而且与学习哪一专业和课程有关。在世界范围内，高等教育系统在扩充的同时，其系统内部也经历了一个多样化的过程。高等教育机构的多样化一方面带来了更多的入学机会，满足了不同学生的不同需要，但另一方面其内部也一直存在严重的分化。近年来在各国高等教育系统内，学生入学和毕业的数量虽然有了很大增长，但结果表明，各国还不同程度地存在诸多问题。

首先，来自不同社会经济阶层的学生并不是均匀地分布于高等教育系统的各类院校。来自高社会经济阶层的学生，由于有条件接受私人辅导及进入高质量的私立或公立中学，他们比来自低社会经济阶层的学生更有可能通过考试，在进入高质量院校上有更多选择。相反，来自低社会经济阶层的学生的选择空间十分有限，他们在二年制学院或在学费低廉的远程教育或夜校中占有绝对优势比例，即便能够进入四年制大学，也大多集中在选择性不强和质量不高的大学学习。可以说，这种现象在世界各国都很显著。例如，在经济合作与发展组织（Organization for Economic Co-operation and Development，OECD，以下简称"经合组织"）成员国，越来越多出身于工人阶级家庭的学生进入非大学高等教育机构。在日本，尽管来自各收入阶层的学生的入学机会分布越来越公平，但进入选择性强的学校学习的机会却越来越成为分配社会机会的一个焦点。

其次，来自低社会经济阶层的学生主要学习人文社会科学，而在自然科学等学科领域的学习者比例偏低。例如，在澳大利亚，来自低社会经济阶层的学生学习农业、教育、工程和护理的比例偏高，而学习法律、建筑和医生的比例偏低。在英国，作为处境不利群体的少数民族学生主要学习教育和人文学科。①

所以，问题并不是简单的高等教育入学机会问题，而是与进入哪所学校

---

① Malcolm Skilbeck, "Access and Equity in Higher Education：An Internation Perspective on lssues and Strategies", http：//edepositireland.ie/bitstream/handle/2262/80384/Skilbeck％202000％20HEAACCES.pdf？sequence＝1&.isAllowed＝y，2020-05-18.

学习有关，与学习哪一专业和课程有关。入学机会的获得并不意味着所有问题都迎刃而解，甚至是当学生进入高等教育不同渠道导致负面歧视并强化了原有的不公平时，它就会对公平的目标和价值产生反面的、非有意而为的效果。

(三)学业保持

除了选择问题，能否最终完成学业和获得学位也是一个常常受到忽视的与高等教育公平有关的问题。有研究者指出，吸收大量学生入学，然后接受高学业失败和辍学率，这是一种不良经济。对那些没有获得学位就离开学院的学生的财政资助，实际上是一种巨大损失，因为对于个人来说，他们没有完成学业；对于纳税人来说，他们没有实现投资的预期收益；对于国家来说，则不利于经济和社会的发展和进步。对此，有美国学者指出："关注完成学业和获得学位，不仅是效率问题，而且关乎公平。"①

尤为值得注意的是，高等教育课程的非弹性化是导致学生学业失败的一个重要因素，这在发展中国家尤其明显。发展中国家没有校内或校际的学分互换制，结果导致基于公平的政策的效果常常走向反面。由于高校课程极度僵化，学生在中途转换课程几乎不可能，因为当学生选错了专业，或者在学习某一专业时掉队，或者已经学完这一专业(尤其是二年制学院)，此时如果学生打算在四年制或五年制学院转而学习其他专业或课程，他们被要求一切课程都要从头学起，但这是一个学生没有勇气和资源去尝试付出的昂贵代价。

五、高等教育公平的特点

(一)教育的公平是相对的

高等教育的公平是相对的，绝对的公平在现实生活中是不存在的。高等教育公平是一个相对的历史概念，人们对公平的认识和判断往往会受到历史条件、价值观念和自身利益的制约，其评价的标准受主观的影响较大。人们的发展水平不同，所处的社会阶层不同，对公平的认识标准也就各不相同。

---

① David W. Chapman and Ann E. Austin, *Higher Education in the Developing World*，Westport，Greenwood Press，2002，p.185.

对于高等教育公平，不能从主观的或单一的角度去评价。高等教育公平的体现，必然要受社会发展水平的制约。只有当人们以某一标准为依据进行价值判断时，才会产生教育公平与否的问题。从这个意义上说，教育公平是人们主观价值判断的产物，对公平的判断是因人、因时、因地而易的。公平和不公平是相对的，在高等教育发展过程中，有些现象从一个角度看是不公平的，但从另一个角度看又是公平的。例如，现在我国大多数民办高校没有或只有少部分专职教师，靠借用公办高校的师资来办学。在民办高校来看，按教师劳动的质量付给报酬是公平的，但在公办高校来看，教师的退休工资、劳保福利全部由他们来承担，是不公平的。这里有一个评判的尺度、标准问题，在评判任何一个教育现象或教育问题时，不能只用一把尺子、只从某一方面来得出结论。

(二)承认公平并不否定差别

公平是一种价值判断，而平等是一种事实判断。平等的基本含义是无差别；公平的基本含义是无偏袒、无偏见，客观公正，但并不是没有差别。现代社会强调尊重个体的选择，鼓励个体充分开发自身的潜能，最大限度地利用各种机会实现自身的价值。在承认个体尊严平等的前提之下，也必须承认个体之间的差别，并且承认由此造成的社会成员在机会方面的种种差距。

作为一种培养人的社会活动，教育具有促进人的社会化和个性化的功能。教育的个性化功能要求教育对每个教育对象都应该区别对待，因为个体之间存在差异，每个人的能力是不同的。为了使每个人的能力都得到发展，必须提供不同水平、不同方式的教育，做到因材施教。有差别不等于不公平，平均主义也不等于公平。教育公平应当是承认差别，并在可能的情况下尽量缩小差别。差别的相对缩小，就表明正在走向公平，当然不可能是绝对的公平，只是相对公平些。正如不同天赋的孩子存在差距，不可能接受完全同等的教育。在教育机会上有差别，但并不等于说这不公平。机会的绝对平等无论对受教育者个体还是对整个社会的发展都是不利的，而承认差别性机会的存在和作用，反而可以激活整个社会的生机和活力，促进社会的进步。

(三)高等教育公平与效率的共同属性

高等教育公平与效率作为价值尺度，都是评价性概念。它们有以下几个共同属性。

其一，相对性。公平与效率都是相对性的概念，没有绝对的公平，也没有绝对的高效率。对它的认识与判断，往往受历史条件和社会群体或个人的价值观及切身利益所制约。在认识和评价是否公平的问题上，人们总是从特定的目的出发，评价的标准具有强烈的主观性和巨大的差异性，但是并不能由此认为公平与效率标准具有纯粹的主观性。公平与效率的标准本质上并不来自评价者的主观愿望和意志，它是客观性和历史性的结合。高等教育公平的相对标准是对大多数人的公平；高等教育效率的相对标准是对国家、社会、个人的长远效益。

其二，发展性。由于人们之间的差别是永恒的，效率提高的需求也是永恒的，因此，就其抽象性来说，高等教育公平与效率是教育发展的理想追求，是永恒的理念。但是随着历史的发展，总体来说，公平与效率的水平在不断发展和提高。

其三，合理性。由于高等教育公平与效率的相对性和发展性，人们并不仅仅关注公平和效率本身，即不仅关注公平的水平和效率水平，而且关注高等教育公平与效率的"合理性"。这里的"合理性"指合乎规律性，即合乎社会存在与发展的规律。讨论高等教育公平和效率，并不是为了消灭差别和低效率，而是为了减少差别和提高效率，在差别和无差别之间、在低效率和高效率之间、在公平与效率之间保持一种必要的张力，即维持双方的"合理性"。①

第二节　高等教育发展中的效率

一、效率的概念

《辞海(第六版缩印本)》将"效率"解释为"消耗的劳动量与所获得的劳动效果的比率"②。《现代汉语词典(第 7 版)》对效率的阐释是指单位时间内完成的工作量。③ 在经济学中，"效率"的内涵主要包括三方面的含义：一是生产效率，

---

① 任登波：《对高等教育公平与效率关系的再思考》，载《经济研究导刊》，2013(28)。

② 夏征农、陈至立：《辞海(第六版缩印本)》，2096 页，上海，上海辞书出版社，2010。

③ 中国社会科学院语言研究所词典编辑室：《现代汉语词典(第 7 版)》，1447 页，北京，商务印书馆，2016。

即单位时间里投入产出之比；二是资源配置效率，即现有生产资源与它们所提供的人类满足之间的对比程度；三是 X 效率，即非配置效率，就是在资源配置不变的情况下，由于企业内部成员努力程度增加或管理水平提高而产生的经济效益。①

"效率"内涵的核心成分即投入、产出及其比例关系。第一种含义肯定包括投入、产出及其比例关系这三个核心成分；而第二种含义只是在第一种含义的基础上，强调产出应是有效产出，即符合人们物质或精神需要的产出；至于第三种含义，虽然解释的是生产过程中组织内部状况对生产结果的影响，但其最终的结果，即实际效率的高低，仍然必须用投入与产出的比例关系来权衡。因此，"效率"在本质上是一种比例关系，反映的是投入与产出的比例。

经济学研究效率的目的是提高资源的利用成效。生产效率衡量的是一个组织资源的利用成效。资源配置效率衡量的是一个国家或者地区社会资源的利用成效。X 效率衡量的是实际资源利用成效和理论利用成效的比较。通过这些指标，不仅可以分析有限资源的利用水平，而且有助于分析制约效率提高的因素，并进一步寻找提高效率的途径与方法。② 教育作为经济社会生活中的一个重要领域，客观上存在着资源投入和效果评价问题。因此，教育效率是一个客观存在的问题。教育效率问题的实质就是要把有限的教育资源科学地加以利用，从而更好地为经济社会发展提供精神动力、智力支持和创新源泉。

教育投入产出效率的研究起源于美国对教育机会均等的研究。20 世纪 60 年代中期，科尔曼对美国各地的 4000 所学校 60 万名学生进行了调研，并对收集的数据采用回归分析方法探讨教师投入与学生成绩之间的关系，其报告对美国的教育产生了巨大影响。科尔曼在《教育机会均等的报告》中首先提出了"教育效率"一词，随后人们开始重视和研究教育的效率问题。1985 年，英国的《贾勒特报告》(Jarratt Report)将教育效率分为三类：内部绩效指标、外部绩效指标和运行指标。其中，内部绩效指标反映了学校方面的特征；外部绩效指标反映了学校课程设置适应社会经济的情况；而运行指标主要是指学校的单位成本、教职员工的工作量、图书馆设备的利用率等教育工作运行的"生产率"情况。

---

① 曹如军：《"高等教育效率"概念的理性分析与实然诊断》，载《辽宁教育研究》，2008(3)。

② 陈德静、周爱国：《高等教育效率问题框架研究》，载《黑龙江高教研究》，2006(10)。

二、高等教育效率

高等教育作为教育体系中的一个重要领域，具有教育体系的一般特征，同时也具有自身的特殊之处。高等教育的特殊之处主要表现为：第一，从公共经济分析的角度来看，高等教育属于准公共产品。如果一个国家的高等教育投入在很大程度上依赖政府，那么，高等教育更加符合准公共产品的特征。由于教育资源的不足，政府必须把有限的教育资源投入到最有效率的高等教育部门。第二，高等教育不同于义务教育，受教育者接受高等教育具有成本的付出和收益的诉求，因而高等教育的接受者更加重视教育效率问题。第三，高等教育的基本功能具有多样性。高等教育除了具有培养人才的功能以外，还承担着科学研究和服务社会的功能，因此，高等教育又具有综合性和复杂性的特征。高等教育的特征与其效率问题紧密相关。

根据关于效率和教育效率的一般分析，高等教育效率也存在三个基本指标：生产效率、资源配置效率和 X 效率。高等教育生产效率表示高等教育部门投入的人财物等教育资源与培养人才的质量与数量、创造的科研成果以及服务社会等绩效的比较。高等教育资源配置效率是指高等教育资源在不同类型、不同层次和不同区域的高校，以及在高校内部人才培养、科学研究和社会服务三大不同功能领域的科学配置和良性运营状况。高等教育 X 效率表示在一定经济社会背景下教育部门的教育投入对经济社会发展实际贡献率与理论贡献率之间的比较。

高等教育是经济社会发展中的一个重要领域，也是一个巨大而复杂的系统。对高等教育效率问题的研究，可以分为三个层面。一是在宏观层面，要研究高等教育投入与其对经济社会发展贡献的比较，着重分析高等教育投入对经济社会发展的贡献率与推动作用。二是在中观层面，要研究高等教育体系内部资源的科学配置和运行机制，注重分析高等教育资源的投入机制以及对高校的分层管理与分类指导。三是在微观层面，要注重研究某个高校教育资源的良好运作与和谐发展。也有学者认为，高等教育的效率可以分为两个方面：社会效率和个人效率。狭义的社会效率是指受高等教育者比未受高等教育者能为社会创造更多的财富。广义的社会效率是指高等教育的发展不仅可以为社会经济和文化科学技术的发展提供必要的人才资源，而且可以从整体上提高民族素质，增强综合国力，推进社会的文明程度，形成良好的文化氛围，等等。在个人效率方面，如果个人受到更多更好的高等教育，就能获得更多的知识和技能，当这些知识和技能融入生产劳动过程时，就可以提高劳动生产率，从而获得较高的经济收入。①

三、高等教育投入与产出

教育效率是指教育资源消耗与教育直接产出成果的比较，即教育投入与教育产出之比。高等教育效率是教育投入与教育产出的比例，也是教育资源的有效配置。所以从词源意义上理解，高等教育效率就是高等教育的投入和高等教育的有效产出之比。即在高等教育系统中，教育投入的越少，而相应的有效教育产出越多，意味着教育的高效率；反之，教育投入的越多，而相应的有效教育产出越少，则意味着教育的低效率。所以，高等教育效率取决于高等教育的投入和产出状况。

王善迈认为教育经济效益与教育效率不同，前者为教育的间接产出与教育投入的比率，后者为教育的直接产出与教育投入的比率。这是由于教育不同于经济活动，它有直接产出和间接产出两个层次。高等教育投入既有直接投入，也有间接投入，同样，高等教育产出也有直接和间接之分，所以，教育效率既包括教育投资的经济效率，也包括教育投资的社会经济效益。根据美国教育学者阿丹斯（D. Adarns）提出的教育质量的概念网络，高等教育投入的质量包括：资源投入质量（如学生的教科书、教师资格、教师与学生比率等方面），教育过程质量（如教师与学生间的交互作用、学习者参与状况及水平、学习的娱乐性等），教育内容质量（如基础知识的覆盖率、知识的连贯性与可迁移性以及知识的综合化水平等）；高等教育产出的质量包括：结果产出质量（如学习成绩、学生自我知识获得状况），教育声誉质量（如教育机构的历史形象以及公众观感），价值附属质量（指教育对学生全面发展的影响程度）。②

对高校来说，教育投入主要是指人、财、物的投入，其中，财力是人力和物力的货币表现，所以高校对各个部门的投入配置都是教育成本投资，投入的多少就是高等教育成本。除了教育经费以外，在高等教育活动中，其他因素的投入也很重要，为此，有学者把教育投入理解为教育资源的投入，通常包括人、财、物、时间、空间、信息等因素，这种理解显然比纯粹的教育

---

① 赵晓梅、刘少雪：《处理高等教育效率与公平问题的系统方法》，载《复旦教育论坛》，2003(4)。

② 卫静：《基于"发展"的高等教育效率观》，载《民办教育研究》，2007(4)。

经费说更深入。

教育在本质上是一种培养人的活动，高等教育的本体功能就是促进人的发展，因此，高等教育最大的产品为人才。高等教育的产出绝不限于人才，因为高等教育还承担着政治、经济、文化等功能，这些功能在高等学校的三大职能上都有所体现。为此，有学者把高等教育的另一大产出统称为教育服务。而高等教育产出根据高校的职能，可以划分为人才培养产出、科学研究产出和社会服务产出，通常通过在校生、论文与著作的数量和质量、毕业率、就业率等来量化。单位高等教育投入产出的成果多、质量高，表明高等教育效率高；反之，则表明高等教育效率低。①

四、对高等教育效率的误解

(一)效率等于投入

在一些学者看来，高等教育建立教育成本补偿机制，向学生收取学费，虽然在一定程度上损害了处境不利群体的教育公平，但在国家财力有限、高等教育资源又严重短缺的背景下，向学生收取学费可以增加教育资源的投入，从而达到提高高等教育效率的目的。这种看法的逻辑出发点就是投入与效率成正比，增加投入即意味着效率提高。事实上，投入大并不等于效率高，投入越大，对其产出数量的要求就越高。投入大只是提高效率的基础条件之一，要使高投入获得高效率，还需其他相应条件的配合。

(二)效率等于效益

效率通常是指单位时间内完成的工作量。例如，劳动生产效率常用人均产量、人均产值等指标来表示。但仅仅有效率是不够的，还应该关注效果，也就是完成活动产生的结果。效果是一项活动的成效与结果，是人们通过某种行为、力量、方式或因素而产生出的合乎目的的结果。② 效果通常意味着做正确的事情，即所从事的工作和活动有助于组织达到其目标，其主要是由战略决策所决定的。效益是指某一特定系统运转后所产生的实际效果和利益。

---

① 吴倍园：《高等教育效率探析》，载《科教纵横》，2011(11)。

② John Cowan，"Effectiveness and Efficiency in Higher Education"，*Higher Education*，1985(3)，p.236.

具体地说，它反映了人们的投入与所带来的利益之间的关系，包括经济效益、社会效益。把高等教育效率等同于高等教育效益的现象，源于对"效率"与"效益"内涵的区别把握不清。高等教育的效率分为社会效率和个人效率，即高等教育有益于社会的产出和有益于个人进步的产出。效益更侧重产出与结果，而不关注投入与过程；而效率既关注产出与结果，又关注投入与过程。也就是说，效益只追求结果，而不关注成本，而"效率"在追求结果的同时，还要关注成本的多少。因此，作为概念，效率应区别于"效益"。

(三)效率等于效度

把高等教育效率等同于效度的现象，主要出现在一些有关高校招生制度改革的论点中。例如，高考改革既要关注公平又要注重效率，注重效率就是考虑如何更有效地选拔人才，即通过改革高考的某些技术手段来更准确地甄别优秀人才。这似乎有把高等教育效率等同于效度之嫌。效度本来是指实验效度，即实验结果准确性和有效性的程度，后被引申至教育研究、教育测量等领域。改革高考的某些做法，目的在于提高高考检测学生优劣的准确性，这事实上就是提高检测方法的效度。

(四)效率等于学生数比教育经费投入

把高等教育效率等同于学生数比教育经费投入，主要在于用经济学的观点来简单化地对待高等教育效率问题。例如，比较某地区两所学生数大致相同的公立大学和私立大学后，得出结论：公立大学的学杂费大约只有私立大学的1/2，但学生却享有私立大学2倍以上的教育资源，因此，公立大学的"投资报酬率"与私立大学的相差3倍。从高等教育效率的角度来看，这种计算方法未免过于简单化，既没有考虑高等教育投入的复杂性，也没有考虑高等教育产出的多样性。

五、高等教育效率衡量的复杂性

效率概念更多地体现在经济学的范畴，反映投入与产出的物化和量化的关系衡量。但是，高等教育的效率问题不完全等同于经济效率，具有难以完全用量化的手段直接检验的特殊性。因为教育的投入既包括资金的投入也包括精神的投入，其产出既包括经济的产出也包括精神的产出。同时，高等教育的产出还可以分为显性和隐性两种类型，包括：高等教育培养出的各类高层次人才所形成的人力资本，以及由于劳动力素质的提高引起社会劳动生产率提高与国民收入增长所形成的显性收益；高等教育影响下的社会观念与伦理道德的变化、人们精神品位的提升、社会文明层次的提高、社会发展的规范等引起的隐性收益。无论是显性收益还是隐性收益，都较难以量化统计。①

高等教育效率是一个很难加以精确测量和客观量化的对象。有三方面的原因决定着"高等教育效率"测量的困难性。第一，高等教育投入的复杂性。从上述对高等教育投入的分析可以看出，高等教育投入是多要素的，而且许多投入要素的多少或程度很难加以测量和统计。例如，教育者在精神方面的投入就是一个难以准确把握的问题。第二，教育服务的生产过程与消费过程具有同一性。高等教育活动始终是一个包含学生主动参与的活动。学生在教育活动中的主体参与性，使得教育服务的生产过程与消费过程具有同一性。这也就意味着，即使服务生产能够计算它的产出与投入，但这个增加值可能反映的就不仅仅是生产者的劳动成果，其中还包含消费者的劳动贡献。第三，教育产品的质量难以衡量。对高等教育产出的测量，不应只是一个确定产品数量的问题，还应是一个权衡产品有效性的问题。因此，在计算高等教育的产出时，还必须综合考虑高等教育所培养出来的人才的质量，以及所提供的教育服务的好坏。然而，对高等教育产品质量的衡量也存在困难。例如，对人才培养质量的检验，以学生的考试成绩或是否获得毕业证书作为标准肯定不够客观，从理性角度说，教育的效益具有明显的滞后性，人才的质量还应主要以社会实践的检验为标准。

第三节　高等教育发展中的公平与效率

一、高等教育公平与效率矛盾的必然性

在市场经济环境下，价格机制、竞争机制和供求机制逐渐渗透到高等教育领域，效率驱动下的高等教育不可阻挡地迸发出了巨大的生命力和旺盛的活力。一方面，教育的间接产出与教育系统所消耗的社会资源之比的数值变大，教育对人才市场的供给能力和对经济社会发展的贡献增强，体现出高等

① 陈锋正：《高等教育效率与公平的逻辑悖论与统一》，载《广西社会科学》，2012(9)。

教育外部效率的提高；另一方面，高等教育内部管理的科学化和现代化，促进了教育系统内的人力、财力、物力资源的合理搭配和科学使用，体现出高等教育内部效率的提升。

在社会发展过程中，人类始终面对着需求无限与资源有限的矛盾。从哲学层面分析，经济效率问题的实质是对于资源稀缺性矛盾的认识与应对。无论经济社会如何发展，人类社会拥有的资源与实际需求之间的矛盾是始终存在的。为了人类的生存与发展，必须把有限的资源转化为最大的社会财富。既然现有社会资源是稀缺的，那么根据理性的分析，一个社会组织必须把现有资源转化为最大价值，同时，也必须把有限的资源配置到能够创造最大价值的社会组织。只有不断地提高资源的生产效率和配置效率，才能促进经济社会的发展，并进一步促进人类文明的发展和提升。高等教育作为经济社会发展中具有决定性影响的重要领域，其本身的效率问题也是制约其他领域效率实现的重要因素之一。

通常而言，效率是指投入和产出之间的比值，在固定的投入下，产出越高，说明效率越高，这种投入包括人力、物力和时间等要素。按照自由经济学的观点，自由竞争是效率提高的保证，社会公众的利益能够自然而然地获得最大的满足，这也导致了"政府守夜人"观点的出现。但是从实际情况来看，市场也有失灵的时候，尤其是牵涉公共产品时，人们更多的是选择搭便车，而不是积极参与创造。此外，为了追求更高的效率，日趋激烈的竞争导致了处境不利群体生存越来越困难，非法竞争现象也越来越多。因此，如何兼顾公平成为经济界必须思考的问题，倡导对经济进行宏观调控的凯恩斯主义应运而生。毋庸置疑，虽然争论不断，但是追求效率、强调竞争是经济领域永远不变的主题，公共产品的提供更多地依赖政府和第三部门。

从本质来看，教育无疑具有公共产品性质，但是高等教育毕竟不同于基础教育，它是在完成基础教育基础上开展的专门培养高级人才的活动。高等教育的私人产品属性必然会推动其追求在该领域的外部效率最大化和内部效率最大化；而其公共产品属性又必然要求高等教育实现"均等性"公平和"非均等性"公平，即平等地对待相同者和不平等地对待不同者。因此，具有双重属性的高等教育在市场化的环境中不可避免地面临着效率与公平的逻辑悖论。对于发展中国家，经济水平还不足以让高等教育变为全民教育，国民要接受高等教育不仅要通过必要的测试，还需要具备相应的经济条件。虽然各个国家已经不断提高高等教育投入，并且运用助学贷款等多种手段帮助学生，但是每年仍然会有一部分人因为经济困难而无法入学。此外，随着越来越多的民间资本进入高等教育领域，高等教育的营利性也成为无法回避的问题，要营利就必须考虑效率。①

二、学界关于高等教育公平与效率的观点

关于高等教育效率与公平的关系，学术界主要有以下四种观点。②

第一种观点是效率优先，兼顾公平论。一些学者指出，在教育资源有限的条件下，效率与公平的矛盾是存在的。在经济与社会转型时期，对改革与发展问题，一般采取的是效率优先、兼顾公平的原则，以加快改革与发展的步伐。"优先"也应当"适度"，首先要"兼顾"而不是不顾，效率优先，要兼顾公平。其次，要根据进程及时调整政策。政策的调整不仅是为了避免矛盾激化，而且是为了寻求更高层次的公平。

第二种观点是公平优先论。一些学者认为，无论从依法办教育的角度出发，还是基于社会公平，让每个人都能得到平等的发展这一教育的基本目标，实现高等教育领域内的公平应始终是制定高等教育政策时必须十分重视的问题。

第三种观点是高等教育效率与公平的兼顾论。这种观点认为，只要政策导向正确、调节有力，就能够使高等教育效率与公平产生共生效应，达到二者兼顾的目的。高等教育效率与公平得以共生，存在着三个基本条件：一是市场成为高等教育资源配置的基础机制；二是政府成为促进高等教育效率与公平共生的助推器；三是高等学校的自我规范成为高等教育效率与公平共生的重要条件。

第四种观点是分层认识论。有的学者将高等教育的"效率与公平"问题分为宏观、中观和微观三个层面。宏观层面的高等教育"效率与公平"以国家的整体教育事业为背景，将高等教育置于整个教育事业中，探讨有限的资源在高等教育与基础教育等之间的分配问题。宏观层面的高等教育"效率与公平"是"公平优先，兼顾效率"。中观层面的高等教育"效率与公平"以国家的高等教育事业为背景，就高等教育领域内而言，所指问题主要涉及有限的高等教

---

① 袁名伟：《试析比较视界下的高等教育效率》，载《黑龙江高教研究》，2012(8)。

② 郭海燕：《高等教育效率与公平问题研究的回顾与展望》，载《天津工程师范学院学报》，2005(1)。

育资源如何利用和配置，才能在更大程度上满足人们对于高等教育的需求，才符合国家经济与社会发展的需求。中观层面的高等教育"效率与公平"是"效率优先，兼顾公平"。微观层面的高等教育"效率与公平"不再涉及教育资源的配置，而是具体到高校的管理和教学过程。在微观层面，"公平优先"是应该的选择，而效率是兼顾还是同时达到高效，有赖于学校的具体改革方法和管理及教学技术。

三、高等教育的发展观

高等教育公平和效率的关系处理，也涉及高等教育发展观。高等教育发展观经历了传统的数量发展观、综合的整体发展观和可持续发展观三个阶段。其中，传统的数量发展观是指高等教育在数量指标上的增长，包括高等教育规模的扩展、速度的加快，是一种数量型扩张。综合的整体发展观是指高等教育除了数量型扩张外，还应包括高等教育结构的转换、质量的提高、效益的增强以及稳定程度提高等方面，要求处理好数量与质量、速度与效益等关系。可持续发展观是在思考高等教育发展问题时，以经济发展为轴心，主张把人口、资源、教育、环境等问题纳入对"发展问题"的思考中，并且主张以持续发展代替原来的非持续发展思路。

规模与速度是高等教育发展数量的两个指标。高等教育发展的速度是指高等教育投入、中间产出和最终产出的增加速度。高等教育发展的速度与效率也存在辩证关系。一方面，过低的速度对提高效率不利，停滞的、紧缩的高等教育发展政策一定程度上会不利于资源的优化配置，降低高等教育效率；另一方面，过高的速度对提高效率也不利，过高的速度容易使教育投入不足，教育条件恶化，造成高等教育的紧张运行状态，使短缺成为普遍现象，从而降低效率。所以应追求一种适度的发展速度，使高等教育速度的提高与效率的提高相得益彰，达到最优状态。

全球高等教育把追求节约、效率、效益，即"3E"（Economy，Efficiency，Effectiveness）作为办学目标。高等教育领域的"效率"概念来源于经济学的生产效率，即单位时间内生产投入与产出之比。无疑，生产效率最大化始终是资本投入者的终极追求。但经济学家们早就指出，就生产投入与产出的关系而言，并非投入总量越多，产出就越大，生产效率就越高。根据经济学著名的"天花板效应"理论：当对既定组织的资源投入达到一定程度时，就会出现边际收益递减现象，即使追加再多的投入，效率也不会有明显的提升。因此，生产资源的合理配置在生产资料供给与生产过程中起着至关重要的作用。同样，作为以人才竞争、质量竞争为主导的高等教育的一个核心评估标准，教育效率也要关注在教育资源总量既定的前提下，如何合理地进行教育资源的配置，从而实现其最大化。①

还有学者从社会学视角出发，认为教育效率不是一个中性的概念，并非一定数量的象征，而是有明显的价值判定色彩，与教育目的、教育功能等直接相关。教育结果与教育目的越契合，教育功能发挥越大，教育效率也越高。目的是教育活动构成的不可缺少的环节，也是考察教育效率的第一个最基本要素。需要是人的活动产生的根本动力。② 不言而喻，教育的目的也就在于满足社会发展的需要和人自身发展的需要。就高等教育而言，这两个方面更是缺一不可。高等院校不仅承担着培养高层次人才、传承与发展科学和文化的任务，而且是现代社会进步的理论与思想策源地，是引导人类社会走向文明、理性、高尚、智慧的研究中心和创造中心。高等教育的效率应从高等教育的目的达成和功能实现程度来考察。合目的性应该是考察高等教育效率的第一个基本要素；功能实现程度则主要体现在高等教育促进阶层流动和促进学生个性充分发展两个方面。因此，考察高等教育的效率，必须把合目的性放在首位，必须在注重学生身心健康全面发展的基础上，挖掘高等教育促进经济社会发展的价值。

四、需要处理好的矛盾关系

效率和公平是人类追求的两大价值，二者之间存在着千丝万缕的联系。从效率与公平的含义可知，效率与公平是高等教育这个系统中的矛盾统一体。二者构成了高等教育这个大系统中的一个子系统。传统观点经常将效率与公平视为对立面，高等教育效率与公平自然也位列其中。无论从现实来看还是从逻辑来看，高等教育效率与公平应该是弱相关的关系，即具有非直接相涉性。使效率原则和公平原则协调一致，形成一种和谐稳定的平衡状态，是各个领域的活动必须遵循的根本原则。但是在实践上，若要达到这两大价值原则的协调发展并非易事。高等教育的效率和公平亦是如此。

---

① 范湘萍、周常明：《我国高等教育效率的微观量化测评研究》，载《河南社会科学》，2013(3)。
② 许丽英、袁桂林：《我国高等教育效率的社会学考察》，载《现代教育科学》，2007(1)。

　　高等教育的效率与公平一直是高等教育界关注问题的之一。很多人认为效率与公平难两全。自 20 世纪 90 年代中期以来，中国高等教育步入剧烈的变革与转型时期。高考改革、教育成本分担机制的建立以及偶发的高等教育腐败现象，引发了整个社会对高等教育公平问题的广泛关注。而在经济领域，公平与效率往往被视为一对解不开的"死结"，"效率优先，兼顾公平"作为中国现阶段的分配制度更是为人们所熟知。因此，随着高等教育公平问题的浮现，学者们进而开始探究高等教育视野中的效率以及效率与公平的关系问题。

　　市场环境下的高等教育不但要把市场机制融入高等教育，在高等教育领域运用价格机制、竞争机制和供求机制三大市场机制调节资源的配给，还要实现高等教育办学效益的最大化。高等教育的市场化激发了高校的办学活力和动力，提升了高校的办学能力和实力，强化了高校的办学效力和影响力，使高等教育快速实现了从精英教育到大众化教育的转变。然而，数量上的优势并未与质量上的要求相匹配，导致高等教育市场化效率驱动下的一个负面结果，即规模发展有余、内涵建设不足。更重要的是，高等教育市场化的高效率追求不是促进了公平与效率的统一，而是使其背道而驰。例如，受教育机会的不公平、教育过程的不公平和教育区域差异的不公平等现象，就是在高等教育市场化过程中所凸显的效率与公平的关系问题。

　　高等教育效率是高等教育公平的前提，而高等教育公平是高等教育效率的目的。随着社会物质和文化水平的提升，人们对高等教育的需求变化必然要求高等教育内部效率和外部效率的提升与高等教育生产效率和资源配置效率的提升。效率提高的一个重要表现就是"高等教育蛋糕"做大，其也就成为高等教育实现公平的基础和前提。没有了这个分量足够大的"大蛋糕"，高等教育的公平就成了无源之水、无本之木，或者充其量就是一个低水平的贫困均等型的公平。所以，在高等教育高效率前提下，高等教育公平的目标成为效率的落脚点和根本归宿。

　　高等教育的效率与公平属于社会的效率与公平的一个领域，在探讨高等教育领域的效率与公平的时候，必须将其放到社会的效率与公平的大背景中进行。从社会哲学的视角看，效率和公平的关系与社会结构的关系及其变迁密不可分，而且效率和公平本质上也是一种结构性存在。效率和公平大致可以划分为三级层次结构：经济效率和经济公平，社会效率和社会公平，人类效率和人类公平。效率与公平的三级结构是一种层级包含关系。经济效率和经济公平既是社会效率和社会公平的基础，又包含于其中，而人类效率和人类公平又将前两级结构包含于自身之内，并构成效率和公平发展的高级形态。①

由于效率和公平是一种结构性存在，因此，在效率和公平相互作用的动态过程中，存在着多种组合关系。高等教育领域的效率与公平亦不例外。这些组合关系中只有一种是最为合理的，就是尽可能地提供给不同地区的人们水平相当的高等教育入学机会和培养过程，然后依其能力，将其配置到最为合适的岗位上。当前的任务就是要做到这种最为合理的组合，实现高等教育效率和公平的动态平衡，并尽可能地维持这种动态平衡，使之保持一种良性循环。然而，在这种不断发展的动态过程中，随着内部因素（高校体制改革、高校分布、经费投入等）和外部条件（经济发展、政府政策、社会观念等）的改变，动态平衡往往被干扰而不容易达到或保持。这就需要探索一种平衡的原则，并寻找切入点，再进一步采取措施来调节处于结构性存在和结构性关系中的高等教育的效率、公平及其关系。

从高等教育效率原则到公平原则的转换，不仅意味着这两大价值原则的关系发生了根本性转换，而且更重要的是，平衡高等教育效率和公平的内容和方式也与以往有所不同。从内容上看，高等教育效率与公平不仅涉及经济效率与公平的问题，它还包括更为广泛的社会效率和社会公平的含义。通过教育提高人的文化素质以促进社会综合素质的提高，通过保障人的受教育权和发展权以促进一切人的发展和人的全面发展，是平衡高等教育效率和公平关系的主要内容。

解决高等教育的公平与效率是个系统工程，为此，有必要建立效率与公平系统模型，以便系统地分析问题和解决问题。根据设计，高等教育收费与高等教育的效率及公平的关系这一系统的方案应该是：国家、企业、学校和个人共同分担教育成本。以国家为主，同时多渠道向社会筹款，个人收费基本保持不变。在这一方案中，还需要建立高校质量观念、高等教育质量保证体系，提高办学效益，加大对贫困学生资助制度建设，等等，才能真正保证收费的高等教育的公平与效率。另外，方案的具体实施应该效率优先、兼顾公平，分阶段、有步骤地实施，将负面影响降到最低。其中，国家应该是高等教育成本的主要承担者。高等教育是培养社会需要的人才，为一个国家的

---

① 史瑞杰、梁晓琴：《在张力中实现高等教育效率与公平的动态平衡》，载《理论月刊》，2006(2)。

科技进步、综合国力的提高起到了巨大的推动作用。1998 年 10 月召开的首届世界高等教育大会提出高等教育需要国家和私营部门的资金，但国家的资金是主要的。

以经合组织国家为例，近几十年来，经合组织国家的政府在高等教育发展中扮演了主要角色，尤其在实行集权管理体制的那些国家。此外，半官方的或独立的质量保障机构，公立或私立组织，雇主、学生及其家长在高等教育发展中也扮演着关键的甚至是决定性的角色。学生的来源和需求越来越多元化，财政的压力也持续增加。高等教育市场的国际化趋势越来越明显。高等教育在区域、全国、世界范围内的影响力越来越大，政府对高等教育的期待越来越高。大学的国内和国际排名对学生的选择和学校的组织行为产生重要作用。因此，在这一背景下，高等教育系统的目标和使命呈多元化，要促进经济增长，要实现充分就业，要完成社会整合。高等教育组织和系统必须满足质量、公平与效率的特征要求。经合组织一些国家的政府为了应对多元化需求，创立了区别于传统大学的职业教育机构，如芬兰和瑞士的应用科技大学。而在日本，政府通过法人化运动，增加了大学的自主权和竞争力。[1]通过以上对高等教育效率与公平的系统分析可知，在解决公平和效率问题时，应该从学校、企业、国家多方面入手，而非仅仅加大收费力度那么简单。而且随着社会的发展、收入水平的提高和相关制度的完善，其解决的方式又会有所不同。系统模型总是与确定的历史条件、教育资源、系统目标等相关，在不同的系统条件下，效率与公平的最优化也不尽相同，这些问题都是需要人们探讨解决的。

---

① OECD, "Higher Education: Quality, Equity and Efficiency", http://www.oecd.org/edu/imhe/37126826.pdf, 2020-05-18.

第二章 美国高等教育发展中的公平与效率

　　美国是世界上高等教育最发达的国家之一，在各种知名大学排行榜上，美国都有不少大学名列前茅。一方面，美国高等教育的高质量与它的高效率紧密相关。没有效率做保障，任何一个高等教育系统都很难成为高质量的系统，因此，美国高等教育的优势与它对效率的追求密不可分。这表现在：市场渗透进高等教育的方方面面，成为促进高等教育有效发展的重要手段。无论是美国高等学校的招生、课程设置还是经费筹集，都带有市场化运作的特点。同时，在管理上，美国高等学校也借鉴了一些企业管理的精髓，比如，引入并实施问责制。另外，公平是美国的重要价值观之一。自20世纪五六十年代美国女性、黑人群体开展追求权利的平等运动起，对公平、正义的追求一直延续至今，并深刻地影响了美国高等教育系统的发展。

　　另一方面，随着战后美国高等教育从精英教育走向大众教育，高等教育的公平问题虽然得到了一定程度的缓解，但是，在进入大众化阶段之后，高等教育公平与效率的矛盾凸显出来。美国也一直在试图平衡两者之间的关系，寻找在不同发展阶段最适合的平衡点。在这之中，国家权力主要通过法律、法规和政策来保证高等教育的公平，同时又兼顾高等教育的效率和良性竞争。高等教育系统在利用市场化机制追求效率的同时，也在兼顾社会公平。美国高等学校的自主性又使其在不同的历史阶段，根据不同的社会现状和发展需求，在公平与效率之间做出最适合自身发展的取舍。校董事会在其中起到了很大的作用。国家权力、市场和高校三者之间的互动形成了美国高等教育公平与效率之间的动态平衡。不过，尽管从现状来看，美国高等教育在处理公平与效率的矛盾时已经有了一套比较合理的机制，但是由于公平与效率的矛盾始终是人类社会发展过程中无法彻底解决的问题，因此，在新的时代背景下，它也不可避免地会给美国高等教育系统带来新的挑战。

第一节　美国高等教育发展中的公平

公平是每个社会都追求的一种价值理念，其中教育公平因涉及社会中的每一个成员而尤其受到重视。"在美国的信念中，最被珍视的价值观就是《独立宣言》中的这几句话：我们认为这些真理是不言而喻的，人人生而平等，他们从他们的'造物主'那里被赋予了某些不可转让的权利，其中包括生活、自由和追求幸福的权利。"①高等教育作为促进社会阶层流动的重要途径，其在发展过程中必定会受到越来越多的关注。获得更高的学位意味着获得更高的社会经济地位的可能。因此，促进公平、追求公平不仅是高等教育自身的功能之一，也是高等教育促进社会发展和进步的重要途径。

按照马丁·特罗（Martin Trow）的理论，高等教育发展会经历三个阶段，即精英阶段、大众化阶段和普及化阶段。高等教育进入大众化阶段，意味着高等教育不再是社会一小部分精英阶层的特权。一方面，这会减少不公平；但另一方面，在越来越多的人都有机会接受高等教育之后，随着社会文明程度的不断提高、个体对自身权益的维护，高等教育的公平问题反而会成为更加受到关注的问题。另外，高等教育的大众化和普及化提高了工作对学历的要求，而这又会进一步推动高等教育的大众化和普及化。例如，在2017年，美国拥有学士学位的男性工资比只有高中学历的男性工资高70%，女性的这一比例为63%。在2018年，25～64岁的成年人中，高中没毕业的人群失业率为7%，高中毕业的人群失业率为5%，而有学士及以上学位的人失业率仅为2%。②而且，随着科技的发展，这种收入与失业状况在不同的受教育群体

---

① ［美］理查德·D. 范斯科德、理查德·J. 克拉夫特、约翰·D. 哈斯：《美国教育基础——社会展望》，北京师范大学外国教育研究所译，195 页，北京，教育科学出版社，1984。

② National Center for Educational Statistics，"Digest of Education Statistics 2018"，https://nces. ed. gov/programs/digest/d13/，2020-07-01。

之间的差距可能还会进一步加大。因此，如果高等教育机会不公平，不仅会影响个体的职业前景，也将会导致处境不利群体的社会经济地位越来越低的劣势累积效应进一步加剧。

公平问题在每个国家都有不同的形式和表现，在不同的历史阶段也有不同。高等教育的不公平表现在一些处境不利群体接受高等教育的机会相对较少。导致不公平的原因包括：性别、语言能力、移民身份、身体残障、种族、家庭社会经济地位等。美国是一个"移民国家"，相对于其他国家来说，因种族因素而导致教育机会不平等是其一大问题和解决难点。种族因素往往伴随着英语熟练程度低和家庭社会经济地位低等问题，所以少数族裔的教育公平问题十分复杂，也较难以解决。此外，由其他因素导致的教育不公平问题也在美国政府制定教育政策的考虑范围之内。

高等教育的不公平是随着社会与高等教育的不断发展而扩大并日益引起重视的问题，因此，美国解决处境不利群体的教育公平问题不可能做到一劳永逸。然而，相对于其他国家来说，美国对解决高等教育的不公平问题已经形成了比较成熟的、系统的机制，这与其过去一百多年来的社会发展背景、管理制度、价值观等密切相关。

一、美国高等教育追求公平的历史

公平包括三个方面：起点公平、过程公平与结果公平。在讨论美国高等教育发展中的公平问题时，人们关注最多的是起点公平。追求起点公平主要通过两种方式：一是招生制度，允许或者鼓励、帮助女性、少数族裔等处境不利学生接受高等教育；二是体现在财政补助制度上，为处境不利学生接受高等教育扫除经济障碍。

在这些处境不利群体中，人数最多的是女性和少数族裔。从历史上看，这两个群体最初在呼吁高等教育机会公平时是分离的，到20世纪60年代平权运动时，女性和少数族裔，包括其他的处境不利群体走到了一起，共同为获得接受高等教育的平等权利而呼吁。因而在之后谈及美国高等教育发展中的公平问题时，都会涉及已经定义的所有处境不利群体。

(一)性别与高等教育

在世界上大部分国家，性别是影响教育机会不公平的普遍因素。在很长一段时间内，即使女性可以接受教育，受教育的内容也与男性不同，接受教育的年限也没有男性那么长，很少有女性能够接受高等教育。在美国，女性要求平等的受教育权在两百年前就已经开始。19世纪早期，美国兴起了民主精神的大改革运动。玛丽·沃斯通克拉夫特（Mary Wollstonecraft）等改革家认为，性别间的智力差异是现存社会环境引起的，女性应该拥有平等的政治权利、就业机会、法律地位、社会地位和教育权利，由此出现了少数女子学院（academies）和大学研究班（seminaries）。1821年，爱玛·威拉德（Emma Willard）在纽约州的特洛伊镇首创女子学院。1836年，南部的佐治亚州的梅肯（Macon）成立了第一所授予学位的卫斯理安女子学院（Wesleyan Female College）。到了19世纪50年代，大约有40所授予学位的女子学院成立，但绝大多数在南方。第一个女生联谊会也于1851年成立。后来，州立学院也开始招女生。爱荷华大学于1855年开始招女生，威斯康星大学也于1863年开始招女生，西部新成立的大学几乎全部都招女生。但与现在不同的是，当时的女生进入高校接受的大都是雅致教育，课程专为家庭主妇而设。因为当时的社会风气认为女性不必出去独立工作，甚至高等教育评论家一直反对招收女生。① 随着文理学院、州立大学向女性开放，尤其是中西部地区的院校开始招收女生后，接受高等教育的女性人数猛增。到1900年，全国超过2/3的学院和大学都实行男女同校。但是，很多教师和家长还是认为，年轻女性只有在专门的女子学院才能接受更好的教育。

直到20世纪60年代，美国兴起了妇女解放运动，女性享受平等的高等教育权才真正得到了关注和落实。

（二）种族与高等教育

因为种族而导致的高等教育机会不公平是美国独特的现象。这与美国成立和发展的历史背景有着密切的联系。自哥伦布发现美洲新大陆后，这一问题就埋下了种子。在资本积累阶段，大量的黑奴从非洲被贩卖到美洲，资本的积累也伴随着领土的扩张，印第安人变成了美国的少数族裔。在之后的历史中，美国逐渐成为超级大国，吸引了世界各国的移民。谈及因种族而导致的受教育机会不平等现象时，会涉及黑人、西班牙裔、亚裔、印第安人等。但在最初，种族问题的焦点在黑人接受高等教育问题上。

---

① ［美］亚瑟·M. 科恩、卡丽·B. 基斯克：《美国高等教育的历程（第2版）》，梁燕玲译，44～45页，北京，教育科学出版社，2012。

南北战争前，南方没有黑人学校，甚至连教授黑人读写都是非法的。这一时期专门为黑人提供高等教育的只有两所宗教学校：俄亥俄州的威尔伯福斯大学（Wilberforece University）和宾夕法尼亚州的林肯大学（Lincoln University）。1826 年，第一位美国黑人毕业生甚至没有拿到学位。至 1860 年，黑人毕业生总共只有 28 人。①

黑人在南北战争后得到了解放，但是其受教育权并没有真正地与白人平等。1890 年，《第二莫雷尔法案》（Morrill Act Ⅱ）通过后，公立的黑人学院才有了较大发展。该法案明确规定对那些以种族为理由拒绝招收黑人学生进入大学的州，除非它们另外建立了独立的同等教育设施，否则将不予拨款。为了得到经费，州必须允许大学招收黑人。不过，1896 年联邦最高法院在"普莱西诉弗格森案"（Plessy v. Ferguson）判决中承认学校中实施"隔离但平等"（separate but equal）这个种族隔离原则。这说明当时的种族歧视依旧很严重。之后，少数族裔一直在为获得平等的受教育权而努力。直到 1954 年，联邦最高法院在对"布朗诉教育委员会"（Brown v. Board of Education of Topeka）一案中裁决"隔离但平等"的原则违宪，在本质上是一种不平等，不应在公立教育领域有立足之地。这不仅为其后的民权运动积累了观念、民意基础，也引发了少数族群社会地位的改变。

1964 年美国国会通过了《民权法案》（Civil Rights Act）。该法第 2 条规定："在任何公共设施及其他一切向公众提供服务的地方，因个人的种族、肤色、宗教信仰或出生地而加以歧视或隔离都是非法的。"第 6 条规定："每个联邦政府部门应该采取措施，终止一切以任何形式接受联邦财政资助的项目中的歧视行为，包括终止财政援助。"法案的颁布，迫使公立高等院校结束种族隔离和歧视，为非裔美国人提供了平等的教育机会。②

（三）平权运动

平权运动（Affirmative Action）最初的目的是提高非裔美国人受教育和就业的机会。1954 年联邦最高法院在"布朗诉教育委员会"一案中宣布学校种族

---

① 吴向明：《美国高等院校招生制度研究》，24 页，北京，中国社会科学出版社，2008。

② Thomas R. Dye, *Understanding Public Policy* (15th edition)，Boston，Pearson Education，Inc.，2017，p. 271.

隔离不合法、1964 年《民权法案》通过，都让非裔美国人看到了生活的美好前景。然而在 1965 年，本科生中仍然只有 5％的学生是非裔美国人。法律和医学专业的非裔美国人比例仅为 1％和 2％。平权法案最初出现在 1961 年，当时的总统肯尼迪在行政命令中第一次使用这个词，要求政府部门平等对待应聘者，不论应聘者的种族、信仰、肤色和血统如何。它其实是用来照顾少数族裔和其他处境不利群体的优惠措施。之后的约翰逊总统在 1965 年再次签署行政命令，提高政府部门中少数族裔的雇佣比例。随后，大学也开始采取类似的政策。少数族裔在大学的录取比例逐渐上升。在 1967 年的总统行政令受歧视种类中加入了性别。

　　从平权法案和民权运动开始，美国处境不利群体开始团结起来，共同呼吁平等的受教育权利。斗争首先由黑人开始，然后扩大到印第安人、西班牙裔和其他少数族裔。大学里的教师和学生希望有更多机会表达他们对社会弊端的看法，尤其是涉及人权和少数族裔与女性发展的问题时，可以更加直言不讳。在相关利益集团的施压下，各项法律和政策也一一出台。1972 年，《教育法修正案》（Education Amendments）第 9 条规定：禁止任何教育项目或活动中的性别歧视，团体中必须有一定比例的女性代表。1973 年的《康复法案》（Rehabilitation Act）第 504 条禁止联邦资助项目和大学招生歧视残疾人。法案规定，高等教育不能拒收达到学院的学业、技能及其他各项招生标准的残疾学生。1978 年通过的《部落举办社区学院资助法案》（Tribally Controlled Community College Assistance Act）为印第安部落社区学院的学生提供资助。1978 年的《中等收入学生资助法案》（Middle Income Student Assistance Act）调整了经费资助计划，不仅向低收入家庭而且向中等收入家庭学生提供经费资助。1970 年的《职业安全与健康法案》（Occupational Safety and Health Act）、1972 年的《就业机会平等法案》（Equal Employment Opportunity Act）、1974 年的《员工退休收入保障法案》（Employee Retirement Income Security Act）等，都禁止在招生或人员聘用过程中的性别、年龄或种族歧视，并保障员工的退休金和工作场所安全。

　　这些法律和政策带来了高等教育众多领域的显著变化。1945 年，获学士学位的男性人数是女性的 2 倍，但是到 1975 年，这个差别缩小为男性占55％、女性占 45％。女性教师的比例从 20 世纪早期的 20％增长到 1975 年的33％左右。教师中的非裔美国人、美洲印第安人、亚裔美国人、拉美裔美国人也从 1980 年的 40 000 人上升到 65 000 多人。高等教育受教育群体范围的扩大，也促进了更多新院校的建立。1965—1972 年，社区学院以每周至少增加 1 所的速度迅速发展起来。① 社区学院的大规模建立，也为更多的人提供了接受高等教育的机会。

二、美国高等教育追求公平的现实举措

(一)政府对处境不利群体的资助

上文中提到了很多法律和政策对处境不利群体接受高等教育的资助。目前美国联邦政府提供的资助项目主要有四个：(1)联邦佩尔助学金(Federal Pell Grant，以下简称"佩尔助学金")，面向需要资助的本科生，最高金额为 6 345 美元，最多可以申请 12 个学期。(2)联邦补偿教育机会助学金(Federal Supplemental Educational Opportunity Grant，FSEOG)，主要也是面向需要资助的本科生，最高金额为每年 4 000 美元，但并不是所有的美国高校都参与了该项目。(3)高校师范生助学金(Teacher Education Assistance for College and Higher Education，TEACH Grant)，主要面向将来成为中小学教师的本科生和研究生，最高金额为 3 784 美元。接受这一助学金需在有需求的地区担任全职教师至少四年。(4)伊拉克和阿富汗抚恤助学金，面向家人在伊拉克或阿富汗服役或牺牲的学生，最高金额达 5 829.50 美元。② 在这四个助学金项目中，覆盖面最广的是佩尔助学金。

佩尔助学金最早源于 1965 年《高等教育法》(Higher Education Act)对低收入家庭学生的资助。在 1972 年的《高等教育法修正案》中，参议员佩尔(Claiborne Pell)推动了学生资助改革，使其成为本科学生资助的基础。1978 年，为表彰佩尔对高等教育做出的贡献，美国政府把该助学金项目命名为"佩尔助学金"。申请佩尔助学金的要求主要有：(1)经济上需要帮助；(2)美国公民或准美国公民；(3)就读于参与该项目的全国 5 400 多所中学或教育机构之一的本科生；(4)有高中学历或同等学力；(5)符合条件的需要服兵役；(6)学业成绩至少有 C 水平(或 2.0 的平均绩点)。助学金的数额依据学生

---

① ［美］亚瑟·M. 科恩、卡丽·B. 基斯克：《美国高等教育的历程(第 2 版)》，梁燕玲译，183 页，北京，教育科学出版社，2012。

② U. S. Department of Education，"Federal Student Grant Program"，https://studentaid. ed. gov/sa/sites/default/files/federal-grant-programs. pdf，2020-05-18.

的经济状况等指标来确定。除了联邦的助学金以外，还有各级政府的资助、学生贷款项目，以及企业和其他个人、组织的捐赠。

从表 2-1 至表 2-4 的数据可以看出 1995—2012 年不同性别与种族群体接受高等教育的差异，以及政府对此的支持与资助。

表 2-1　在不同院校就读和不同特征的本科生的平均学费　　单位：美元

院校与学生类别	1995—1996 年	1999—2000 年	2003—2004 年	2007—2008 年	2011—2012 年
美国全部（不包括波多黎各）	2 900	3 400	4 500	5 700	7 000
院校类型					
公立两年制	600	700	1 000	1 100	1 500
公立四年制	2 800	3 100	4 200	5 400	6 800
私立非营利性四年制	9 400	11 100	13 700	17 400	21 900
私立营利性	5 200	6 500	7 300	9 700	10 200
性别					
男性	2 900	3 400	4 700	5 600	7 000
女性	2 800	3 400	4 300	5 600	7000
种族					
白人	2 900	3 600	4 700	6 000	7 300
黑人	2 500	2 800	3 900	5 000	6 200
西班牙裔	2 100	25 00	3 500	4 400	5 800
亚裔/太平洋岛民	4 200	3 800	5 000	6 200	9 500
美国印第安人	2 000	2 200	2 700	4 200	5 200
其他或两种及以上种族	4 900	3 900	4 500	5 900	7 700

资料来源：National Center for Education Statistics，"Trends in Student Financing of Undergraduate Education：Selected Years，1995—1996 to 2011—2012"，http：//nces. ed. gov/pubsearch/pubsinfo. asp？pubid＝2014013，2020-05-18.

由表 2-1 可见，1995—1996 年至 2011—2012 年，学费上涨了 1 倍甚至更多。从院校类型来看，平均学费最贵的是私立非营利性四年制大学，而最便宜的是公立两年制院校。从性别来看，男性与女性要缴纳的学费几乎没有差异，而各个种族群体之间的差异显著。抛开"其他或两种及以上种族"群体，亚裔/太平洋岛民群体所需缴纳的学费最高。而美国印第安人缴纳的学费最低，西班牙裔次之。平均学费的差异有一个重要的因素，就是所进入的大学不同。如果群体进入公立两年制院校的比例高，则平均缴纳的学费相对较低。如果群体进入私立非营利性四年制大学的比例高，则平均缴纳的学费相对较高。因此从表 2-1 中可以看出，不同种族的学生不仅进入不同类型高等院校的比例不同，而且差异较大。

表 2-2　本科生接受奖学金的比例和平均数额

院校与学生类别	1995—1996 年		2003—2004 年		2011—2012 年	
	占比/%	平均数额/美元	占比/%	平均数额/美元	占比/%	平均数额/美元
美国全部（不包括波多黎各）	38.9	2 800	50.7	4 000	59.1	6 200
院校类型						
公立两年制	27.4	1 300	39.5	2 200	50.5	3 200
公立四年制	40.9	2 600	52.6	4 000	58.3	6 200
私立非营利性四年制	61.6	5 600	74.1	7 700	76.3	14 900
私立营利性	57.6	1 900	69.1	3 200	70.3	4 000
性别						
男性	36.2	2 800	46.8	4 100	55.1	6 300
女性	41.8	2 700	54.1	3 900	62.1	6 100
种族						
白人	35.6	2 700	48.1	4 000	54.5	6 300
黑人	54.4	2 600	64.9	3 800	71.4	5 400
西班牙裔	48.0	2 400	53.8	3 800	64.0	5 800
亚裔/太平洋岛民	35.9	4 200	41.3	5 200	53.2	8 300
美国印第安人	48.7	3 000	58.8	3 600	67.6	5 800
其他或两种及以上种族	48.5	3 400	51.9	4 100	63.9	6 800

资料来源：National Center for Education Statistics，"Trends in Student Financing of Undergraduate Education：Selected Years，1995—1996 to 2011—2012"，http：//nces.ed.gov/pubsearch/pubsinfo.asp? pubid＝2014013，2020-05-18.

表 2-2 显示，不同类型高校提供的奖学金比例和数额与学费增长的数额相一致。学费越高，则提供奖学金的比例越高，数额也越大。但是联系学费与奖学金可以发现，公立两年制院校的奖学金数额超过了学费，公立四年制院校的奖学金能抵消大部分学费。而私立非营利性四年制院校的奖学金相对更少，私立营利性院校则连学费的一半都达不到。从性别来看，女性相对于男性获得奖学金的比例更高，但是数额少于男性。而从种族来看，亚裔/太平洋岛民获得奖学金的比例最低，但获得的数额最高。黑人、西班牙裔和美国印第安人则有更高的比例获得奖学金，尤其是黑人，但是他们所拿到的奖学金数额较低，因为奖学金的数额是与需求相关的。也就是说，奖学金数额低，意味着该群体有更大比例进入公立大学就读。2013 年的数据也证实了这一点。

表 2-3　本科生贷款的比例和平均数额

院校与学生类别	1995—1996 年		2003—2004 年		2011—2012 年	
	占比/%	平均数额/美元	占比/%	平均数额/美元	占比/%	平均数额/美元
美国全部（不包括波多黎各）	26.0	3 800	33.9	5 300	41.8	7 100
院校类型						
公立两年制	4.7	2 300	9.3	3 300	17.6	4 700
公立四年制	37.8	3 800	45.6	5 100	50.0	7 100
私立非营利性四年制	48.5	4 300	56.2	6 400	62.3	8 500
私立营利性	61.3	3 800	77.3	5 500	72.8	7 800
性别						
男性	24.9	3 900	32.3	5 400	38.9	7 100
女性	26.7	3 700	34.9	5 200	44.0	7 200
种族						
白人	25.8	3 900	33.9	5 300	41.8	7 200
黑人	32.2	3 600	41.8	5 100	52.0	7 100
西班牙裔人	22.4	3 600	29.4	5 000	35.5	6 900
亚裔/太平洋岛民	21.6	3 800	23.9	5 400	29.0	7 000

续表

院校与学生类别	1995—1996 年		2003—2004 年		2011—2012 年	
	占比/%	平均数额/美元	占比/%	平均数额/美元	占比/%	平均数额/美元
美国印第安人	23.6	3 700	30.0	5 200	42.1	6 500
其他或两种及以上种族	24.4	3 900	34.5	5 500	46.0	7 400

资料来源：National Center for Education Statistics，"Trends in Student Financing of Undergraduate Education：Selected Years，1995—1996 to 2011—2012"，http：//nces. ed. gov/pubsearch/pubsinfo. asp？pubid＝2014013，2020-05-18.

由于学费剧增，本科生接受高等教育要贷款的数额也增加了 1 倍左右，并且需要贷款的学生比例也上升了许多。最明显的是公立两年制院校，2011—2012 年本科生贷款的比例为 17.6％，是 1995—1996 年的 3 倍多。从性别来看，女性本科生贷款的比例稍高于男性，贷款的数额差异不大。从种族来看，贷款的数额差异不大，但是贷款的比例差异很大。本科生中黑人贷款的比例一直远高于其他群体，而亚裔/太平洋岛民则一直低于其他群体。

表 2-4　本科生接受政府助学金的比例和平均数额

院校与学生类别	1995—1996 年		2003—2004 年		2011—2012 年	
	占比/%	平均数额/美元	占比/%	平均数额/美元	占比/%	平均数额/美元
美国全部（不包括波多黎各）	35.7	4 300	45.4	5 700	57.3	8 200
院校类型						
公立两年制	17.1	2 000	27.7	3 000	43.6	4 600
公立四年制	44.8	4 700	52.8	6 200	60.5	9 200
私立非营利性四年制	54.2	5 900	62.9	7 400	67.4	11 700
私立营利性	74.8	4 400	83.6	6 600	79.7	9 700
性别						
男性	32.3	4 500	41.3	5 900	53.0	8 200
女性	39.3	4 100	48.9	5 500	60.6	8 200

院校与学生类别	1995—1996 年		2003—2004 年		2011—2012 年	
	占比/%	平均数额/美元	占比/%	平均数额/美元	占比/%	平均数额/美元
种族						
白人	32.7	4 400	41.9	5 800	53.1	8 400
黑人	50.6	4 000	61.9	5 700	73.0	8 400
西班牙裔人	44.3	3 500	50.3	5 100	60.0	7 500
亚裔/太平洋岛民	33.0	4 500	36.2	5 700	45.9	8 100
美国印第安人	45.9	3 700	47.4	5 100	66.1	7 400
其他或两种及以上种族	44.6	3 700	47.4	5 800	61.0	8 900

资料来源：National Center for Education Statistics，"Trends in Student Financing of Undergraduate Education：Selected Years，1995—1996 to 2011—2012"，http：//nces. ed. gov/pubsearch/pubsinfo. asp？pubid＝2014013，2020-05-18.

美国政府助学金的比例随着学费上涨而上升。从数额来看，公立院校的助学金在抵消学费外还有一部分盈余，而私立营利性院校则能抵消大部分学费。私立非营利性四年制院校则能抵消一半以上学费。从性别来看，女性获得助学金的比例高于男性，但是助学金的数额低于男性，至 2011—2012 学年才基本持平。从种族来看，亚裔/太平洋岛民获得助学金的比例最低，数额相对较高。黑人获得助学金的比例最高，数额也比较高。

总结上述表格可以发现，美国政府通过奖助学金和贷款等不同的财政资助渠道鼓励和支持大学生入学并完成学业。在财政资助的分配上通过向处境不利群体倾斜来保证机会公平。但是，我们也可以发现，高等教育入学机会的性别差异已经很小，而种族的差异依旧十分大。上述表格呈现的都是本科生的状况，而政府对研究生的补助也是向处境不利群体倾斜，对处境不利群体有更高比例的补助。与本科生不同的是，研究生入学的高校都是研究型大学，在学费上的差异没有本科生那么大，所以补助的金额差异也相对较小。

(二)多元文化课程

多元文化课程始于文化多元主义的概念。美国犹太裔哲学家喀兰(Horace Kallen)于1915年发表题为《民主主义与熔炉》的论文中，首次提出"文化多元主义"(cultural pluralism)的概念。① "文化多元主义就是把少数民族文化接受为国家文化中特殊的、单独的成分，以便使国家政策与保存的各种文化的特点相适应。而不是加以压迫、消灭或混合。"②在 20 世纪四五十年代，多元文化主义的重要性与日俱增，到 90 年代早期的时候，老牌院校中有一半都要求学生选修多元文化视角下的历史、文学或其他人文和社会科学课程。③ 后现代教育哲学也认为，教育尤其要关注一些边缘群体或次要群体，应该在全球范围内平等地思考问题。④

在高等教育系统中，白人的文化是主流文化。这也是少数族裔接受高等教育的机会与白人不平等的不利因素之一。布鲁贝克(John Seiler Brubacher)认为："即使在少数民族成员能够进高等学校的地方，他们的不利状态仍然存在，因为那种唯一可以获得的教育注重维护既成体制的多数人的文化，对少数民族成员来说，他们会发现这种文化与他们自己的环境毫不相干。"⑤文化上的不利处境会影响少数族裔学生在考试上的发挥。心理学实验也证实了这一点。斯滕伯格三元能力测验(Sternberg Triarchic Abilities Test)曾在全美的高中生中进行，最终的结果发现：分析能力强的一组，看起来几乎就和那些标准的好学生一样，大部分为中产阶级白人学生，就读于那些有实力的学校；但创造力强和应用能力强的两组，则显现出更多元化的分布，学生们来自不同的族群，有不同的社会经济和教育背景。⑥

在高等教育阶段引入多元文化课程就是基于这样的考虑：一方面，促进不同种族学生之间的相互了解，尽可能地帮助少数族裔适应主流文化；另一

① 靳淑梅：《教育公平视角下美国多元文化教育研究》，62、64、57 页，延吉，延边大学出版社，2010。
② ［美］理查德·D. 范斯科德、理查德·J. 克拉夫特、约翰·D. 哈斯：《美国教育基础——社会展望》，北京师范大学外国教育研究所译，207 页，北京，教育科学出版社，1984。
③ ［美］亚瑟·M. 科恩、卡丽·B. 基斯克：《美国高等教育的历程(第 2 版)》，梁燕玲译，237 页，北京，教育科学出版社，2012。
④ 靳淑梅：《教育公平视角下美国多元文化教育研究》，64 页，延吉，延边大学出版社，2010。
⑤ ［美］约翰·S. 布鲁贝克：《高等教育哲学(第 3 版)》，郑继伟等选译，68 页，杭州，浙江教育出版社，2001。
⑥ 转引自赵勇：《迎头赶上，还是领跑全球：全球化时代的美国教育》，解乃祎译，16 页，上海，华东师范大学出版社，2010。

方面，也是文化多样性的内在要求。美国大学的多元文化教育包括正式的课程与非课程教育。正式的课程包括在课程中融入多元文化教育的理念，或者在通识教育课中专门讲授非西方的文化。其中更值得注意的是，对师范生的教育中，多元文化课程是必修课。① 非课程教育包括各种不同形式的校内外交流与实践活动，如不同阶层、不同种族学生之间的互动交流、学生的国际交流等。

多元文化教育的主要目标就是发掘各种文化的价值，调和文化间的冲突，在学校教育中改变教学与学习的取向，使两性学生及来自不同文化、种族与语言群体的学生能在教育制度下拥有均等的学习机会，促进各族群的和平共处与合作以及整个社会的公平。② 然而，多元文化主义引起的争论远远超出了它的实际影响。有人声称，这些课程亵渎了高等教育的理性认知传统，因为这些课程致力于满足政治或社会需求，而不是致力于发展理性研究。但是，不管从心理学角度还是从社会学角度来看，多元文化课程对于学生的学术和社交能力的发展都是有益的。③ 并且在经济全球化的时代背景下，多元文化课程有助于学生更好地了解世界上的其他种族/民族以及他们的文化。这是经济全球化时代人才所需要的基本素质，而且越是具有世界影响力的高校越重视对非西方文化的了解。④

(三)美国高等教育公平问题的现状

教育机会公平按阶段的定义可以分为起点公平、过程公平和结果公平。如果要考虑高等教育的公平现状，按照这三个阶段应该是入学注册时的公平、在校时的公平和毕业就业时的公平。美国政府在各项教育统计中都会将性别与种族加入变量中，研究也会将目前的数据和历史上的数据进行对比，从而

---

① 靳淑梅、俞爱宗：《职前教师教育的多元文化课程资源开发——美国艾奥瓦大学多元文化课程研究与启示》，载《社会科学家》，2015(1)。

② 靳淑梅：《教育公平视角下美国多元文化教育研究》，57 页，延吉，延边大学出版社，2010。

③ P. Gurin, E. L. Dey, S. Hurtado and G. Gurin, "Diversity and Higher Education: Theory and Impact on Educational Outcomes", *Harvard Educational Review*, 2002(3), p. 330.

④ 周海燕、周景辉：《美国大学的多元文化教育及其启示》，载《外国教育研究》，2011(9)。

判断高等教育系统的不公平现象是否有所减轻。从统计角度看，过程公平难以用数据体现，而起点公平可以以入学比例为指标，结果公平可以以获得学位的比例和毕业后的工资水平为指标。除了学生之外，大学教职工的公平状况也在统计范围内。

1. 性别差异

从最新数据来看，高等教育系统内的性别差异越来越小。例如，2013年，高中毕业生继续升学的比例没有性别上的差异①，有些数据甚至呈现出男性的弱势。到2018年，18～24岁进入大学学习的男女比例分别是：男性占38%，女性占44%。在高等教育入学和获得学位的比例上，女性的比例都高于男性。从20世纪80年代中期开始，女性获得副学士学位、学士学位和硕士学位的人数超过了男性。2005—2006学年，女性获得博士学位的人数也超过了男性。在2011—2012学年，学士学位的获得者中有57%为女性。在就业方面，2009年，2007—2008学年毕业生毕业一年后，男性毕业生的失业率为10%，而女性为8%，女性的失业率相对更低。1992—1993学年和1999—2000学年毕业的学生在毕业一年后的失业率上没有性别差异。在工资方面，2012年拥有学士学位的男性工资比拥有学士学位的女性工资高32%。如果都只有高中学历的话，男性比女性高33%。② 这是一个不小的差距。

在教师层面，男性和女性还存在着一些差异。例如，男性教职工的平均工资一直都高于女性教职工。在2018—2019学年，男性教职工的平均工资为96 400美元，比女性教职工的80 000美元高20.5%。2018—2019年，54%的男性教员有终身教职，而女性教员的比例为40%。这一差距可能跟男性与女性教师从事不同的工作和职位有关。例如，职称越高，工资越高；行政岗位的工资相对比学术岗位的工资低；人文社科类的教师工资相对比自然科学类的教师工资低。如果女性教职工有更高的比例从事行政工作和人文社科类工作，那么相对来说工资也较低。2018年的数据显示，在全职教授中，53%为白人男性，27%为白人女性，8%为亚裔及太平洋岛裔男性，3%为亚裔及太平洋岛裔女性，黑人男性、女性及西班牙裔男性各占2%，其他为西班牙裔女性、美国印第安人及阿拉斯加土著人。在副教授中，白人男性副教授与白人

① G. Kena，L. Musu-Gillette and J. Robinson，et al. ，"The Condition of Education 2015"，https：//nces. ed. gov/pubsearch/pubsinfo. asp？pubid＝2015144，2020-05-18.

② National Center for Educational Statistics，"Digest of Education Statistics 2013"，https：//nces. ed. gov/programs/digest/d13/，2020-05-18.

女性副教授的比例分别为 44％与 34％。而在助理教授中，白人女性的比例比白人男性高，两者分别占 39％与 34％；亚裔及太平洋岛裔男性与女性分别占 7％；黑人女性占 5％，其他为黑人男性、西班牙裔男性和女性、美国印第安人、阿拉斯加土著人及两个种族成分或以上的人。①

这当然也是另一种形式上的差异，并且这种差异在世界上普遍存在。数据显示，在经合组织 32 个成员国中，有 29 个国家学士及以上的学位超过一半都授予了女性。然而，不同的学科领域差异很大。例如，32 个成员国中有 30 个国家的教育学科学位有 70％的比例都授予了女性。而 24 个成员国中的计算机科学学位只有不到 24％的比例被女性获得。男性获得学位的比例低于女性，以及性别在不同学科的比例差异是新时代需要考虑的问题。

2. 种族差异

从种族来看，少数族裔难以接受高等教育的问题与过去相比也有明显改善。1976—2016 年，西班牙裔学生入学的比例从 4％提高到 18％，亚裔和太平洋岛民学生的入学比例从 2％上升到 7％，黑人学生从 10％上升到 14％，印第安人和阿拉斯加原住民从 0.7％上升到 0.8％。而白人学生从 84％下降到 57％。在 2006—2007 学年至 2016—2017 学年十年间，白人学生获得学士学位的人数从占总数的 74.4％下降到 64.1％，相比之下，黑人学生从 9.9％增长到 10.5％，西班牙裔学生从 7.8％增长到 13.5％，亚裔学生从 7.1％增长到 7.7％，印第安人则从 0.8％下降到 0.5％。② 在研究生层次，从 2006—2007 学年至 2016—2017 学年，黑人学生的比例从 11.7％上升到 13.6％，西班牙裔学生的比例从 6.5％上升到 10.2％，亚裔/太平洋岛民学生的比例从 6.7％上升到 7.3％，而白人学生从 74.5％下降到 65.8％。③

不过，解决高等教育的种族问题依旧任重而道远。2017，白人高中毕业生继续升学的比例为 69.1％，而黑人为 59.4％，西班牙裔为 61％，亚裔为 82.7％。亚裔自 1989 年加入统计以来，其比例一直高于其他族群。而白人的比例从 1972 年起一直高于黑人（只有 1974 年两者的比例在统计学上无差异），

① Bill Hussar, et al. , "The Condition of Education 2020", https://nces. ed. gov/pubsearch/pubsinfo. asp? pubid＝2019038，2020-07-02.

② National Center for Educational Statistics，"Digest of Education Statistics 2018"，https://nces. ed. gov/fastfacts/display. asp? id＝98，2020-07-03.

③ National Center for Educational Statistics，"Digest of Education Statistics 2018"，https://nces. ed. gov/programs/digest/d13/，2020-07-02

且自 1985 年至 2017 年，一直高于西班牙裔。在 2018 年，25 岁及以上的男性中获得学士及更高学位的比例，亚裔及太平洋岛民为 58.5%，白人为 38.9%，黑人为 23.7%，西班牙裔为 16.6%。在同一年龄段的女性群体中，亚裔及太平洋岛民为 53.1%，白人为 38.8%，黑人为 27.1%，西班牙裔为 20.1%。① 教师层面，在 2018 年秋季的全职教师中，大约 40% 的大学教师为白人男性，35% 为白人女性；黑人男性和女性各占 3%；西班牙裔男性和女性各占 3%；亚裔及太平洋岛裔男性占 7%，亚裔及太平洋岛裔女性占 5%；约 1% 由印第安人和阿拉斯加土著及两个种族成分或以上的人构成。②

除了性别和种族因素以外，家庭收入也会造成高等教育入学机会的不公平。统计显示，2013 年，来自高收入家庭的高中毕业生毕业后继续升学的比例为 80%，而低收入家庭的毕业生该比例为 49%。这一差距与 1990 年的数据没有显著差异，也就是说 20 多年来美国在减少不同收入家庭的毕业生接受高等教育的差距上没有进步。③ 2007—2008 学年和 2011—2012 学年的数据都显示本科生中有 11% 为残障学生。④

(四)讨论和总结

总结美国高等教育发展中对实现公平的努力，可以发现自《民权法案》颁布以来，公平问题已经改善了许多，尤其是女性、少数族裔等在高等教育领域的不公平现象明显减少。但是，即使到现在，这种差异和不公平现象仍未完全消除。解决因种族而造成的高等教育机会不公平问题更是任重而道远。自 20 世纪 60 年代开始实施的平权法案也由于反向歧视而引起广泛的争议。在高等学校招生录取时，亚裔往往要获得比其他族群(包括白人)高得多的成绩，才有可能获得同等的录取机会。2014 年一位亚裔学生在被哈佛大学拒收后，更是将哈佛大学告上法庭。律师在案件诉讼中援引了普林斯顿大学一位

---

① National Center for Educational Statistics，"Digest of Education Statistics 2018"，https://nces. ed. gov/programs/digest/d13/，2020-07-05.

② Bill Hussar，et al.，"The Condition of Education 2020"，https://nces. ed. gov/pubsearch/pubsinfo. asp? pubid＝2019038，2020-07-02.

③ G. Kena，L. Musu-Gillette and J. Robinson，et al.，"The Condition of Education 2015"，https://nces. ed. gov/pubsearch/pubsinfo. asp? pubid＝2015144，2015-08-29.

④ National Center for Educational Statistics，"Digest of Education Statistics 2013"，https://nces. ed. gov/programs/digest/d13/，2020-05-18.

社会学家在 2009 年的研究：在其他条件类似的情况下，亚裔要被录取，其学术能力评估测试（Scholastic Assessment Test，SAT，俗称"美国高考"）分数最低为 1460 分，白人需要 1320 分，西班牙裔需要 1190 分，而黑人只需要 1010 分。① 这种反向歧视造成的争议一直到现在也没有定论。但是，各个高校即使在表面上不执行平权法案中的少数族裔优惠政策，但在实际的招生和课程设置中也都会向少数族裔倾斜。

教育技术的发展也在逐步改变教育不公平问题。远程教育的新形式"慕课"（Massive Open Online Courses，MOOCs，即"大型开放式网络课程"）的出现，让更多学生能够分享一流大学的一流课程。美国作为世界上科技最发达的国家之一，科技在高校课堂上的应用也十分广泛。在 2017 年秋季入学的 1 976.5 万名学生中，有 18% 的学生修习了至少一门含有远程教育的课程。② 随着科技的进一步发展，新的教育形式也成为促进教育公平的一个重要手段。

高等教育中的不公平现象既是基础教育阶段不公平的延续，也是社会不公平现象的折射。不同种族之间入学率与辍学率的差异是家庭的社会经济地位、文化、语言、营养等综合因素造成的。法国社会学家布尔迪约（Pierre Bourdieu）认为："在整个学习期间，特别是在学业重大转折的时候，社会出身施加着影响：对学业（尤其是某些专业）花费昂贵和没有一定遗产便无法进入某些职业的认识，在学业及其出路的信息方面的不平等，把某些职业、某些学业上的选择（比如拉丁文）和某一社会阶层联系起来的文化模式，以及由社会条件所制约的适应支配学校的模式、规则和价值观的禀赋，所有这些因素决定了人们在学校里感到'如鱼得水'或者'很不自在'，而且别人也持相同看法。"③所以从根源上真正改变教育不公平现象是十分困难的。

---

① M. Lott，"Rejected Asian Students sue Harvard over Admissions That Favor Other Minorities"，http：//www. foxnews. com/us/2014/11/18/rejected-asian-students-sue-harvard-over-admissions-that-favor-other-minorities/Fox News，2020-05-18.

② National Center for Educational Statistics，"Digest of Education Statistics 2018"，https：//nces. ed. gov/programs/digest/d13/，2020-07-01.

③ ［法］P. 布尔迪约、J. -C. 帕斯隆：《继承人——大学生与文化》，邢克超译，17～18 页，北京，商务印书馆，2002。

第二节　美国高等教育发展中的效率

教育的生产效率(productive efficiency)通常是指在给定教育资源条件下教育产出的最大化。效率分为内部效率和外部效率。内部效率是指一个产品怎样有效地生产出来；外部效率是指生产出来的这些产品是否有价值。[①] 教育的内部效率侧重于教育系统如何最大化地获取和利用资源，而外部效率侧重于教育质量。20世纪初，伴随着现代商业方法的呈现与"科学管理"理论的提出，学校的改革很自然地借鉴市场和商业化的模式来提高效率、减少浪费。1900—1925年，学校的组织和运行更商业化的过程已经达到相当标准化的程度。这一过程包括将学校与工商企业进行了并不合适的比较，也包括在教育方面采用工商业标准(如经济和效益)，还包括建议教育者采用工商业的实践经验。[②] 那一股风潮完全将学校按照企业来管理，并且波及高等院校，引起了教授们的不满。但是在这一个多世纪里，美国高等教育系统很好地融入了商业化和市场化的模式，有效地提高了效率。拉伯雷(David F. Labaree)认为，是市场将美国大学理性化了，这与市场使公司经营理性化如出一辙。清晰的科层管理架构、商业化的预算机制、专业的经理人队伍、精细的以品行为本的学生入学、教员招聘及晋升评价体系都是大学理性化的特征[③]，是这些使美国大学得以崛起。

当今美国的高等教育成就举世瞩目。在世界上最有影响力的几个大学排行榜中，美国大学的排名都遥遥领先且进入排行榜的大学数量也较多。伯顿·克拉克在分析各国的高等教育系统时，将美国放在了最靠近市场的一端。[④] 事实上，也正是因为运用了市场这一只看不见的手，美国的高等教育才如此有效率。美国高等教育的市场化从历史上看还是拜公平所赐，因为在对公

---

① 马健生：《公平与效率的抉择：美国教育市场化改革研究》，283页，北京，教育科学出版社，2008。

② ［美］雷蒙德·E.卡拉汉：《教育与效率崇拜——公立学校管理的社会影响因素研究》，马焕灵译，5页，北京，教育科学出版社，2011。

③ ［美］戴维·拉伯雷：《复杂结构造就的自主成长——美国高等教育崛起探因》，载《北京大学教育评论》，2010(7)。

④ ［美］伯顿·R.克拉克：《高等教育系统——学术组织的跨国研究》，王承绪等译，159页，杭州，杭州大学出版社，1994。

平的追求过程中扩大了高等教育的招生范围，推进了美国高等教育的大众化和多元化，最后才形成大规模的、多元的、充满竞争的高等教育市场。

美国的高等教育在历史上受到英国大学和德国大学的影响，但最后并没有承袭英国大学或德国大学的模式。原因是美国社会相对来说更加自由开放，国家和政府对于高等教育的干涉相对没有英国或德国那么大。这是美国高等教育市场化的基础。美国殖民地时期的大学大多是私人捐赠的教会学校。学校的运营资金需要向社会筹款，而并非依赖于政府的扶持，所以大学的市场化也有其一贯的传统。到20世纪70年代，受"越南战争"（以下简称"越战"）和"石油危机"的影响，美国的经济不景气和财政收入减少也影响到了高等教育。加之战后生育高峰的结束，导致高等教育入学人数下降，美国高等教育大发展的黄金时代结束。美国高等教育开始注重效率和质量问题。20世纪八九十年代以后，新自由主义理论和新公共管理思想风靡欧美。"小政府，大市场"和"3E"的理念将市场化推向高点，高等教育也进一步市场化了。

美国高等教育系统对效率的追求体现在方方面面，其中最值得注意的是招生制度、问责制度、经费筹集、课程设置。

一、招生制度

招生制度涉及招生主体、招生对象和招生标准。由于高等教育的市场化倾向，招生主体（高校）和招生对象（学生）之间的关系更多地像商家与消费者之间的关系。

首先，美国的高校种类繁多，大致可以分为公立四年制大学、公立两年制大学、私立非营利性高校和私立营利性高校。除此之外，还有文理学院和教会学校，它们是独立的两个系统。不同类别的学校有很大的差异。它们有不同的培养目标、不同的课程要求，当然也有不同层次的学费标准。学费成为高等教育成本分担机制的主要途径，越是竞争激烈的著名学校，收取的学费越高。在2018学年，公立学校本科生的学费和食宿费用加起来为每年13 700美元，私立非营利性高校为27 000美元，私立营利性高校为22 100美元。[①] 这些高校形成于不同的历史时期，并且伴随着高等教育由精英教育走向大众化的过程，逐渐形成了现在的格局。

---

① Bill Hussar, et al., "The Condition of Education 2020", https://nces. ed. gov/pubsearch/pubsinfo. asp? pubid＝2019038，2020-07-02.

美国高等院校的招生制度是开放招生制(open admissions)与选择性招生制两者并行,不同层次和类型的院校根据不同需要选择其中一种方式。两种招生制度的存在既满足了经济发展对各类高层次专业人才的需要,又实现了高等教育对公平的追求。高等教育系统中的精英大学建立在竞争和优秀的基础上,其目标和使命始终是培养政治、商业领袖和学术精英,招生录取制度采用高选择性入学政策,录取比例通常在 20% 以下。社区学院等高等教育机构建立在平等主义基础上,其他如州立大学和学院则介于两类高校之间。① 许多两年制学院自 20 世纪 60 年代开始实行开放招生制,再加上学费相对来说很便宜或免费入学,使过去没有机会进入高等学校的青年或 25 岁以上的成人大批涌入社区学院。而美国不同高校之间实施的学分转换机制使院校之间的转学变得非常容易。20 世纪八九十年代,四年内转学的学生比例稳定在 20%~25%。但是,近些年来高中毕业生人数激增,而大学的容纳能力有限,所以希望攻读学士学位的学生更多会选择在社区学院注册,转学率随之提高到 30%~35%。在很多政策制定者眼中,社区学院位于国家推动平民教育的前沿。学生在这里可以拿到副学士学位,还能在区域急需的行业就业。仅凭这两点,社区学院在国家未来教育系统中的重要性也会不断加强。②

开放招生制与选择性招生制并存的招生制度,最大的特点是同层次院校间的生源互相竞争。③ 由于学生学费是各个大学的经费来源之一,大学会想方设法地吸引更多的学生入学,包括提供良好的生活环境和完备的基础设施,提供多样化的课程。既然学生是作为"消费者",那么学生就被作为大学最需要关注的重点。高等教育进入买方市场后,高校对学生的争夺更加激烈。这种竞争促使高校不断追求效率,形成适合自身发展的管理制度和组织形态。

在选择性招生中,招生标准由过去的单一评价模式演变到现在的综合模式。综合模式主要分为两个部分:一是以学术标准为基准的综合评价,以能力为重点,注重高中阶段学习成绩和统一考试成绩,兼顾申请者的出身、种族、地理位置、成绩、特长与兴趣等;二是以非学术因素为基准的综合评价,

---

① 吴向明:《美国高校招生的公平与效率研究》,载《比较教育研究》,2008(10)。

② [美]亚瑟·M. 科恩、卡丽·B. 基斯克:《美国高等教育的历程(第 2 版)》,梁燕玲译,291 页,北京,教育科学出版社,2012。

③ 吴向明:《美国高等院校招生制度研究》,44 页,北京,中国社会科学出版社,2008。

把地理、少数族裔、家庭教育背景等多种因素作为评价系统的主要指标。①

美国没有全国性的统一招生考试。提供大学录取资格证明的 SAT 和 ACT(American College Test，美国大学入学考试)等都是市场化运营的产物。这些考试在一年中会举办多次，学生可以多次参加考试，避免"一考定终身"的局面。学术水平的测评历史也十分悠久，这也是源于对效率的追求。1900 年以前就有人尝试对学生进行成绩测验。到 1913 年年末，人们已经设计了几个测验并将其应用到学校中。最为著名的就是由柯蒂斯(S. A. Courtis)设计的算术测验，由桑戴克(Edward L. Thordike)和艾尔斯(Leonard P. Ayres))设计的书法量表，由桑戴克和希勒加斯(Milo Burdette Hillegas)设计的英语量表。② 而 SAT 早在 1926 年就已经开始实施。

在当前经济全球化背景下，美国大学把招生范围扩大到全世界，美国优质的高等教育吸引了全世界的人才。在市场化运营下，高等教育又以这些优势换来了巨额的资金。美国高等教育中的留学生人数增长迅速，从 2001 年的 11 万人增长到 2012 年的 52.4 万人。2008—2012 年，85% 的留学生在全美 118 个都会区就读本科或更高的学位，五年间共为这些城市贡献了大约 218 亿美元的学费和 128 亿美元的其他费用。③ 2018—2019 年，美国接纳国际留学生 1 095 299 人，留学生总数连续第 13 年保持增长。其中，本科留学生总数为 431 930 人，研究生总数为 337 943 人。与 2017—2018 年相比，本科留学生人数同比下降了 1.5%，但研究生数量同比增长了 1.6%。④ 这些新增加的留学生大多来自世界上新兴的经济体，他们为美国带去了数以百亿计的美元收入。在美国由于金融危机而经济疲软时，这笔资金对美国的大学无疑是雪中送炭。

当然，这种招生制度也会带来弊端。高等教育分化成不同层次，多样化录取模式和多元化评价看起来的确为学生提供了更多的选择。但是，在纯粹

---

① 吴向明：《美国高校招生的公平与效率研究》，载《比较教育研究》，2008(10)。

② ［美］雷蒙德·E. 卡拉汉：《教育与效率崇拜——公立学校管理的社会影响因素研究》，马焕灵译，95 页，北京，教育科学出版社，2011。

③ N. G. Ruiz and Global Cities Initiative：A Joint Project of Brookings and JP Morgan Chase.（2014）. "The Geography of Foreign Students in U. S. Higher Education：Origins and Destinations"，*Brookings Report*，（August）. http：//www. brookings. edu/research/interactives/2014/geography-of-foreign-students#/M10420，2020-05-18.

④ Institute of International Education，The 2019 Open Doors Report，https://www.iie. org/Research-and-Insights/Open-Doors/Data/International-Students/Enrollment，2020-06-25.

的市场化运作下，不利处境群体如少数族裔、家庭社会经济地位低的学生很难进入精英大学，更多的是进入社区学院与州立学院。这时政府的调控就十分重要。美国政府通过"补偿教育"为不利处境群体学生进入大学提供更多支持，在财政资助方面也给予更大力度的支持。比如，针对少数族裔的"配额制"招生政策和针对低收入群体的"按需资助"招生政策，通过政策与立法的形式，最大限度地平衡公平与效率。当然，现有的招生制度依然受到质疑。对标准化考试的争论迄今不断，佐威克(R. Zwick)编辑的《反思SAT：美国招生标准化考试的未来》(Rethingking the SAT：The Future of Standardized Testing in University Admission)，通过多位学者对美国SAT的历史性考察，反思SAT在大学招生中应用的有效性和面临的挑战，认为标准化考试SAT在预测不同种族、性别的大学学业成功方面存在差异，考试内容存在着种族偏见，对少数族裔学生平等进入高等院校起到了阻碍作用。① 除了标准化考试，综合性的教育评价使得院校在招生时有很大的主观性，这也很可能导致不公平。比如，在20世纪20年代和30年代，东部精英院校除了学业成绩外，还开展了其他很多招生试点工作。为了防止出现学校认为并不适合的学生考得高分而被录取，让那些受董事会、管理者和校友所喜爱的学生因此而失去入学机会，哥伦比亚大学要求申请者提供推荐信、个人信息、志愿等，以便招生人员可以凭借主观原则决定录取与否。当年，哥伦比亚大学的犹太学生比例因此下降了一半。哈佛校长洛厄尔(Abbott Lwrence Lowell)则试图颁布犹太学生定额，在遭到教师反对后，便在招生程序中引入了主观评价。② 当时的综合性评价中对于种族的考量是为了排斥，而如今是为了支持少数族裔的学生进入高等教育。这种政策导致亚裔和白人学生受到"反向歧视"。

二、问责制度

"问责"(accountability)这个词是从会计学引入教育领域的，是为了保证资源的合理使用。后来问责制度被应用到其他领域。依据马丁·特罗的定义，高等教育领域的问责制是指高等教育组织依据法律和道德的要求，为满足高等教育利益相关者的诉求与自我生存和发展的需要，通过对自身的调查和研

---

① 转引自吴向明：《美国高等院校招生制度研究》，10页，北京，中国社会科学出版社，2008。

② ［美］亚瑟·M. 科恩、卡丽·B. 基斯克：《美国高等教育的历程(第2版)》，梁燕玲译，78页，北京，教育科学出版社，2012。

究，采集和分析各种高等教育的数据信息，并有责任把学校的相关情况向外界说明和汇报。问责制可以调控高校运转，使高等教育接受政府的监督；达到社会公众的期望，保证教育的公正、公平；保证高等教育的质量，提高高等教育的效率和效益；满足高等教育自我生存和发展的需求；促进高等教育的自我改进和改革。① 问责制在 1958 年的《国防教育法》(*National Defense Education Act*)中就有萌芽。该法为教育投入了大量经费，同时也规定接受经费补助的地方政府和学校需要提交报告，阐明经费使用情况和效果。20 世纪 70 年代中后期，美国经济不景气，影响了高等教育的资金来源。而 1972 年的佩尔助学金将资助金直接拨付给学生，不再通过学校这一中间环节，这又加大了生源的竞争。在这样的背景下，高等教育越来越看重"基于结果的绩效"(performance based on results)。问责制从 20 世纪 70 年代中后期开始引入高等教育领域，之后其内涵和功能不断丰富，信息技术的发展导致对数据的要求也越来越高。绩效问责政策在 20 世纪 90 年代得到了飞速发展。到 2003 年，美国几乎所有的州都采取了绩效问责制，对高校进行问责。②

问责分为外部问责和内部问责。美国高等教育外部问责的主体有各级政府、高等教育领域的各种组织、学生、校友与家长组织等，主要通过法律、政策、高校资格认证、高校评估等方式进行问责。内部问责主要依靠院校内部的审查和评估，内容主要包括审查院校的课程和教学的质量、研究与学术的质量、教师和学生的质量以及学校组织机构的管理质量。

外部问责中一个重要的主体是政府。政府部门也会委托相关机构调查教育状况并形成报告。比如，最有影响力的一个报告是 1983 年全美优质教育委员会(National Commission on Excellence in Education)发表的《国家处在危机之中：教育改革势在必行》(*A Nation at Risk：The Imperative for Educational Reform*)。报告发出了"国家处在危机之中"的警告。报告提到，1963—1980 年，学生 SAT 的口述成绩下降了 50 分，数学成绩下降了近 40 分，英语

---

① 陈欣：《高等教育问责制度国际比较研究》，5、118 页，北京，中央编译出版社，2014。

② 张苏：《责任与效益——美国高等教育新问责制的兴起、发展与趋势》，载《比较教育研究》，2008(7)。

和物理分数也都持续下降，并且尖子生的数量和比例都大幅下降。① 该报告的发布引起了美国对教育系统效率的质疑。学生的 SAT 成绩大幅下降也引发了高等教育对于生源质量的担忧。

除了报告以外，还有一些法律法规会推动教育领域的问责。比如，2008年 8 月正式施行的《高等教育机会法》(*Higher Education Opportunity Act*)是对 1965 年《高等教育法》(*Higher Education Act*)所做的一次重大修订。针对《高等教育法》在新的时代背景下出现的诸多问题，这次修订提出了一系列高等教育财政方面的改革措施，主要包括：(1)建立大学学费的信息披露制度；(2)建立教科书的信息提供和成本控制制度；(3)实施州高等教育信息系统试验项目；(4)规定州对可负担高等教育机构的拨款义务；(5)改进联邦学生资助的申请程序；(6)为经济最困难的学生增加助学金；(7)规范学生贷款项目；(8)改进大学准备项目。② 这些措施体现了新时代美国政府更加注重信息数据的收集，从数据出发来推进问责的深度，从而更好地维持高等教育的公平与效率。

在外部问责机制下，很多高校每年都会发布问责报告，用于提高学校管理的科学性，同时也回应政府和社会的问责。以加州大学为例，加州大学的问责报告以量化数据为主，从纵向与横向两个方面呈现年度绩效。在办学质量的表征方式上，加州大学问责报告贯彻"以学生为中心"和"社会公共利益至上"的理念，强调学生就读经验的满意度和实现社会公平所做的贡献。③

尽管问责制在美国高校很盛行，尤其是高校发布问责报告制度，2003 年遍布全美 46 个州，但是问责的效果受到人们的质疑，并没有有力的证据表明问责制对于改善高校的绩效有显著影响。问责制甚至被认为是一种"政治辞令"。④ 除了对有效性的质疑外，还有人担心问责制，尤其是外部问责会使学术权力受到政府的控制，因为政府政策和法律会干涉高校的运行。尤其是美

① National Commission on Excellence in Education，A Nation at Risk：The Imperative for Educational Reform，Washington DC：U.S. Department of Education，1983，pp.16-17.

② 魏建国：《美国〈高等教育法〉修订与高等教育财政改革》，载《北京大学教育评论》，2008(4)。

③ 王硕旺、黄敏：《公立大学如何回应社会问责——基于美国加州大学年度问责报告的比较研究》，载《中国高教研究》，2014(7)。

④ 王景枝：《美国公立高等教育绩效问责制的成效分析》，载《高等工程教育研究》，2011(4)。

国当前过于注重外部问责制度，以博取利益相关者的信任和争取外界加大对其经费的投入。① 在美国，大学的自主性受法律保护，政府不能随便干预大学的内部事务。而且大学，尤其是公立大学为了保持其独立性，会试图从其他途径获取资源，从而摆脱对政府的绝对依赖。所以问责制并没有改变大学与政府之间的关系。② 不过，为了保持大学的独立性和提高自身的效率，大学应该重视内部问责制的建立，以保持内部问责制和外部问责制的平衡。

三、经费筹集

2017—2018 学年，在所有可授予学位的高等院校中，公立院校的经费收入有 41％ 来自政府，私立非营利性高校为 12％，而私立营利性高校的比例更低，仅 2％。③ 虽然不同类型的高校在资源获取上有差异，比如，公立大学的政府资助比例相对更高，但即使是公立大学，其经费也并非全都来自政府资助，甚至有时会面临政府资助减少的状况，需要从其他途径得到经费。所以在市场化的环境下，不管公立大学还是私立大学，都采取了多样化的资源获取方式。按照克拉克的话说，整个 20 世纪，公立院校相当大地受到一流私立大学和私立非营利性四年制学院的独立性与成就的影响，也寻求越过州和联邦政府的命令，构筑自治体系。④ 因此，公立研究型大学的绝大多数收入也来自市场，包括科研投资、专利、销售、服务、捐赠、赞助和学费。大学要想获得这些收入，显然必须组建有效的机构模式，允许甚至正式授权机构领导者以企业家的思维与行动方式开拓教育市场。⑤

高等教育市场化的本质就是高等院校能及时调整办学方向和方式，满足社会和消费者的需求，拓展新的市场前景，尽可能争取到更多的高等教育资源。在激烈的竞争下，美国高校开发出市场化获取经费的模式，并成为高校经费的重要组成部分。2019 年度，美国高等教育获得捐赠合计 496 亿美元。

---

① 姬璐璐：《美国高等教育内部问责制度探析》，载《外国教育研究》，2009(10)。
② 谷贤林：《在自治与问责之间：美国公立研究型大学与州政府的关系》，载《比较教育研究》，2007(10)。
③ Bill Hussar, et al., "The Condition of Education 2020", https://nces.ed.gov/pubsearch/pubsinfo.asp? pubid＝2019038, 2020-07-05.
④ ［美］伯顿·克拉克：《大学的持续变革——创业型大学新案例和新概念》，王承绪译，175 页，北京，人民教育出版社，2008。
⑤ ［美］戴维·拉伯雷：《复杂结构造就的自主成长——美国高等教育崛起探因》，载《北京大学教育评论》，2010(7)。

其中，基金会捐赠 170 亿美元，占捐赠总额的 34.3%，校友捐赠 112 亿美元，占捐赠总额的 22.6%，其后分别是非校友个人捐赠、企业捐赠和其他组织捐赠，分别为 83 亿美元、68 亿美元和 63 亿美元，占捐赠总量的 16.7%、13.7% 和 12.7%。2017 年，接收到捐赠最多的前 5 所大学为：哈佛大学(12.8 亿美元)、斯坦福大学(11.3 亿美元)、康奈尔大学(7.43 亿美元)、麻省理工学院(6.72 亿美元)和南加州大学(6.68 亿美元)。

对学生资助经费最多的是政府，但是政府的资助形式发生了改变。在 1972 年之前，政府对学生的资助是通过学校来分配的。而 1972 年的《高等教育法修正案》(*Higher Education Act Amendments*)规定，根据学生的资金需求量向学生提供资助，也就是说直接资助学生，而无须经过院校。这样做，使得学生在选择院校的时候无须考虑各个院校提供的奖助学金差异，扩大了选择的余地，也使得院校之间的竞争更加激烈。通过该法案，私立营利性高校也获得了很大的发展。20 世纪 80 年代，大量的联邦资助从资金变成了学生贷款。这也是市场化的一个典型形式，在政府资源有限的情况下，通过贷款为学生争取更多的资源。除了政府资助之外，其他企业和个人的资助也不容小觑。2015—2016 学年，约有 86.4% 的全日制本科生得到了各种形式的奖助学金，包括奖学金、助学金、助学贷款、半工半读等各种形式的援助。69.8% 的全日制学生得到了联邦政府的财政援助，29.7% 得到了州政府的资助，42.8% 得到了高等学校的资助，28.6% 获得了其他资助。[①]

科研经费的获取也能体现市场化。公司和企业早在第二次世界大战前就为大学的科研活动提供资金。[②] 学者通过和政府、企业合作获取科研经费，再与他们交换科研成果。这样一方面满足高校对科研经费的要求，另一方面促进了科研成果的转化与运用。

四、课程设置

为了满足学生的需求，美国高校设置了大量选修课供学生选择。在内容上，很多课程都倾向于技术层面的专业教育，以有利于学生就业。课程是以市场作为调节机制的，遵循着竞争规律的要求，自觉将高等教育中的课程作

---

① National Center for Educational Statistics，"Digest of Education Statistics 2018"，https://nces. ed. gov/programs/digest/d13/，2020-07-01.

② ［美］德里克·博克：《走出象牙塔——现代大学的社会责任》，徐小洲、陈军译，156 页，杭州，浙江教育出版社，2001.

为商品来交换，旨在获得较高的经济效益。① 那些不符合市场需求的课程因为选修的学生少而会被淘汰，新兴的课程会响应时代潮流，在选课系统中出现。美国创新性地发明学分制，将课程以学分为单位计算价格。不同学校之间的学分可以转换，让学生选择到不同高校学习，就像到不同超市购物那样方便。

但是课程的市场化倾向也遭受非议，尤其是比较保守的人认为，大学需要遵循传统的理念，守住学术性的底线。课程的世俗化和职业化会把大学转变成职业技术学院。而盖格(Roger L. Geiger)认为，从历史分析的角度来看，当代高等教育发展的目标非常明确。虽然 20 世纪 70 年代大学教育的价值遭到质疑，但学生从高等教育中获得了现代劳动力市场所要求的基本知识和工作技能是有目共睹的。高等教育使受教育者达到他们所追求的成为中产阶级的目标。② 高等教育在历史演变的过程中逐渐走出象牙塔，并且从社会生活的边缘地带走向中心，因此，它的使命也在变得更加多元化。传统的大学理念在精英大学里依旧存在，不过精英大学的课程也增添了与社会和时代接轨的内容。正是因为美国高等学校存在不同类型，又有着十分多样化的课程，所以不同类型的高等学校完成着不同的使命，使美国高等教育不仅成为世界上最复杂的系统，也成为适应能力最强的系统。

五、讨论与总结

作为一只"看不见的手"，市场既有助于社会经济领域提高效率，但也会引发激烈竞争与混乱。同样，高等教育的市场化有助于高等学校类型的多元化，促进高校与社会保持密切联系。同时，激烈的竞争使得各个院校不断提升自我，从而在整体上提高高等教育的质量。

但是高等教育的市场化也会带来弊端。学科发展、科研项目、课程设置如果都由市场调控，则会导致不同学科之间发展不平衡，不同类型的院校之间发展不平衡，同一类型不同水平的院校之间发展不平衡。并不是市场需要的就是好的，市场不需要的就是过时的、需要被淘汰的，这在高等教育领域尤其重要。大学作为学术知识的高地，如果只是依附于市场的需要，则有可

---

① 马健生：《公平与效率的抉择：美国教育市场化改革研究》，292 页，北京，教育科学出版社，2008。

② ［美］斯蒂芬·J. 鲍尔：《教育改革——批判和后结构主义的视角》，侯定凯译，156 页，上海，华东师范大学出版社，2002。

能会伤到大学存在与发展的学术基础。而高等教育系统内一旦出现学术性与市场化的失衡，不仅会造成教育资源的浪费，更会影响到高校的学术性根基，最后导致教育质量下降。

因此，一旦市场失衡就需要政府调控，而美国政府在维持高等教育系统的平衡方面也发挥着重要的作用。美国大学的自主性使政府不能直接干预高校的管理，政府主要通过拨款的方式对高校施加影响。一般情况下，高等院校主要通过学生资助和与政府签订科研合同这两种方式来争取政府的经费，而且这两种方式始终贯穿着市场化的内在逻辑。[①] 虽然政府不能直接干预，但是也能影响高等教育系统内的均衡，并鼓励院校之间相互展开竞争。

第三节　美国高等教育发展中公平与效率的协调发展

一、国家、市场与学术权力的平衡

按照克拉克的"三角协调"模型，国家、市场与学术权力构成了美国高等教育系统中的三个角。与一些实施垂直行政体制的国家相比，美国高等教育系统的市场化程度很高，市场的优点是通过竞争，使高等学校追求效率和利益最大化，但是市场化也有缺点，比如会产生不公平。鲍尔（Stephen J. Ball）分析了市场成为阶级再生产机制的过程。第一，市场假定了一套选择所需的具有普遍性的技能、禀性和文化资本。在市场里所有的人都是自由而平等的，所不同的是人们算计各自利益的能力。第二，通过给那些不能选择的人和做出糟糕选择的人贴上标签，市场将上述人们之间的差异合法化。现在要受指责的既不是政策也不是程序，而是选择的主体，而制度中存在的偏见则变得隐晦难懂。第三，通过将资源分配与选择权的分配联系起来，教育市场使"糟糕的选择者"的处境更加糟糕，这种排他性和区别对待的学校制度衍生和强化了中产和上层阶级在国家教育中的相对优势。[②]在这种情况下，就需要国家权力来对市场进行调控。国家权力通过立法和政策来减少市场带来的副作用。但是国家权力也并非万能，立法和政策也不一定是理性的选择。法律和政策的制定是一个很复杂的过程，受到很多因素的影响，包括利益相关者的博弈

---

①② ［美］斯蒂芬·J. 鲍尔：《教育改革——批判和后结构主义的视角》，侯定凯译，156 页，上海，华东师范大学出版社，2002。

等。政策制定者与决策者的身份是精英。根据精英理论，公共政策的改变发生在精英们重新定义自身角色的时候，有时也是外部压力的结果。由于精英对维护体制持保守态度，所以政策的改变趋向于渐进性。① 所以可以看出，国家权力的引导也并非主动。高校需要兼顾公平与效率，因为大学生既是教育的用户，又是它的产品。对用户要讲公平，对产品要讲究效率。美国高等教育的自主性使得高等院校需要负责公平与效率的协调，并且权衡市场需求和国家权力的要求。高等教育的效率包括毕业生的质量，也包括对学术权力的维护。布鲁贝克认为，尽管高等教育可以容忍立法机关对学术自治的轻微侵犯，例如，平权法案的出台，但是立法机关不得限制大学的理智自由。如果政府真的这么做了，那大学也就不存在了。② 总结上述讨论，可见国家、市场与学术权力之间并非静态的稳固，而是一种动态的平衡。三个要素之间的互动，使美国的高等教育能保持公平、效率之间的动态平衡。

二、美国高等教育发展中公平与效率之间的矛盾冲突

公平与效率在同一事物上容易引起矛盾，如果不平衡好两者之间的关系则很容易产生两败俱伤的局面。关于公平与效率的协调发展，可以以平权法案为例分析。在 20 世纪 60 年代的民权运动中，加州大学扮演了急先锋角色，是美国第一所执行平权法案的公立大学。然而，在 1995 年，它又成为美国历史上第一所废除在入学、聘用、签约中将种族与性别作为优先考虑因素的大学。平权法案的兴废体现了高校在公平与效率取向上的转变。当市场因为追求效率而忽视公平时，政府就出台政策或法律法规以确保公平；时过境迁，当公平影响到效率时，政府就会废除或更改政策或法律法规来追求效率。

平权法案在实施过程中，由于过于追求公平而影响了效率，其争议的焦点是对白人学生以及把学业当作优先事项、成绩优秀的亚裔学生的"反向歧视"。平权法案使一些学校的招生制度变得很荒谬。比如，密歇根大学的本科生招生综合积分系统，一个考 0 分的非裔学生，比一个 SAT 考 1 600 分以上

① ［美］理查德·A. 金、奥斯汀·D. 斯旺森、斯科特·R. 斯威特兰等：《教育财政——效率、公平与绩效（第 3 版）》，曹淑江、孙静、张晶等译，47 页，北京，中国人民大学出版社，2009。

② ［美］约翰·S. 布鲁贝克：《高等教育哲学（第 3 版）》，郑继伟等选译，34 页，杭州，浙江教育出版社，2001。

的白人或亚裔学生录取的机会都要高。① 1978 年，白人"越战"老兵艾伦·贝克（Allan Bakke）申请加州大学戴维斯分校的医学院被拒后，发现成绩不如他的少数族裔学生却被接收，于是一怒之下状告加州大学戴维斯分校，称自己是"变相的种族主义"受害者。贝克案的直接后果是僵化的招生配额制被废止。间接后果是，由于联邦最高法院裁定平权法案符合美国宪法，平权法案之争暂时平息了 16 年。② 1995 年，加州大学的库克（James Cook）事件再次导致了平权法案的存废之争。当时的学校董事会阵营分为两派，在经过马拉松式的会议之后确定废除在入学、聘用、签约中将种族与性别作为优先考虑因素。当然，投票结果出来后遭到了大规模、长时间的抵制和抗议。然而在 1996 年，加州议会通过了 209 议案（Proposition 209），推翻了平权法案。这意味着加州禁止在公共机构的聘用、签约及公立学校的招生中将种族和性别作为优先考虑的因素。

随后，密歇根等州也推翻了平权法案的规定。对高校来说，推翻平权法案并不代表高校对处境不利群体的忽视。比如，加州大学系统的校园招生程序会给学生"克服不利条件"分，来自低收入家庭或者家庭母语不是英语的学生都可以拿到这项"克服不利条件"分。同等条件下，来自表现不佳学校或者犯罪事件频发社区的学生会胜出，获得入学机会。加州大学系统内的少数族裔学生比例在最初几年下降后又逐渐回升。从 2012 年到 2016 年，西班牙裔、拉美裔学生入学人数显著增加，非裔美国学生入学人数增长了近 20%。③

三、从根本上协调公平与效率手段的缺失

高等院校对于平权法案的存废之争，实际上是公平与效率之间矛盾的反映。对于少数族裔的优惠政策会使人担心高校招收到的生源质量下降，这也是不得不面对的问题。从院校或者学术权力的角度考虑，这里面有几点需要厘清：高等院校在招生时对学术能力的要求是合理的吗？高等院校对少数族裔的优惠政策对效率来说有没有意义？应该如何改进政策来平衡公平与效率？

学术能力主要表现为学生在高中的学习成绩与标准化考试成绩。而这两

---

① 程星：《细读美国大学》，244 页，北京，商务印书馆，2004。

② 林杰：《加州大学平权法案危机的政策分析与组织模型》，载《高等教育研究》，2013(2)。

③ University of California，"Student & Faculty Diversity"，https://www. universityofcalifornia. edu/support-uc/ucan/student-faculty-diversity，2020-07-02.

者在社会学家看来对少数族裔是不公平的。法国社会学家布尔迪约通过对法国大学生的调查研究后得出，在各方面能力相同的情况下，家庭收入、文化习惯等因素决定了不同社会阶级学生的不同学习成功率，在那些需要以基础知识、文化习惯或家庭收入等先决条件为前提的专业中更是如此。① "考试完全保证考生的表面平等，却以不具姓名的方式根本不考虑他们在文化面前的实际不平等。"②因为不平等的社会因素可以"使教育制度在经济条件平等的情况下，把社会特权转化为天资或个人学习成绩，从而不中断地维护不平等。表面的机会均等实现得越好，学校就越可以使所有的合法外衣服务于特权的合法化"③。因此，用高中学习成绩与标准化考试成绩来评价少数族裔学生的学术能力，对他们来说是不公平的，虽然说这可能是目前最适合院校操作的方法。

从院校的角度看，博克(Derek Bok)认为，分数和考试对于如何从众多合格的求学者中录取学生并无多大帮助。事实上，分数和考试成绩更多的是属于某种智能标准，而不是一种衡量学生能否在长时间学习中提高的手段。此外，求学者以前的分数和考试成绩高低也不能说明其今后的贡献能力大小问题。④ 有人会反驳说，既然亚裔作为少数族裔能取得甚至比白人更好的成绩，其他少数族裔也可以。亚裔作为少数族裔中特殊的一个群体，背后有其深刻的历史背景和文化渊源。亚洲地区的应试教育也一直被诟病为剥夺了学生的创造力，亚裔成绩的突出也并不能论证现有的标准化考试是合理的。

在一个种族问题和误解非常突出的国家，学生会因为有机会与其他种族的学生一起生活、学习而受益。来自不同种族背景的学生有不同的看法和经验，他们会影响和教育他人，从而使涉及的每一个人都能够增进理解，相互间能够更加宽容体谅。⑤社会学中关于社会化的论述也表明，社会化的过程是一种发展性的过程，是不同成员要素之间彼此的互动，而非纯线性的、偶发的现象。少数族裔接受高等教育也是一个社会化的过程。这其中种族、性别、家庭收入等因素都会影响学术与职业机会、训练、生活经验与准备。不同种族的学生在互动中会增加知识的广度、实务经验以及将才能运用在非研究型

---

①②③ ［法］P. 布尔迪约、J.-C. 帕斯隆：《继承人——大学生与文化》，邢克超译，18、89、31 页，北京，商务印书馆，2002。

④⑤ ［美］德里克·博克：《走出象牙塔——现代大学的社会责任》，徐小洲、陈军译，108、111 页，杭州，浙江教育出版社，2001。

大学与私人机构等的能力。① 从这个意义上说，公平与效率也并非都是矛盾的。基于对公平的追求，高等教育越来越面向不同的群体，这使高等教育市场不断扩大，并且变得更加多元化，让众多来自处境不利群体家庭的学生以及 25 岁以上的成人获得了进入高等学校学习的机会，所以，公平与效率也可以互补。

从高等学校的角度看，平权法案的实施不仅让更多的少数族裔获得了进入高等学校学习的机会，同时也促进了美国高等教育的大众化。而通过之后的争论可以发现：争论的焦点是这种优惠政策，尤其是配额制过犹不及的做法。少数族裔接受高等教育的机会不公背后有深刻的社会原因，对少数族裔的优惠政策是一种补偿的办法。但是"现有的资料最大程度上应该会提醒招生人员不要采取一种给予少数民族学生过多优惠的招生政策，不要过于热心地想使黑人和拉美裔学生人数达到很高的比例"②。因为"对社会地位最低的人来说，接受高等教育的主观愿望比客观机会还要小"③。相比于学生，大学作为一个发现与生产知识的场所、一个专门从事高深学问的地方，对于教师的资格要求更高。如果在教师聘用时也给予少数族裔更多的优惠，这将会损伤学术权威性，有让教学和科研质量下降的危险。

综上，从高校的角度来看，少数族裔进入高等学校学习可以促进高等教育的多元化，对于高校的发展是有益的。但是，要破除少数族裔进入高等教育不平等的现象，不能仅通过这种优惠补偿政策来实现，还需要考虑招生过程中的学术能力测评是否公平。而且不同的学校应当依据自身的人才培养目标与使命，制定、采取最适合的招生政策。当然，学校的招生政策也并非完全理性。社会选择理论认为，社会整体偏好不一定能从个人偏好中推导而出，民主投票不一定产生符合多元利益主体的公共政策。加州大学关于平权法案的争议以及 1995 年的投票过程也并未产生一个政策上的最优解或满意解。④国家权力也并非是完全理性的。很多民意调查都显示美国人认为少数族裔受

① [美]琼·C. 斯玛特：《高等教育学（第 17 版）》，吴娟等译，231～250 页，南京，江苏教育出版社，2010。

② [美]德里克·博克：《走出象牙塔——现代大学的社会责任》，徐小洲、陈军译，116 页，杭州，浙江教育出版社，2001。

③ [法]P. 布尔迪约、J.-C. 帕斯隆：《继承人——大学生与文化》，邢克超译，6 页，北京，商务印书馆，2002。

④ 林杰：《加州大学平权法案危机的政策分析与组织模型》，载《高等教育研究》，2013(2)。

到的歧视比女性受到的歧视更多。但是相对来说，美国人又更支持针对女性的平权行动项目，而非少数族裔。这显示出美国人对于处境不利群体的一种矛盾心理：一方面的确希望能帮助处境不利群体，另一方面又害怕自己的利益受到损害。所以，这就需要国家权力、市场和学术权力之间再次博弈与调整。

近些年来，围绕平权法案的一些判例体现了美国高等教育系统中国家权力、市场和学术权力在处理高等教育效率与公平问题时的矛盾过程。从过程来看，似乎并没有一个完美的方法可以兼顾效率与公平。但是，将这两者放在国家权力、市场和学术权力构筑的"三角协调"模型之中，则又可以形成一种动态的平衡。

自平权法案实施以来，美国的高等教育公平问题得到了一定程度的改善。分层制度成为大学处理民主政治与市场取向之间矛盾的主要方法，让不同层次的学校满足不同层次学生的需求，尽可能地保证每个人都有机会接受高等教育。然而，这种在表面上看来正确、现实中最具有操作性的办法，在实践中却是另一种形式的不公平。分层制度让不同抱负的人进入不同的大学，然而，不同社会经济地位、种族、性别的学生取得文凭的抱负是有差异的，这本身就是一种不公平的表现。

如何才能做到公平与效率的协调，当今没有人能够给出完美的答案。布尔迪约认为："一种真正具有合理性的教学方法，即以文化不平等社会学为基础的方法，则可有助于减少在教育和文化面前的不平等。"[1]"如果人们同意，真正民主的教育，是以使尽可能多的人，在尽可能短的时间里，尽可能全面和完整地，掌握尽可能多的形成某一特定时刻学校文化的能力为无条件目的的教育，人们就会发现，这一教育既反对以培养和选择出身优越的精英为方向的传统教育，也反对面向按一定规格批量生产专家的技术统治论的教育。"[2]但是，这种教育在当下的社会没有可操作性与发展的空间，因此，目前美国高等教育的公平与效率协调机制尽管存在这样或那样的问题，但总体而言是比较合理的。

---

[1][2]　［法］P. 布尔迪约、J.-C. 帕斯隆：《继承人——大学生与文化》，邢克超译，98～99、98 页，北京，商务印书馆，2002。

第三章 英国高等教育发展中的公平与效率

　　20 世纪 60 年代，"罗宾斯原则"成为英国社会各界的共识，即所有掌握了足够的知识、有足够的能力，并有意愿上大学的孩子都应被给予上大学的机会，由此加快了英国高等教育从精英型走向大众型。80 年代开始的新公共管理运动、市场机制的引入，进一步促进了高等教育改革，高等教育已经成为英国重要的产业。根据 2020 年 1 月英国高等教育统计局发布的 2018—2019 学年统计年鉴数据，2 383 970 名学生正在英国各个高等教育机构接受学习①，全国有 439 955 名教职工服务于各个高等教育机构，其中包括 215 578 名学术人员。② 公共财政的缩紧，把英国的高等教育推向了市场，高校通过多元化资金来源促进自身发展。学费、社会捐赠、产学研结合成为高等教育资金的其他来源。但以学费改革为例，英国逐步上调最高学费，1998—1999 年开始收取统一的 1 000 英镑学费，2006 年最高学费为 3 000 英镑，2012 年秋季最高学费已经飙升至 9 000 英镑。在上述背景下，政府高等教育经费竞争增强，需要更加追求投入产出效率，同时又必须遵循"罗宾斯原则"，解决高等教育改革带来的潜在的不公平问题，还要保证英国高等教育的卓越地位：英国高等教育面临着严峻挑战。由此，英国启动了学生入学、教学改革、科研管理等多方面的综合配套改革，通过在政府与大学之间

　　① HESA，"HE Student Enrolments by Level of Study 2014/15 to 2018/19"，https：//www. hesa. ac. uk/data-and-analysis/sb255/figure-3，2020-05-29.
　　② HESA，"Higher Education Staff Statistics：UK，2018/19"，https：//www. he-sa. ac. uk/news/23-01-2020/sb256-higher-education-staff-statistics，2020-05-29.

设立一系列中介机构，如高等教育基金委员会（Higher Education Funding Council for England，HEFCE）、高等教育质量保障署（the Quality Assurance Agency for Higher Education，QAA）、公平入学办公室（the Office for Fair Access，OFFA）等，有效地保障了学生的公平入学和高等教育的质量。根据英国大学联盟（Universities UK）发布的报告，学生满意度逐年上升，2014 年达到 2005 年以来的最高值——86％。[1] 提供公平、高效、卓越的高等教育是每个国家追求的目标，英国协调公平与效率的经验可为其他国家提供借鉴。

有必要说明的是，在研究英国高等教育问题时，许多研究将英国与英格兰等同起来，但其实对于高等教育质量保障署、高等教育基金委员会的分析主要是针对英格兰地区的。从地缘上，英国作为联合王国，包括英格兰、苏格兰、威尔士和北爱尔兰四个地区，但是威尔士和北爱尔兰高等教育院校少，发展水平有限，在发展过程中，特色和可供比较的点也相对有限。正因为如此，其更多地借用英格兰的管理模式，所以研究联合王国的高等教育，最关键的是研究英格兰和苏格兰的高等教育情况。[2] 同时由于研究资料的限制，英格兰成为主要的研究对象。

第一节　英国高等教育发展中的公平

作为传统的福利型国家，英国政府长久以来都扮演着高等教育经费主要提供者的角色。在很长一段时期内，学生接受高等教育都是不收学费的。到 1980 年，大多数大学 90％ 以上的经费仍由政府提供。但自 1980 年以后，在全球高等教育扩充与市场化潮流的冲击下，英国也不得不开始实施高等教育成本分担制度，向学生收取学费。

1990 年，英国开始实施的《教育（学生贷款）法案》[Education（Student Loans）Act]，规定学生必须"缴费"上学。但即使在工党领袖布莱尔上台之后的 2004—2005 学年，学费最高也只有 1 150 英镑。然而，从 2006 年开始，英国高等教育的学费上涨了近 3 倍，从原来的 1 000 多英镑飙升至每年 3 000 英

---

① Universities UK，"Higher Education in Facts and Figures 2014"，https://www.universitiesuk.ac.uk/facts-and-stats/data-and-analysis/Pages/higher-education-facts-and-figures-2014.aspx，2020-05-29.

② 吴雪：《英国高等教育质量管理制度变迁研究》，16 页，福州，福建教育出版社，2013。

镑。国际金融危机爆发以后，2009 年英国负责大学与技能的国务大臣戴维·威利茨(David Willetts)在议会下院宣布，联合政府提议将大学的学费上限由每学年 3 290 英镑调至 9 000 英镑，并计划从 2012 年开始实施。

2009 年 11 月 9 日，时任英国工党政府商务大臣曼德尔森(Peter Mandelson)勋爵委托英国石油公司原首席执行官约翰·布朗(John Browne)勋爵针对英国高等教育财政开展独立审查，并以此为基础，为英国未来的高等教育财政改革提供政策建议。2010 年 10 月 12 日，约翰·布朗发布了《保障高等教育的可持续未来：高等教育拨款与学生财政独立审查》(*Securing a Sustainable Future for Higher Education：An Independent Review of Higher Education Funding and Student Finance*)[以下简称《布朗报告》(Browne Report)]，奠定了英国新一轮高等教育财政改革的基调，即将高等教育财政的投资主体由公共部门转向私人。①

2010 年 11 月 3 日，戴维·威利茨依据《布朗报告》，在国会上提出了《高等教育基金与学生经济提案》，提出学费上限上调为每学年 6 000 英镑，并拟于 2012—2013 学年起正式实行新收费方案。2011 年 6 月，英国商务、创新和技能部颁布了题为《高等教育：学生处于系统中心》(*Higher Education：Students at the Heart of the System*)的"2011 年高等教育白皮书"，宣告英国将自 2012—2013 学年起正式实行新收费方案。据调查，2012—2013 学年，英国有 35 所高校将本科生学费上调至 9 000 英镑②，而 2015—2016 学年上调学费的高校数上升到了 116 所③。

市场机制的引入，虽然能扩大教育资源供给，但市场具有追求个人利益最大化的特征，学费上涨给许多家庭造成了负担，特别是给贫困学生的就学权益带来了威胁，若运用不慎，可能导致社会不公平。英国政府虽然不断推出各项教育革新政策，试图在经济发展与社会公平之间寻求均衡点，但高等教育机构中处境不利群体代表性不足，至今仍是英国政府面临的挑战。政府也认识到，为了保证英国高等教育的可持续性发展，应当建立一个既能充分

---

① Haroon Chowdry，Lorraine Dearden，Alissa Goodman and WenchaoJin，"The Distributional Impact of the 2012—2013 Higher Education Funding Reforms in England"，*Fiscal Studies*，2012(2)，pp. 212-234.

②③ CUG(Complete University Guide)，"Reddin Survey of University Tuition Fees"，https：//www. thecompleteuniversityguide. co. uk/sector/insights/reddin-survey-of-university-tuition-fees，2022-12-30.

代表社会全体成员利益，又可灵活适应市场经济发展的高等教育体系。

通畅的社会流动性对保持社会稳定和进步有着重要意义，英国高等教育发展过程中的公平问题也集中表现为高等教育改革、学费上涨带来的潜在的公平入学问题。因此，英国在推动的政策行动中，也特别体现了对贫困学生的重视。①

一、成立公平入学办公室

为了应对学费改革给学生入学机会带来的潜在影响，2004 年英国政府成立"公平入学办公室"，专门保障贫困学生的就学权益，其中要求各高等教育机构必须提供公平入学机会，签订"扩大参与协议"（Widening Participation Agreement，WPA），以及实施"扩大参与策略的评估"（Widening Participation Strategic Assessment，WPSA），才能调涨学费。

公平入学办公室性质上属于一个独立的公共机构，职责是保证英国高等教育入学的公平，旨在促进和维护收入较低人群和其他处境不利群体获取高等教育入学机会的公平性，具体的目标是增加进入高等教育系统的学生中处境不利群体的比重，促进他们在学习过程中积极为提升就业能力或为升学进行准备，并逐步提升贫困学生进入精英学校的机会。②

公平入学办公室联合各高等教育机构签订每年的公平入学协议，根据《2015—2016 学年公平入学协议》，高等教育机构在 2015—2016 年度共投入 7.252 亿英镑支持学生学业，其中用于开展支持学生入学、帮助学生就业和升学准备的各项活动资金占 38%；该年度实现了学生入学目标的 75%、学生成功目标的 73%、学生升学或就业目标的 85%。③ 公平入学办公室已于 2018 年 4 月变更为学生办公室（Office for Student）这一新机构，新机构保留了公平入学办公室的大部分工作方式。

---

① 蔡弘、沈阳：《英国高等教育入学公平情况调研》，载《世界教育信息》，2015(4)。

② OFFA, "Aims and Objectives", https://webarchive.nationalarchives.gov.uk/20180511111550/https://www.offa.org.uk/about/objectives/，2020-05-29.

③ OFFA, "Outcomes of Access Agreement Monitoring for 2015-16", https://webarchive.nationalarchives.gov.uk/20180511112138/https://www.offa.org.uk/wp-content/uploads/2017/06/OFFA-Monitoring-Outcomes-Report-2015-16-Final.pdf，2020-05-29.

二、制定最高学费标准

在高等教育发展的市场导向趋势中，英国高等教育一般实行弹性学费制，弹性学费制是提升高校教育质量和竞争力的重要途径。但是高等教育系统中的公平问题也不容忽视，因此，在承认各高校教育质量差异的基础上，应将学校之间的差距控制在社会可以接受的范围内，故需要政府通过法律和政策加以矫正与补偿。

由于学校运行成本增加，学费标准也一直在上涨。根据可获得的最新数据，对于2020—2021学年入学的学生来说，学校全日制课程学费每年最高可以收取9 000英镑，非全日制课程每年最高可以收取6 750英镑，如果高校需要收取更高学费，则必须与公平入学办公室重新签订"入学协议"，以保证高额学费不会影响公平入学，如高校未达标则需要向政府缴纳一定的税金，以发展旨在促进公平入学的"国家奖学金项目"。

三、扩大不同背景学生入学机会

英国高等教育机会的不公平问题受到学生年龄、性别、种族、语言、健康状况、宗教信仰、生源地和家庭条件以及基础教育背景等多种因素的影响。其中，许多导致高等教育机会不公平的因素，早在基础教育阶段就已经形成。这一现象使《罗宾斯报告》(The Robbins Report)中提出的"能力面前人人平等"原则成为空谈——贫困学生可能由于家庭条件等外部因素所限，自身能力无法充分发挥。因此，英国政府认为提高贫困学生高等教育入学机会的有效方式，在于提高他们基础教育阶段的学业成就。相关研究指出，在决定高中毕业生是否愿意接受高等教育的因素中，"理想抱负"占25%。①

为培养中小学生进入大学深造的理想，英国政府提出了"立志计划"，旨在帮助贫困学生树立远大志向，鼓励他们克服眼前的困难。具体措施包括：(1)与中小学校建立伙伴关系，整合各类教育机构的资源，激励贫困学生树立上大学的理想；(2)建立辅导机制，促使相同家庭背景或种族社群的大学生与低收入家庭的中小学生交流、沟通，帮助贫困中小学生理解接受高等教育的

---

① Haroon Chowdry, et al., "Widening Participation in Higher Education: Analysis Using Linked Administrative Data", *Journal of the Royal Statistical Society: Series A (Statistics in Society)*, 2013(2), pp. 431-457.

重要价值；（3）鼓励高校开设各种寒暑期课程，让中小学生体验大学生活；（4）建立广泛的学习资源网络，由各类社会机构共同提出针对性策略，为贫困学生营造良好的生活、学习环境。

为了明确入学制度的发展方向、提升高等教育机会的公平性，英国政府召集专家学者成立了"高等教育入学指导小组"，针对大学入学制度进行全面的调查与改进。该小组分别于 2003 年和 2004 年发布了《高等教育公平入学的关键议题》（*Consultation Key Issues Relating to Fair Admissions to Higher Education*）和《高等教育公平入学建议书草案》（*Fair Admission to Higher Education：Draft Recommendation for Consultation*）两份咨询报告，并于 2004 年 9 月发布了《高等教育公平入学良好实务建议书》（*Fair Admissions to Higher Education：Recommendations for Good Practice*）。这些咨询报告和建议书的核心理念为：高等教育入学机会公平在于确保学生能否进入大学完全基于申请者个人的品质，无论申请者的背景如何，高校都应为其提供平等的入学机会和适合其能力特点的课程与教学。[1] 同时，高等教育入学指导小组还提出了机会公平的五大原则，作为高校入学制度的发展方向：（1）透明化。即入学过程必须公开透明。（2）简洁化。尽量减少申请程序过于烦琐而对低收入家庭学生造成的消极影响。（3）专业化。高校必须在入学工作各方面都达到专业水准。（4）择优录取。高校必须从学术发展潜能的视角，录取有能力完成学业的学生。（5）信度与效度。高校录取学生所使用的评价方法必须值得信赖且确保有效性。

四、关注处境不利群体入学权益

对于英国的学生来说，如果满足《2010 年公平法案》（*Equality Act* 2010）中残障的标准，如长期的身体健康问题、心理健康问题、特定的学习障碍（如阅读障碍），可以申请残障学生津贴（Disabled Students' Allowance，DSA）。对这一津贴的支持取决于个人的需求，而不是收入，并且该资助项目优先于其他资助项目，属于无偿资助。资助额度以 2014—2015 学年为例，全日制学生特殊设备的资助津贴（specialist equipment allowance）为每个课程项目最高5 212 英镑，非医疗助手津贴（non-medical helper allowance）为每年最高

---

① 赵鑫、周冠环：《英国追求高等教育机会公平的经验及启示》，载《高教发展与评估》，2014（3）。

20 725 英镑，一般性津贴(general allowance)为每年最高 1 741 英镑，而研究生将得到每年不超过 10 362 英镑的单项津贴。这些经费可以用于支付残障人士的特殊设备，如专用电脑等，另外包括由于残障带来额外出行支出等，但是不包括其他学生都需要支出的项目。一旦提交申请，英国学生资助中心(Student Finance England)将会联系学生到评估中心进行需求测试(need assessment)，评估报告则会报告该学生能得到的器材和其他支持。经费的拨付也会打入银行账户或直接支付给提供专业设备的机构。层层限制保证了该津贴发放的有效性。

2015 年 7 月，公平入学办公室提出了他们在提升高等教育公平入学上的目标，办公室已经确认了英国大学达成的 183 条协议，向政府提出的在 2020 年高等教育入学人数中处境不利学生翻一番的目标迈出了一大步。在 2016—2017 学年大学签订的合约中，大学将投资 7.508 亿英镑，其中 1.493 亿英镑主要用于活动支出，包括长期的宣传活动，以帮助在早期阶段识别有潜力的学生；1.48 亿英镑用于对其学业的支持；5 460 万英镑为学生的就业能力准备开展相关活动；3.399 亿英镑用于资金支持，包括助学金、减免和困难资助等。[①]

五、非英格兰地区学费支持政策

(一)威尔士地区

威尔士地区的学生如果在公立高等学校交纳最高 9 000 英镑的学费，则威尔士政府需要为其首次支付的 3 685 英镑提供学费贷款。如果一个大学收取高于 9 000 英镑的费用，那么学生可以通过向威尔士学生资助办公室申请高达 5 315 英镑的无偿资助。任何在英国学习的威尔士学生均享有以上权益。

(二)苏格兰地区

苏格兰地区学生如果在苏格兰本地上学，将享有苏格兰政府为其支付第一学年学费的资格。而在苏格兰地区以外接受高等教育的苏格兰学生则可以

---

① OFFA，"Access Agreement Decisions for 2016-17：Universities Set Themselves Stretching New Targets"，https://web. a. ebscohost. com/ehost/pdfviewer/pdfviewer? vid =1&sid=131f553f-a5e2-47c6-84fd-804408e4dff3%40sdc-v-sessmgr01，2020-05-30.

申请每年高达 9 000 英镑的学费贷款。

(三)北爱尔兰地区

2014—2015 学年，如果在北爱尔兰地区接受高等教育的学生收费达到 3 685 英镑，则学生可以申请全额贷款。在英国其他区域上学的北爱尔兰学生根据所选择的高等教育机构支付学费，同样也可以申请 9 000 英镑以下的学费贷款。①

第二节　英国高等教育发展中的效率

20 世纪 70 年代，一场席卷资本主义世界的经济危机让经济持续衰退的英国开始对第二次世界大战后"从摇篮到坟墓"的福利制度进行重大调整。1979 年，撒切尔政府开始削减大学的经常性拨款，减少额度达 17%；再加上招生规模的扩大，到 90 年代后期，政府的人均教育经费资助下降了 40%。而同时英国高等教育基金委员会的拨款学校数量较多，包括 132 家高等教育机构、214 家继续教育机构，经费拨款面临很强的约束力。

英国各大学对拨款减少的抗议吸引了很多媒体的目光，在拨款总额减少的同时，英格兰高等教育拨款体现出更强的选择性和竞争性，反映了英国政府对高等教育发展的定位——高水平的教学质量、世界一流的科研实力、对经济和社会发展做出重要贡献。

一、经费竞争凸显投入重点

英国政府一方面减少对高等教育的投入，另一方面又要求高等教育追求投入产出效率，提高经济贡献，这就把英国的高等教育推向了市场。政府鼓励各高校通过多元化资金来源促进自身发展。学费、社会捐赠、产学研结合成为高等教育资金的其他来源。

科研和教学经费是英国高等教育拨款的主要内容。2010—2011 学年，在拨款总额被迫削减的情况下，为了实现政府大力加强高校科研的承诺，英格兰高等教育基金委员会力保科研经费，科研经常性经费比上一学年增长 2%，

①　Sue Hubble and UK Parliament. "Higher Education Tuition Fees in England：Party Policies 2015"，https://dera.ioe.ac.uk/22699/1/SN07153.pdf，2020-05-18.

达到 16.03 亿英镑，而教学经常性经费则下降了 1.2%。

英格兰高等教育基金委员会的科研拨款与高校科研评估紧密挂钩。2010—2011 学年，科研拨款的竞争性进一步加强，高水平研究型大学获得了更多的科研经费，而科研水平较差的大学的该项拨款被削减。在 2008 年科研评估中排名前 8 位的高校，其 2010—2011 学年的科研拨款较上年都有不同幅度的增长，例如，牛津大学增长了 5.53%，剑桥大学增长了 3.32%；相反，排名后 10 位的高校的科研经费都有所减少，例如，利物浦霍普大学减少了 9.03%，坎布里亚大学减少了 8.97%。

这样的科研经费分配格局充分体现了英国政府对高校科研的期望和要求，其目的在于促进大学不断提高科研水平，从而提高英国的科研创新能力。这得益于一套较成熟的科研拨款方法——公式拨款法。公式拨款法包括三个因素——相对科研成本、科研队伍规模和科研水平，其中最重要的因素是科研水平。对高校科研水平的考虑则依据高等教育基金委员会负责实施的科研评估。英国自 1986 年开始进行高校科研评估，为每所大学、每个学科的综合科研水平评定等级。对比发现，2010—2011 学年的科研拨款方案进一步拉大了不同科研水平等级之间的经费差距。2009—2010 学年，四星级的权重为 7，三星级的权重为 3，二星级的权重为 1，一星级及以下的权重为 0，科研拨款更多用于资助科研水平高的大学和学科，有利于提高拨款的使用效益。2010—2011 学年，其他星级的权重保持不变，而四星级的权重提高至 9，反映了政府追求世界一流科研水平的决心。

2010—2011 学年，英格兰高校的教学拨款在保障公平的前提下，也增强了选择性。高等教育基金委员会将所有学科分成了四组：A 组包括医药、牙科、临床科学和兽医科学；B 组是以实验为基础的学科；C 组是需要实验室、工作室和野外工作的学科；其他学科皆归为 D 组。根据 2010—2011 学年的教学经费分配方案，A 组学科权重为 4，B 组权重为 1.7，C 组权重为 1.3，D 组权重为 1，在教学拨款总额减少的情况下，优先保障医学类学科等获得较充足的教学经费。英格兰高等教育基金委员会执行总监阿兰·朗兰兹（Alan Langlands）说："在资金有限的前提下政府必须确保一些重要政策的贯彻实施，其中包括支持重点学科发展。"[①]然而，增强拨款的选择性和竞争性势必

---

① HEFCE, "Recurrent Grants for 2010-11", https://dera.ioe.ac.uk/96/1/10_08.pdf, 2020-05-30.

引起英国各界对高等教育公平和质量的担忧。英国媒体推测，新的拨款方案将令 22 万名年轻人失去接受高等教育的机会。同时，拨款的选择性和竞争性将使得"弱势"高校面临更加糟糕的经费环境，不利于高等教育公平。也有人尖锐地提出，英国政府以经济衰退为由减少高等教育拨款，必将对高等教育质量和人才储备造成长期的负面影响。这些问题都亟待英国政府思考和提出有效对策。

对于很多高校而言，2010—2011 学年拨款减少已是不争的事实，于是纷纷开始想办法降低受影响程度。其应对措施有节流之策，如削减教职工岗位、减少课程数量；也有开源之法，如通过研究项目获取更多资助、大幅增招欧盟以外的留学生——因为他们的学费标准远高于英国本土和欧盟国家学生。当然，高校若能着眼于长远，在提高科研水平方面做出更多努力，从而争取更多的科研拨款，这将是英国政府最乐于看到的。

二、外部监督保证教育质量

2001 年，英格兰高等教育质量管理内部进行协调，《院校审计手册》(*Handbook for Institutional Audit：England*)发布，标志着英格兰高等教育质量管理进入一个新阶段，即质量保障阶段，其核心措施是逐渐放松质量管理的力度(light touch)。①

高等教育质量保障署是在 1997 年才成立的独立单位。高等教育质量保障署的经费来源主要是 180 所左右的大学捐助(subscriber)，与高等教育基金委员会无关，各自独立运作。高等教育质量保障署旨在评估高等教育机构的教学质量，其任务是保障高等教育受教育者的公共利益，以及鼓励高等教育改善质量。主要工作有三：(1)建立清楚的评估指标；(2)实施大学的外部评估；(3)为政府在质量管理上提供建议。

高等教育质量保障署的质量保证范围包括英格兰、威尔士和北爱尔兰地区的 170 多所大学和学院、270 所成人继续教育学院和一些海外的高等教育办学机构，而苏格兰地区则有自己的高等教育质量保证机构。高等教育质量保障署在质量保证方面取代了原高等教育质量协会(Higher Education Quality Council，HEQC)和高等教育基金委员会，负责对全英高等学校提供统一的综

---

① 吴雪：《英国高等教育质量管理制度变迁研究》，136 页，福州，福建教育出版社，2013。

合质量保证服务。高等教育质量保障署的使命是向学生、家长和社会相关人士保证高等教育的质量，并与其他高等教育机构合作，保证和提高高等教育的质量，维护公共利益。其核心职责是审核各高校教育质量和标准的管理制度，以及评估各高校学科级的教学质量教学标准。[①] 主要包括：（1）与各高校合作，共同维护和促进高等教育质量与标准的不断提高；（2）向中学生及其家长、毕业生用人单位、研究生招生单位及社会各界公开提供清楚、准确的高等教育质量与标准的有关信息，维护共同利益；（3）与各高校合作，共同管理、发展质量保证框架；（4）就高校是否具有学位授予权和高校是否享有大学头衔资格等问题提出建议；（5）对继续教育学院等教育机构举办的旨在帮助无正规学历的成人进入高等学校的教育课程开展认可工作；（6）编制学科基准说明，颁布学科教学指南，提供教学范例，制定院校评估和学科评估程序。

近年来，高等教育质量保障署的质量保障方式不断调整。经过英格兰高等教育基金会与高等教育质量保障署、英国大学协会、大学校长常务委员会的多方协商，这几家机构联合发布高等教育质量保障的咨询报告，提出以有选择性的学科评价代替广泛的学科评价，以高等教育机构质量监控作为质量保障的基础和重点。同时，今后质量保障的目标将主要通过各高等院校的内部程序来实现，而外部检查的作用是检查这些内部程序的可靠性和有效性，并应避免各种外部检查程序的重复。

这样原先6项24分制的评分标准模式自然被废除，取而代之的是强调各高等院校内部质量保障，通过"全面信心""有限信心"和"没有信心"三个等级来表述它的监控结果，还对未来的改进提出建议。外部检查侧重三个方面：一是根据《高等教育学术质量和标准保证实践准则》（*Code of Practice for the Assurance of Academic Quality and Standards in Higher Education*），检查高校内部质量保障体系和机制的可靠性与有效性，以及这些内部体系和机制保证专业质量与授予标准的具体方法；二是检查各院校所提供的专业的质量和所授予学位的标准信息的准确性和完整性；三是采集院校内部在学科和整体质量保障方面的证据，以确认院校公布质量信息的有效性和可靠性。

同时，高等教育质量保障署建立"教学质量信息表"，供各高校定期发布其质量和标准的信息、学生学习经历调查报告等，以满足公众对院校质量信

---

① 唐霞：《英国高等教育质量保证体系》，52～53 页，北京，北京师范大学出版社，2013。

息的需求，增加质量信息和质量监控的透明度和可信度。这种以公开、透明的方式向社会传达高等教育质量信息的方式，符合政府对高等教育院校质量信息公开的要求，也符合社会大众希望清楚了解不同类型高校教学质量的真实信息的要求，为学生和家长选择高校提供了最直接的信息。

高等教育质量保障署开始形成新的《质量保证框架》(*Quality Assurance Framework*，QAF)。该框架包括高等教育质量保障署在英格兰和北爱尔兰地区所负责的高校审计、合作审计(Collaborative Audit)、过渡阶段的发展性投入工作(Developmental Engagements)、教学质量信息公布制度(Teaching Quality Information)、全国学生调查(National Student Survey)以及各项学术基准(Academic Infrastructure)等部分。框架的目的在于保证高等院校所获得的公共资金的有效使用及对公众的责任，与其他机制一起促进教学质量和标准的提高，为学生、雇主及其他利益相关者提供每所高校可靠的质量和标准信息，鉴别高校内部存在的问题并责令其迅速采取改进措施。《质量保证框架》实际上保证了公众对高等教育质量的信心，体现了维护英国高等教育世界声誉的潜在目的。《质量保证框架》的出台，满足了高等教育基金委员会对拨款经费使用效益和社会公众对高校责任监控的要求。

为了保障高等教育的质量，除了高等教育质量保障署之外，英国还有一些区域性的质量保障机构，包括英格兰资格与课程管理委员会(Qualifications and Curriculum Authority，QCA)，威尔士资格、课程与评估委员会(Qualification，Curriculum and Assessment Authority for Wales，ACCAC)，北爱尔兰课程、考试与评估委员会(Northern Ireland Council for the Curriculum，Examinations and Assessment，CCEA)和苏格兰资格管理委员会(Scottish Qualifications Authority，SQA)。在与一些特定职业资格相关的专业领域，如工程、法律、医学等，英国还有由法定的行业组织实施的、带有行业准入性质的课程质量认证，以保证课程设置的资质满足职业资格的要求。高等教育质量保障署成立之后，各机构专业准入性的学术课程越来越多地参照高等教育质量保障署的评估。高等教育机构内部的评价也成为高校质量的重要保障。评价方法包括课程负责人提交课程实施情况报告、外部评审者出具评价意见、教职员工和学生反馈意见、外部专业评价机构出具评价报告、毕业生及其雇主反馈意见等。评价结果对于改进教学和提高质量具有重要作用。

三、通过科研绩效评估提高效率

科研作为高等教育机构的重要职能之一，也是高等教育质量考评的重要内容之一。英国教育部从 1992 年开始全国性的科研评估——研究评估考核（Research Assessment Exercise，RAE）。评估由教育部组织，它把全国的大学分为 40 个大学科，如医学、生物学、工程、数学、化学、物理、经济、商学、法学等。各个大学根据自己的学科分类，参与若干个学科的评估。大学专业齐全的（如剑桥大学、牛津大学、伦敦大学学院、帝国理工大学、诺丁汉大学等）参与评比的学科就比较多，大学专业数量少的（如伦敦政治经济学院、伦敦商学院等）参与评估的学科就比较少。

研究成果以发表的科学论文为主，部分出版著作和其他产出也比较重要。每个参加评估的大学教师，只需要提交 6 年之内 4 篇最好的论文（或著作）。如果某教师在这段时间出版了超过 4 篇论文或著作，那么，这个教师就只需要挑 4 篇认为最好的参加评估。这样的评估方法注重的是质量而不是数量。这种评估规定给每一个大学教师造成了一种无形的压力：如果在这段时间里没有足够好的 4 篇产出，就要面临出局，职称的晋升、工资的提升就会受到很大的影响，但也给学术成就多、产出质量好的大学教师提供了升职、加薪、跳槽的机会。因此，英国的研究评估不仅促进了每位教师的研究进步，而且促使各个大学为了吸引研究能力好的教师而不断创造更好的条件，从而促进大学之间的激烈竞争。

从 1992 年开始，英国大学的研究评估考核已经进行了 6 次，分别在 1992 年、1996 年、2001 年、2008 年、2014 年和 2021 年进行。原来每四年进行一次评估，但后来时间被拉长到五年一次（1996—2001 年）、六年一次（2008—2014 年）或七年一次（2014—2021 年）。在 1992 年和 1996 年的两次研究评估考核中，每个单位根据其报送的研究成果进行评估，每个单位被打一个平均分，如果平均分接近最高水平，则这些单位被定为 5 级；如果平均分数低一个档次，就被定为 4 级；后面还有 3 级、2 级和 1 级。一般来说，5 级的研究水平代表世界领先，4 级为世界优秀，3 级为国际认可、国内领先，2 级为国内先进，1 级为国内认可。到 2001 年，原来的 5 级被 5＊、5、4、3a、3b、2 和 1 七个等级所代替。之所以增加 5＊级，主要是为了突出那些特别强的系科单位；把 3 级分为 3a 和 3b，是因为有太多的单位处在中间的水平，需要用两级拉开这些单位的距离。

在 1992 年、1996 年和 2001 年的评估中都存在一个问题，即如果一个单位的平均分数达到一定程度，这个单位的所有参评人员都被定为某个等级，也就是说，某个大学的某个专业只要有足够的人把平均分数拉高，就可以把一些成果质量差的人也拉高。相反，某个大学的某个单位，如果有比较多的人分数不高，那些本来成果质量非常好的人也会被拉下去。为了辨别同一个单位不同研究人员的成果质量差别，2008 年的评估方法做出了很大的改动。第一个重大的改动是把原来的 5 *、5、4、3a、3b、2 和 1 七个等级，改为 4 *、3 *、2 *、1 * 和 unclassified（未分类的）五个等级。第二个改动，是把每个单位提交的所有文章和著作，一个一个地分类、打分，然后，每个单位的所有文章按照每个等级得到的百分比给出一组概率分布数列，而不是以前的一个简单等级。

2008 年的评估，论文和著作占总分的比例为 70%，研究环境和影响力占 30%。考量一个单位的研究水平，可以有多个指标。最显眼的指标是平均绩点（Grade Point Average，GPA），每个参评单位都可以用满分为 4 分的 GPA 来排列。越靠近 4 的单位，其平均研究质量越高。用 GPA 来考察一个单位的研究水平有非常明显的优点，即可明确判断不同单位的研究质量，但是 GPA 并不能代表某个研究单位的总体研究力量。例如，有两个大学 A 和 B 同时参加某一学科的评估，A 参评的有 100 人，GPA 是 3.1；B 参评的只有 10 人，GPA 是 3.2。按 GPA 比，B 好过 A。如果 A 提前知道这个结果，就可能将最差的 10 人剔除，让剩下的 90 人参评，使 GPA 超过 B。就整个大学而言，其研究力量应等于该大学的总体 GPA 乘其所有的参评人员。

在 2014 年的评比中，伦敦大学学院超过了剑桥大学，一方面是两个大学的 GPA 很接近，尽管剑桥大学的 GPA 比伦敦大学学院略高，但是剑桥大学参评人数比伦敦大学学院少，所以，剑桥大学的研究总体实力首次被伦敦大学学院超过，屈居第三名。

2014 年的评估名称也从原来的研究评估考核变为研究卓越框架（Research Excellent Framework，REF）。其与 2008 年以前的最大不同，就是强调研究成果对社会的影响力，其目的是使研究更好地服务于社会经济的发展需要，而不是为了研究而研究。2008 年以前的所有评估，只考虑研究环境（包括研究条件、经费、培养博士生和博士后的情况、教授的科研支持力度等），但是没有考虑研究成果对社会的影响力。

2014 年在 2008 年的基础上引入研究成果对社会的影响力。每 7~8 位参评人员就要求提供一个影响社会和经济发展的案例。参加本次评估的大学 150 多所，参评的研究人员 52 000 多人，分为 4 个大领域、36 个大学科。参评人数最多的是伦敦大学学院，超过 2 500 人，超过 1 000 人的大学都是英国著名的综合性大学。本次评估审核了 1 911 份资料，其中包括 52 061 名学术人员的 191 150 个学术成果，6 975 份案例研究，最终评选出了 30% 的四星大学、46% 的三星大学、20% 的二星大学和 3% 的一星大学。① 用研究总体实力排名，牛津大学第一、伦敦大学学院第二、剑桥大学第三、爱丁堡大学第四、曼彻斯特大学第五、帝国理工大学第六、伦敦国王学院第七、诺丁汉大学第八、布里斯托大学第九、利兹大学第十。

英国的这种研究评估使研究型大学得到了很大好处，以教学为主的大学得到的科研经费则较少。教学型大学能够参评的人数非常少，GPA 也比较低，所以总体研究力量微不足道。这是一种集中力量办好少数研究型大学的做法，其竞争程度呈白热化。一些小的大学或者总体研究能力比较低的大学，也出现一些研究领域处于比较领先地位的情形。为了在大学系统里取得认可，多数大学都会争取以部分优势学科参加评估，以争取拨款。

第三节　英国高等教育发展中公平与效率的协调发展

面对高等教育发展过程中的挑战，如何在实践中促进公平与效率的协调发展，已经成为高等教育机构领导、学界、学生和雇主的共识。根据英国高等教育的历史基础和文化因素，社会各界共同努力，致力于以下目标：(1)高等教育需要更多投入，但是学校必须让学生确信投入教育带来的收益；(2)加强学生的自由选择权；(3)每一个有潜力的学生都应该有从高等教育中获益的机会；(4)只有在学生工作后才需要负担上学期间的费用；(5)学费的制定必须考虑学生的支付能力；(6)对非全日制学生应当有更好的支持。②

作为政府与大学之间的三种典型治理结构模式之一，英联邦国家的高等教育基金委员会(大学拨款委员会)模式有其自身的特点。在该模式中，英格兰高等教育基金委员会是其经典原型。先前分别负责为大学拨款的大学拨款委员会(University Grants Committee，UFC)以及负责为大学以外的高等教育机构拨款的多科技术学院和其他学院基金委员会(Polytechnics and Colleges

---

① REF，"Research Excellence Framework 2014"，https://www.ref.ac.uk/2014/，2020-05-18.

② John Browne，"Securing a Sustainable Future for Higher Education：An Independent Review of Higher Education Funding and Student Finance"，http://dera.ioe.ac.uk/11444/7/10-1208-securing-sustainable-higher-education-browne-report _ Redacted.pdf，2020-05-18.

Funding Coucil，PCFC)被统一的高等教育基金委员会取代。高等教育基金委员会负责向英格兰的大学和学院分配教学和研究公共资金，推动高质量的高等教育和研究，保持高等教育部门的财政健康，并通过高等教育问责和经验推广，促进英国高等教育的协调、可持续发展。① 在促进高等教育公平与效率协调发展的过程中，高等教育基金委员会调整了自身角色并发挥了重要作用。

一、促进高等教育的公平与多样化

多年来，高等教育基金委员会为扩大学生入学机会采取的行动已经取得了一定成果。高等教育机构中来自处境不利背景的学生比例不断增加，学生毕业率也有所提升。特别是进入高等教育机构的残障新生数量从 2003—2004 学年的 16 700 名增加到了 2012—2013 学年的 51 300 名。②

2015 年 2 月，高等教育基金委员会公布了 2015—2020 年工作计划，继续实现在扩大学生入学机会和学业成就方面的承诺。高等教育基金委员会认识到，尽管扩大处境不利群体入学机会已经取得了进步，但是仍需要持续改善各处境不利群体的参与，并消除这些在学业成就上不可接受的差异。在这方面，高等教育基金委员会必须继续充分发挥领导作用。

为了拓宽大学入学阶层，高等教育基金委员会通过监测，引领各个高等机构在促进公平与多样化上继续加大投入；同时通过对政府资助项目的审计，分析现有资助项目所面临的挑战。高等教育基金委员会极力实现三大角色：(1)拨款的主体和管理者。作为公共拨款主体和管理者，高等教育基金委员会在高等教育质量监管中拥有独特地位，它通过分析全国数据、年度监测报告、对学校的定期访问等方式，把握英格兰高等教育的发展状况，调整拨款，使得其经费投入产生更大的社会效益。(2)学生利益的维护者。考虑到新的监管职责，高等教育基金委员会将学生的利益置于中心地位，开展了大量的工作。一是为学生升学和就业提供帮助，提高学生整个生命周期的收入水平，从而促进社会流动；二是长期关注教学质量，通过法定监测程序保证教育机构所提供的教学质量，同时通过专项计划提升学校教学；三是保证机构财务的可

---

① 毕建宏：《英格兰高等教育拨款委员会（HEFCE）简介》，http：//ciefr.pku.edu.cn/cbw/kyjb/2016/kyjb_8099.shtml，2020-05-29。

② HEFCE，"Delivering Opportunities for Students and Maximizing Their Success：Evidence for Policy and Practice 2015—2020"，https：//core.ac.uk/download/pdf/74378809.pdf，2020-05-30。

持续性;四是投入大量资金,用于高等教育机构的物理基础设施。(3)秉持公平与多样化价值的雇主。作为一个雇主,高等教育基金委员会在人员雇佣中注重雇员背景多样化,其中包括男女性别的平等。例如,2009 年设立的目标是到 2013 年 5 月,在 9 级职员以上的高级职员中女性比例达到 48%,而到 2011 年 5 月,该比例已经达到了 51.1%,并且 2010 年 5 月公布的薪资审查报告显示男女工资间已经不存在显著差别。①

二、提高高等教育质量

作为质量保障机构的高等教育质量保障署,在审核并监督提供高等教育的各大学院校的教学质量与学习成效中也发挥了重要作用。它通过定期的教育评估及审核,让英国各高等教育机构都能维持优良的教学品质及完善的课程规划,也能重视学生的实际学习成效。同时,借英国高等教育质量保障局定期公布的调查报告,不仅各大学院校能进一步检视其执行成果,而且学生及一般民众也能通过其调查报告,共同监督各高等教育机构的教学状况。

高等教育质量保障署与高等教育机构协商制定英国高等教育品质规范(UK Quality Code for Higher Education),即所有高等教育机构应达成的目标。该规范分成三大部分:第一部分,学术标准(Academic Standards);第二部分,学术品质(Academic Quality);第三部分,高等教育供给(Information About Higher Education Provision)。每部分均有明确期望(Expectation)与指标(Indicators),这些规范会依国际教育发展形势不定期更新。

有关教学品质及学习成效的确保与提升,是第二部分所应达成的 11 项期望之一。该项品质规范中所设定的期望为:高等教育机构应与其教职员、学生及其他利益相关者说明并有系统地检视及提升其学习机会与教学实践,使每个学生得以发展为独立学习者,致力于研究他们所选择的学科,并提升其分析、批判及创造思考能力。

高等教育质量保障署的评量机制是依据各教育机构本身的自我评量结果,并依情况进行实地调查。每 4~6 年,高等教育质量保障署会结合各教育机构的自我评量、教育机构间的同行评审,以及实地参访评量的结果,来发布最终评审结果,并对外公布各机构的评量结果。高等教育教学品质的确保是各

---

① HEFCE, "HEFCE Equality & Diversity Scheme 2012-2014", http://bit.ly/15Avy6o,2020-05-30.

高等教育机构应负的责任，高等教育质量保障署的作用是检查高校是否尽到应尽的品质保证责任，以及检核其执行成效。

三、完善学生贷款政策

为了实现高等教育体系中提高质量、增加规模和扩大参与追求的发展目标，2006 年，英国在《2004 年高等教育法案》的基础上引入了富有特色的学生贷款体系，其要素主要有以下三个：（1）学生可以延缓偿还学费贷款。学生可以通过贷款支付其大学所需学费，而这笔费用可以推迟到借款学生赚取收入时偿还。（2）按收入比例还款（income contingent loan）。英国在设计高等教育贷款体系时，引入了按收入比例还款计划。这笔贷款基本可以覆盖学费和生活费，保证学生在接受高等教育期间无须额外经济支出，而这笔贷款的利率等于通货膨胀率。（3）扩大参与的政策。这些政策包括鼓励年轻人留在学校完成学业，由高校提供公共财政支持的各种奖学金和生活补助。

这一学生贷款体系中设计了两条原则来保证低收入学生的权益。一是还款额度取决于当年的收入，对大多数人来说，则是扣除所得税和社会保险费后的那部分收入。其次，任何 30 年以后仍未被清偿的贷款将会被取消，以保护那些终生收入均较低的毕业生。偿款金额的计算方法为年收入减去 21 000 英镑后剩余部分的 9%，每月的偿款额则再除以 12，并精确到英镑的整数位。表 3-1 直观展示了不同年薪毕业生折算到每月和每周所需偿还的金额。

表 3-1　按收入比例还款计划下毕业生所需偿还额情况　　　单位：英镑

年薪	月薪		周薪	
	总收入	偿还额	总收入	偿还额
0	0	0	0	0
21 000	1 750	0	404	0
25 000	2 083	30	481	7
30 000	2 500	69	577	16
40 000	3 333	143	769	33
50 000	4 167	218	962	50
60 000	5 000	293	1 154	68

资料来源：John Browne，"Securing a Sustainable Future for Higher Education：An Independent Review of Higher Education Funding and Student Finance"，http：//dera.ioe.ac.uk/11444/7/10-1208-securing-sustainable-higher-education-browne-report _ Redacted.pdf，2020-05-29.

在之前的贷款计划中，学生需要开始偿还贷款的起点为年收入 15 000 英镑，偿还限期为 25 年。新一轮改革对偿还贷款的收入起点和偿还期限都进行了调整，但是一直没有取消大学学费封顶，一个主要原因是保护国库。目前大学本科学费每年不能超过 9 000 镑；学费越高，学生贷款额越多，国库潜在亏损越大。大学毕业后一直从事低薪工作的人还贷比例就较低。据估计，每一英镑贷款的成本为 30～40 便士，受多种因素影响，这个成本因人、因校而异，如剑桥大学毕业生离校一年后仍未找到工作的比例是 4.3％，而斯塔夫德谢大学就高达近 14％，只有提高还贷额超过预期，国库收入才能持平。根据改革设想，将来政府可能允许大学从财政部购买本校毕业生的学生贷款，但是进行此项改革有着容易预见的副作用，那就是如果大学愿意分担学生贷款的坏债风险，财政部可能允许它们上调学费，但是对于学校来说，减少学生贷款坏债的最简捷方法就是少贷款给女生和家境不富裕的学生，因为这两个群体一辈子挣的钱通常较少。而且，这样还可能使大学的学术品质和打分标准面临新的诱惑和考验，这可能会鼓励教授给学生打高分，以增强毕业生的就业前景。

从 2016—2017 学年开始，新的按收入比例还款项目扩展至所有 30 岁以下在英国就读硕士学位的学生，贷款数额在 10 000 英镑以下，并将与学生本科期间的贷款同时偿还。总体来看，个人需要偿还全部贷款，但是政府将通过进一步协商降低贷款利率。为了保障学生贷款到位，高等教育基金委员会在 2015—2016 学年拨款计划中预留 5 000 万英镑至下一年度。根据测算，这一新政可惠及大约 40 000 名学生，第二年可使研究生人数增长 10 000 人①。

四、坚守科研质量的卓越

高等教育基金委员会的科研经费旨在为建设世界一流的科研机构提供支持和保障。尽管公共财政投入在 2015—2016 学年的拨款总额有所缩减，但是用于科研的拨款有 15.58 亿英镑，是各项投入中额度最大的。

在科研经费拨款过程中，高等教育基金委员会以研究质量评估结果为基础，同时考虑了区域因素和相对成本，主要的评估标准是研究卓越框架。以 2014 年进行的研究卓越框架为例，评估结果是 2015—2016 学年经费分配的根

---

① George Osborne，"Autumn Statement 2014"，https://core.ac.uk/download/pdf/74376697.pdf，2020-05-30.

据。在科研拨款中，基于评估结果的科研质量拨款（Quality-Related Research Funding，QR）占到九成以上。2016 年 7 月，英国商业、能源与工业战略部（Department for Business，Energy and Industrial Strategy，BEIS）就研究卓越框架的实施效果发布了独立调查委员会报告。报告指出，参加研究卓越框架评估的机构认为评估是提高研究质量的推力，同时也提高了机构内部研究活动的透明度。[1]

在 2015—2016 学年，高等教育基金委员会的科研质量拨款为 10.17 亿英镑，同时还投入 2 800 万英镑的过渡资金作为补充。两笔资金主要瞄准与资助高质量的研究，同时考虑科研质量、数量和不同学科领域的不同成本。

在运作过程中，首先这笔资金将依据在研究卓越框架评审中的三大要素分成三大部分，其中产出占 65%，影响力占 20%，环境占 15%。这三部分将继续根据学科进行划分，最终分配给高等教育机构。学科和机构的分配则主要由研究的数量（提交的研究成果、在职职工数）、学科成本权重（拨款要反映研究成本，如基于实验室的研究往往比无须进行实验的研究成本更高）、研究质量（研究卓越框架评估中的质量评估结果）决定。[2]

在具体计算过程中，被评选为 4 *（具有世界顶尖地位的研究）与 3 *（具有国际领先地位的研究）将在数量基础上按不同的权重分配经费，两类的权重比例为 4∶1。在成本要素权重确定方面，按照成本的不同，学科研究分为三类：高成本实验室和临床学科权重为 1.6，中间成本学科权重为 1.3，其他学科权重为 1.0。在这一轮评估中，原先 67 个学科类别被合并至 36 个学科类别，不同学科的成本权重被重新定义。同时，高等教育基金委员会注意到了地理学和心理学作为社会科学具有较高的科研成本。

作为配套经费，科研经费中还包括一项对研究学位项目（Research Degree Programme）的支持，旨在为高校监管研究课程、鼓励新生代研究者成长提供资金援助。研究学位课程的监管资金此时已经达到 2.4 亿英镑，而这笔款只能拨付给在当年收到科研质量拨款的机构。在 2015—2016 学年，还有一笔

---

[1] Stern N，"Building on Success and Learning from Experience：An Independent Review of the Research Excellence Framework"，https://assets. publishing. service. gov. uk/government/uploads/system/uploads/attachment_data/file/541338/ind-16-9-ref-stern-review. pdf，2020-06-05.

[2] 刘强、潘鹏飞：《公平与质量：英国高等教育市场化改革的制度创新》，载《山东高等教育》，2016(8)。

2 400 万英镑的补充投入。① 2015—2016 学年拨款以 2014 年研究卓越框架的质量评估结果为基础，并考虑学科、地域等成本。

除此以外，2015—2016 学年的科研拨款中还包括慈善组织委托的相关研究经费 1.98 亿英镑，旨在加强高校与慈善机构的合作；同时还有促进与工业界展开合作研究的专项经费 6 400 万英镑等，通过设立的知识交流中心（knowledge exchange center），以委托研究、技术转让、科技园区等形式加强高校与企业的合作研究。

五、重视学生在高等教育治理中的参与

由于学生学费占高校总收入比例的增加，各个高校无疑更加重视高等教育治理中学生的参与。在英国高等教育的外部与内部评估体系中，在高等教育质量保障署的各类评估中，学生都得到了充分的参与机会。在高等教育质量保障署的最高机构董事会中，2008 年开始，14 名董事会成员中有 1 名是学生董事，增强了学生在质量评估工作中的参与度。另外在开展质量评估工作时，与学生的直接访谈、座谈会、问卷等形式，体现了学生主体的心声，理事会的决策也注重学生成员的意见，从而体现英国高等教育质量评估对学生群体意见的尊重。为了获得更多学生对学校教育质量的反馈信息，高等教育质量保障署在评估和审计的过程会参考全国大学生满意度调查（National Student Survey，NSS）的评估报告，同时也鼓励学生提交有关学校对学生意见重视程度的书面报告。

在院校内部评估过程中，学生可以作为评估组的成员，参与评估小组定期召开的会议，也可以通过选举代表，代表广大学生参与学校管理过程。以牛津大学为例，牛津大学的校委会由 5 个下属的委员会组成，负责学校的发展战略等方向性问题的决策。通过招募、选举等，学生代表可以直接作为校委员会的成员参与学校的决策。同时，针对即将毕业学生的教学质量反馈的晴雨调查表（Student Barometer Survey）也可以反映学生对教育教学的意见。晴雨调查表由学校的副校长负责，直接发送到学生的邮箱，这种途径方便了学生参与教育教学质量的评估。另外，针对即将毕业学生的全国学生调查，则有助于即将进入大学的学生做出明智的选择。

---

① 刘强、潘鹏飞：《公平与质量：英国高等教育市场化改革的制度创新》，载《山东高等教育》，2016(8)。

在英国，学生可以通过主动提出意见或问题的方式参与高等教育质量评估。英国高等院校大多实行的是导师制，导师分为学习指导老师和生活指导老师。导师会每周与学生进行交谈，学生可以将学习或者生活中对学校的教育教学意见反馈给导师，从而促进教学质量的提高。每个学期中和学期末，学生也可以通过教学评价调查问卷提出对学校教育教学的意见，参与高等院校管理。同时，有些高等院校会为学生参与质量管理设置具体的机构，以便为学生发表意见提供具体的途径。例如，在格拉斯哥大学，每个学生都有对教育教学的评价权，学生可以通过网上评价或者学生代表参与学校的学术及教学质量方面的决策。同时，格拉斯哥大学设有学生中心办公室，对教学和生活方面有意见或建议的学生可以直接向学生中心办公室提出，从而参与学校教育教学管理。

六、完善高校内部治理

高等教育发展中的公平与效率，都应落实在各个高校的行动中。虽然政府与中介机构通过评估等对高校行为发挥作用，但高校是对此直接负责的主体。在英国，高等教育的改革使得高校内部治理随之发生变革。

高校内部治理结构的多元化保证了内部决策的科学性。治理机构人员构成中内外部利益相关者各占一部分，内部权力主体的多元化特征有利于调动各方面的积极性，使各方对大学的发展更有责任感，保证高校决策的科学性与有效性。在大学发展过程中，高校被要求与外部环境进行更加积极的互动，争取外部的支持。治理机构中的外部利益相关者可以保证学校与社会保持密切联系，并不断从中获得支持，使学校工作有序进行。在英国大学的校务委员会、董事会等机构中，外部成员如地方官员、企业家、社会贤达等占有绝大部分的比例，他们负责学校各项大政方针政策的制定，如校长选举、人事任命、经费筹措等。

英国的大学很注重教职员工在学校中的权利与地位，高级教授与初级的教辅人员都在决策过程中发挥了重要作用。此外，学生作为大学最重要的教育服务消费者，是高等学校法人治理结构中重要的内部利益相关者，也正在更多地参与学校管理，尤其是关系到自己切身利益的事务和决策。英国很多大学的章程都明确规定了学校领导机构如董事会、校务委员会、学术委员会及其他一些委员会中要设有学生代表的席位。英国大学的一些重要委员会中，都有学生会的领导成员。他们代表学生的利益，参与制定章程，处理事务，直接参与到学校的各项重大决策之中，一定程度上保证了学生在学校领导决策机构中的民主及权益，使学生权利在大学治理中的地位得到了保障。①

在内部制度建设中，为了确保教学质量，英国高校均制定了较完善的质量管理制度，包括专业设置、课程审批、学位授予、师资队伍建设、学习行为准则等一系列制度规范。制度的可操作性和执行力度都非常强。学校理事会、校务会是教学质量决策机构，负责制定质量保障相关政策制度。高校一般有一位副校长专门负责教学质量保障工作，有专门的教学质量组织机构负责相关工作的实施和推进。高校还主动听取学生意见，每学期都要召开学生代表座谈会，征求学生的意见和建议，并及时将结果反馈给学生。高校还加强与教师的沟通，加强对教师的专业培训，帮助他们改进教学工作，鼓励教师积极采用新的教学方法，不断提高教学质量。

七、外部监管角色的调整

随着大批新的高等教育市场主体的参与，政府正转换为高等教育守夜人的角色。2011 年公布的高等教育白皮书指出了未来英国高等教育改革过程中政府的主要改革方向。②

白皮书指出，在尊重大学自治和学术自由的前提下，政府的主要职责在于保护学生和纳税人的利益。第一，创造一个开放的、动态的、负担得起的，以及更具竞争性和创新性的高等教育体系，同时为新的供应商提供入场竞争的机会；第二，保持高等教育的高质量，维护英国大学良好的国际声誉；第三，减少监管和行政负担，采取一种基于风险的监管方法，改进问责制度。

按照新的改革方向，政府将从更直接的事务中退出，着力建设一个更简化、更透明的监管体系。这一体系包括：第一，所有提供"承认"学位的机构都必须满足高等教育质量保障署要求的质量门槛，同时高等教育机构还需要满足学生解决争端的要求。第二，那些想要获得更多学生支持资金（贷款和拨款）的机构还需要满足进一步的条件：公布有关课程和产出的更详细信息；通过高等教育独立审查办公室解决学生争端；遵守质量框架；如果学校计划收取 9 000 英镑以上的学费，还必须在公平入学办公室主任的批准下签订入学协

① 张倩：《英国大学内部治理结构及其启示》，载《当代教育科学》，2010(1)。
② BIS，"Putting Students at the Heart of Higher Education"，https://assets. publishing. service. gov. uk/government/uploads/system/uploads/attachment _ data/file/31384/11-944-higher-education-students-at-heart-of-system. pdf，2020-05-29。

议。2015 年，英国政府提出了将高等教育教学质量与经费挂钩的"教学卓越框架"(Teaching Excellence Framework，TEF)项目，这一项目可为学生提供清晰、透明的教学质量信息，从而充分发挥市场竞争对提升高等教育教学质量的作用。2017 年 6 月，高等教育基金委员会发布了教学卓越框架首轮院校评估结果，分别有 60 所、115 所和 55 所高等教育机构获得金牌、银牌和铜牌。获得金牌和银牌的高等教育机构有机会在 2020—2021 年实现按照通货膨胀的100％提高学费与学生贷款的上限，获得铜牌的高校则按 50％的比例提高学费与学生贷款额上限。这种市场驱动的项目模式已经嵌入到英国高等教育教学质量提升体系当中。① 作为主要的监管者，高等教育基金委员会将监管这一切行为，一旦有机构不能满足这些要求，尽管已经采取了补救的措施，学生支持资金也将暂停或终止。此外，非营利性高等教育机构将能够从高等教育基金委员会获得拨款，以资助那些需要额外成本的课程和公共政策优先领域。

同时，白皮书指出，大学自治和对学生负责正是政府减少行政监管的最好途径。政府现在所要做的就是：第一，只控制招生的总规模而放弃对每一所大学招生人数的限制，不同的教育供应者可以自由角逐学生名额；第二，采用基于风险的方法保障教育质量；第三，审查大学名称、学位授予的程序和标准，革除阻碍高质量和具有创新性的新的高等教育机构进入的行政障碍。同时在下一步监测工作中，政府将进一步发挥高等教育统计局的作用，通过定期审查，减少数据采集的规模，在与专业数据收集机构的合作中促进教育信息的收集与整合。

---

① 冯磊、马星：《英国高等教育教学质量提升行动：历程、特征与启示》，载《高教探索》，2019(2)。

第四章 法国高等教育发展中的公平与效率

　　法国高等教育历史悠久，在世界高等教育中具有举足轻重的地位。例如，著名的巴黎大学可以追溯到 12 世纪初。巴黎大学在建校伊始便设四个学院：艺学院、神学院、法学院和医学院。这种四个学院组合而成的巴黎大学，不仅是大学的滥觞，也是后来欧洲大学办学的基本模式。法国自拿破仑(Napoléon Bonaparte)时期便以法律的形式规定了高等教育的管理权在国家，高等学校一律由国家开办，从而奠定了法国中央集权的高等教育体制，促进了法国高等教育的发展。法国大学生数量从 1960 年的 31 万增长到 2013 年的 242 万，大学生占同龄人口的比例也从 1960 年的 11% 达到 2012 年的76.7%。① 但法国高等教育发展也不尽如人意。1989 年 7 月通过的《教育指导法》要求，2000 年要有 80% 的中学毕业生达到高中毕业会考合格的水平，这大大加快了法国高等教育大众化的步伐。至 21 世纪初，进入高等教育机构的学生继续维持在 50% 以上的水平，总量几乎相当于 20 世纪初的 80 倍。② 大学生数量的持续高位，导致大学难以适应成分复杂多样的大学生。

　　作为高等教育民主化的体现，法国大学在 21 世纪接收了

---

　　① Comité StraNES, "Stratégie nationale de l'enseignement supérieur", https://cache. media. enseignementsup-recherche. gouv. fr/file/STRANES/05/3/Rapport _ etape _ StraNES _ 8 _ juillet _ — _ 17h04 _ 339053. pdf，2020-01-25.

　　② Ministre délégué à l'Enseignement Supérieur et à la Recherche, "L'Enseignement Supérieur en France, Etat des lieux et propositions", https://www. vie-publique. fr/rap-port/29437-lenseignement-superieur-en-france-etat-des-lieux-et-propositions，2020-01-25.

绝大多数高中毕业生，基本满足了法国社会对高等教育的需求。国家在大学生数量激增的情况下，投入了大量经费，做到了大学生人均费用持续增长，从而保证了法国大学的整体质量仍处于世界前列。在许多科研领域，法国大学还保持相当高的水平。但是，法国大学未对大学毕业生的专业定向和职业安置进行有效的关心和指导，造成大量在校生辍学、留级和毕业生失业。据调查，在第一阶段的两年学制中，大学生平均学习时间为 2.7 年。2 年按时完成学业并获得文凭的学生仅占 28.4%。另外，34% 的大学生在第一年末即中途离校，26% 的大学生离校时无任何大学文凭。[①] 对于这些大学生来说，他们只是大学校园的匆匆过客，体验一下大学生活便"浅尝辄止"。这只能是浪费教育资源、浪费青年年华。

而大学校(又译为"高等专门学校""高等专业学院")系统与民主化相距甚远，仍局限于少数精英的培养。近一个世纪以来，法国大学校发展的民主化进程与整个社会发展极不协调。大学校招生数量相对稳定，但占大学生总数的比例越来越小。例如，1997 年工程师学校的在校生为 76 850 人，大大超过了 1900 年的 5 000 余人，但仅占全部大学生比例的 3.7%，而 1900 年所占比例曾达到 14%。[②]

许多优秀青年选择大学校，并非总是出自专业的爱好，而是为了显示自己的能力。特别是大学校的学生主要为政府官员和企业经理的子女。据统计，在大学校预备班就读的近 50% 的学生出身于高级官员和职员家庭，而工人子女仅占 7%。国民教育部曾对综合技术学校、国家行政学校、高等师范学校和巴黎中央学校进行调查，发现这四所一流学校在 1950 年招收的新生中，尚有 29% 出身于平民阶层，而在 20 世纪 90 年代末只有 9%。[③] 从另一角度看，这些学生所在的高中也极为集中。例如，高等师范学校和综合技术学校的学生，均来自 10 余所名牌高中。

这种情况引起了一些学者的担忧，他们认为这一系统"作为社会复杂性的一面镜子，基本适应了国家对教育的迅速增长需求，但是逐渐变得混杂无序、官气十足、缺乏平等：一个在不利环境中读小学的儿童，实际上无任何机遇进入名牌大学校。如果这种状况继续下去，大批人口将无缘跻身于国家精英行列；对于民族统一，其结果将是十分严重的"[④]。如何实现高等教育的公

①②③④　Jacques Attali，"Pour un modèle européen d'enseignement supérieur"，http：//media. education. gouv. fr/file/94/9/5949. pdf，2020-02-02.

平，如何提高高等教育的效率，是法国教育改革现实中的难题。本章试图分析法国高等教育在处理教育公平与效率过程中的艰难处境。

第一节　法国高等教育发展中的公平

一、大革命所创立的共和国理念

1789 年的大革命是法国政治制度的分水岭。之前的封建制度被称为"旧制度"，之后为共和制度。尽管大革命之后，法国政治制度经历了反反复复的动荡，反革命与再革命、复辟与反复辟交替出现，但总的趋势是共和。在旧制度社会，出身决定命运，贵族享有特权。法国大革命提出了"自由、平等、博爱"的政治口号，铲除了特权与等级社会，终结了出身决定社会地位的政治制度，成为世界民主政治的一面鲜明旗帜。

平等，首先意味着法律面前人人平等。1789 年《人权与公民权利宣言》宣称："在权利方面，人们生来是而且始终是自由与平等的。"1958 年宪法规定："我们在法律面前完全平等，不论出身与宗教。"平等还表现在选举权上，1958 年宪法规定"一人，一票"。性别平等也是平等的一个方面。1946 年宪法序言指出："法律保证妇女在各个领域享有与男人同等的权利。"

平等还应当体现在机会上。1789 年《人权与公民权利宣言》宣称："在法律面前，所有的公民都是平等的，故他们都能平等地按其能力担任一切官职、公共职位和职务，除德行和才能上的差别外，不得有其他差别。"1946 年宪法序言指出："每个人都有工作的权利，并有权利获得一份职业。任何人不得因其出身、思想、信仰而损害其工作与职业。"

法国哲学家西蒙娜·威尔（Simone Weil）这样理解平等，她说："平等是人类灵魂的必然需求。它由公众的、普遍的、确实的承认构成，并由制度和习俗真切表示，等量的尊重和努力属于全人类，因为对人类的尊重就应如此，并不分等级。"①法国《人权与公民权利宣言》宣称，国家保证教育的平等。法国大革命期间，诸多体现教育平等理念的改革计划纷纷出台，例如，塔列朗（Talleyrand）计划提出："应当承认人人平等。然而，在事实上不平等的环境

---

① Simone Weil，"Simone Weil Quotes"，https://www.brainyquote.com/quotes/simone_weil_147164，2020-03-23.

中，权利的平等极少体现。如果教育不能不懈地努力减少严重的不平等，那么，不平等绝不会自然消亡。"①

法国共和制度的另一核心价值便是公正，公正原则的依据是人的才能，社会的财富分配完全取决于人的能力、智慧和努力。而能力主义则是这样一种制度：社会促进个人能力发展，社会治理依据个人才能。

能力主义（meritocratie）源于拉丁语 *meritum* 和希腊语 *κρατος* 的组合。前者指人们值得享有的成果或收入，后者表示勤奋或努力。能力主义，或译作"唯能主义"，甚至直接用"精英政治"表示，因英国社会学家迈克尔·杨（Michael Young）1958 年的一部题为《能力主义的崛起》（*The Rise of the Meritocracy*）的著作而成为西方社会学的重要概念。在柏拉图的理想国里，社会的权力由哲学家等优秀人才掌控。但是在西方封建社会，政治权力和社会财富完全是在贵族的内部世袭和继承的。法国大革命的《人权与公民权利宣言》和美国的《独立宣言》宣布"人人生而平等"，从理论上打破了封建世袭制度。马克思（Karl Heinrich Marx）"多劳多得"的思想描绘了社会主义的美好前景。法国社会学家布东（Raymond Boudon）设想，在一个称为能力主义的社会，个人的社会地位仅仅取决于受教育的水平。② 迈克尔·杨想象，能力的逻辑在 2033 年的社会将发展到极端，因此需要创造"能力主义"这一新概念来表示这样社会：每个人的地位完全依赖于自身的才智与努力。迈克尔·杨认为，"才智加努力等于才能"（Intelligence and effort together make up merit）（I＋E＝M）③。

一般来说，能力也是知识，只不过这种知识与行动密切相关。有的学者认为，四种知识最为重要：知道是什么，知道为什么，知道如何做，知道为了谁。而"能力就是以知识为基础，并在特定场合有效地发挥作用"，或者说"能力是为着达到特定目标而显露的特殊才干或技能"。④但是能力主义中的能力与一般的能力有所区别，它包含某种先天因素的才能和后天的个人努力。

---

① Vincent Troger et Jean-Claude Ruano-Borbalan, *Histoire du système éducatif*, Paris：PUF，2005，p.94.

② 王晓辉：《试论我国教育演进过程中三重价值取向的交互作用》，载《北京师范大学学报（社会科学版）》，2012(4)。

③ Michael Young, *The Rise of the Meritocracy*, Londres, Thames and Hudson, 1958, p.84.

④ Eurydice, "Compétence clés, Un concept en développement dans l'enseignement général obligatoire", http：//www. indire. it/lucabas/lkmw＿file/eurydice///Key＿Competencies＿2002＿FR. pdf，2020-01-11.

一个社会的有效性，就在于最大限度地发挥每个社会成员的能力。学校的重要作用就是开发、鉴别每个人的能力，并加以排序。拿破仑试图建立一种以能力为基础的平等社会，但其"荣誉勋位勋章"（Légion d'honneur）实际上是旧的贵族封爵加上新的平等理念的混合制度。在法兰西第三共和国，教育部部长费里（J. Ferry）创建的以考试为特点的学校制度，真正开始了"共和国精英"（l'élitisme républicain）教育体制和官僚体制。

"精英"的拉丁文为"eligere"，本意是选择。"Electi"便是指经过选择的优秀者。在18世纪初，精英基本上限于贵族——血缘贵族（noblesse）或精神贵族（aristocratie）。19世纪，新兴的资产阶级开始步入精英的行列，精英主义应运而生。精英主义即通过专门的教育，培养选拔出一批精英，并由他们来治理国家。根据精英主义构建的学校应当完全平等、公正地对待所有学生，才能是选拔学生的唯一标准。根据精英主义的原则，学校成为公平的场所，所有学生都可以在同一起跑线上起步，遵循同样的竞争规则，都有同等成功的机遇。

二、法国高等教育中的不平等

法国是重视精英的国家。自1789年大革命以来，法国便以"能力主义"为原则，奠定了精英教育体系。尽管今天的教育系统中已看不到明显的精英与大众分离的双轨制体系，但其精英教育的特征依然有迹可循。从幼儿教育至初中教育结束，不仅免费，亦无分流，充分体现了公共教育在机会上的平等与公正。然而，进入高中教育以后，便是突兀的分流：进入职业教育的学生与精英无缘，技术高中的学生也将与精英擦肩而过，有幸就读于普通高中的学生，能否成为精英则在于造化。只有那些高中毕业会考的佼佼者，经过大学校预备班的洗礼之后，才能登上大学校这一通往精英的坦途。

法国进入高等教育的第一道门槛，是高中毕业会考文凭。随着高等教育的大众化发展，人们把教育不平等的关注点放到高中毕业会考文凭获得者的家庭出身上。统计数据表明，1985—1995年的10年间，高中毕业会考文凭获得者在同代人口中的比例增长了一倍多，由29%增长到63%。① 但是，教育不平等的现象依然严峻。2004年，18岁的高层管理人员子女占同龄人口的比

---

① Jacques Attali，"Pour un modèle européen d'enseignement supérieur"，http：//media. education. gouv. fr/file/94/9/5949. pdf，2020-03-23.

例为 15％，但在当年高中毕业会考文凭获得者的总数中占 20％。而占同龄人口约 1/3 的工人子女，高中毕业会考文凭获得者的比例仅仅为 18％。① 详见图 4-1。

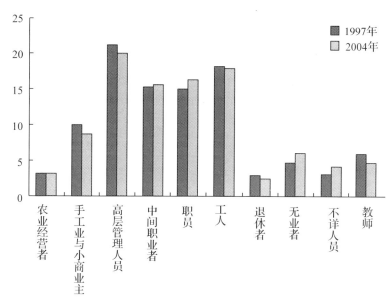

图 4-1 1997 年与 2004 年法国高中毕业会考文凭获得者家庭出身对比

资料来源：Olivia Sautory，"La démocratisation de l'enseignement supérieur：évolution comparée des caractéristiques sociodémographiques des bacheliers et des étudiants"，https：//www.cge.asso.fr/wp-content/uploads/2017/06/2009-du-secondaire-au-superieur-rapport-ove-chevaillier-landrier-nakhili.pdf，2020-04-30.

高等教育在发展的同时，也体现出不同社会出身的学生之间及其在学科分布上的差距。图 4-2 中的横轴勾画了精英教育的走向，高层管理人员和教师的子女、就业出路更好的科学专业系列集中分布在这一横轴的左侧。而工人的子女处于横轴的右侧，职业教育的专业系列的位置更远离横轴线。横轴的终结处表示全部高中毕业会考文凭获得者占同龄人口的 68％，而纵轴则表示农业系列高中毕业会考文凭获得者的比例达到 17％。2004 年，43％的管理人

---

① Olivia Sautory，"La démocratisation de l'enseignement supérieur：évolution comparée des caractéristiques sociodémographiques des bacheliers et des étudiants"，https：//www.cge.asso.fr/wp-content/uploads/2017/06/2009-du-secondaire-au-superieur-rapport-ove-chevaillier-landrier-nakhili.pdf，2020-04-30.

员子女获得了科学系列的高中毕业会考文凭，而当年科学系列高中毕业会考文凭的获得者只占全部高中毕业会考文凭获得者的 26％。类似的数据也体现在教师子女身上，其 46％具有科学系列的高中毕业会考文凭，占全部科学系列高中毕业会考文凭获得者的 8.5％。而工人、农民和退休者的子女更多地选择了技术或职业教育文凭。26％的工人子女选择的是工业科学技术或社会医学等社会地位较低系列的高中毕业会考。实际上，这两个系列的高中毕业会考文凭获得者的比例只占全部高中毕业会考文凭获得者的 19％。①

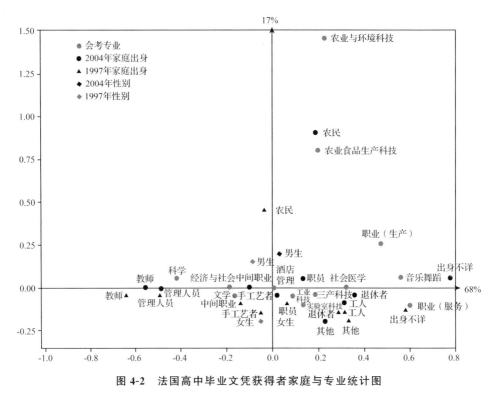

图 4-2　法国高中毕业文凭获得者家庭与专业统计图

资料来源：Olivia Sautory，"La démocratisation de l'enseignement supérieur：évolution comparée des caractéristiques sociodémographiques des bacheliers et des étudiants"，https：//www. cge. asso. fr/wp-content/uploads/2017/06/2009-du-secondaire-au-superieur-rapport-ove-chevaillier-landrier-nakhili. pdf，2020-04-30.

---

① Olivia Sautory，"La démocratisation de l'enseignement supérieur：évolution comparée des caractéristiques sociodémographiques des bacheliers et des étudiants"，https：//www. cge. asso. fr/wp-content/uploads/2017/06/2009-du-secondaire-au-superieur-rapport-ove-chevaillier-landrier-nakhili. pdf，2020-04-30.

　　如今，法国各类高等院校大学生的家庭出身的差异仍未出现明显变化。法国国民教育部发布的 2019 年教育统计年鉴显示，2018—2019 学年，34％的大学生为管理人员或者高级知识分子家庭的子女，12％和 17％的大学生来自工人和雇员家庭。在大学校预备班(CPGE)、工程师学校、商学院与高等师范学院(ENS)中，管理人员子女占据了一多半。工人子女则多集中在高级技员班(STS)（24％）、社会与医疗院校(les écoles paramédicales et sociales)（19％），除此以外的大多数领域中工人子女数量较少。在商学院的学生中，手工艺者、商人、企业家或农场主的子女所占的比例更高(19％)。中等职业人员及雇员子女在各领域的分布差异不大，但最终获得大学技术文凭(DUT)的人数较多。同时，有 32％的雇员子女就读于社会与医疗院校。在大学中，33％的学生是管理人员和高级知识分子子女。他们多就读于医学学科，与工人和雇员子女相比，他们中选择法律、经济学、语言与社会经济管理(AES)的人数较少。此外，大学的长期学习更适合管理人员子女，他们在本科和博士阶段分别占 30％和 41％。工人子女在本科和博士阶段则分别仅占 13％和 6％。[1]

　　法国虽然早已是经济发达国家，国土面积只有 55.16 万平方千米，人口也不算多，2018 年法国人口总数为 6 698.72 万人，但法国本土的 13 个超级大区及其下属省份之间仍然存在经济、文化和教育上的差别。法国政府也已经注意到教育差别的存在，从 1993 年起出版《学校地理》(Géographie de l'école)，至 2005 年已出版了 9 期。这个系列的出版物着重对教育的不均衡进行分析，用 30 个指标分析教育的经济与社会环境、学校教育的条件、物质与人力资源、教育的路径、教育的结果，比较从幼儿教育到高等教育在各个地区和各个省之间的差异。诸如此类的比较，可以帮助决策者认识教育发展的不平衡，以期对教育系统进行宏观调节，减少教育的不平等。

　　大学校预备班设于高中，主要是通过 2～3 年的学习，为学生参加大学校的竞试做准备。这些预备班不颁发任何文凭，教学的唯一目的是使学生考入大学校，主要特点是：(1)严格的入学筛选。基本条件为获得高中毕业会考文凭，但须根据学生成绩经过严格筛选才能被录取。（预备班 84％的学生会考成

　　① Le Ministère de l'Éducation nationale et le Ministère de l'Enseignement supérieur et de la Recherche, "Repères & références statistiques sur les enseignements et la recherche 2019 ", https://www. education. gouv. fr/cid57096/reperes-references-statistiques. html，2020-04-30.

绩为优,法国高中毕业生平均达优率为 36％)。(2)优质教育(严格选拔的教师、学生水平一致、低师生比),其学习成本通常比普通大学学生高出一倍。(3)高强度的课业、经常性的考试。(4)中上层家庭出身的学生比例高于其他类型的大学生 2.5 倍。①

例如,在巴黎的路易大帝高中,每年有大约 6 000 名学生报名,但只有450～600 名学生可能被录取。这所高中的教师会选择各种练习题训练学生的思维,还鼓励学生组建各种俱乐部,开展各种文化娱乐活动。学校的大门总是开放的,寄宿学生可以在任何时间返校、就寝,前提是不能打扰他人,校内集体活动须在零时前结束。

对于培养精英的法国大学校系统,人们也许并不陌生。构成其主体的工程师学校和商业学校每校通常只有几百名学生,总量仅占法国大学生总数的9.5％左右。②在 20 世纪,法国大学生人数增长了 40 倍,大学校的学生仅增长了 15 倍。绝不是法国无力扩大大学校的招生规模,而是有意保留这种态势:以严格考试筛选优秀青年,以优质教学保证学生水平,以优厚回报奠定社会声誉。法国的许多政府首脑和一流学者都毕业于大学校,例如,法国第五共和国的 5 位总统中的 2 位,即德斯坦(Giscard d'Estaing)和希拉克(Jacques Chirac),17 位总理中的 7 位均毕业于国家行政学校。③ 因此,将这些学校视为世界一流大学似乎并不为过。大学校也被称为"生产精英的机器"④,其特色可以在同大学的比较中看出明显差别。

首先,从招生模式看,大学与大学校实行两种不同的筛选方式。法国高等教育录取学生的起码条件是通过高中毕业会考。获此文凭者,便可进入大学的相关学科或专业就读。而进入大学校则需要通过严格的审查或考试。因此,大学被称为"开放型"的,也成为法国高等教育民主化的象征;大学校则被称为"封闭型"的,因其作为培养精英的场所,常使法国人引以为豪。

其次,从教学过程看,大学与大学校实行两种不同的培养模式。大学校给学生以优越的教师配置,并为他们提供了舒适的教学和物质条件(教室、图书馆、实验室、现代教学技术)。这些条件大大优于大多数大学的条件。2002年,大学的生均经费为 6 840 欧元,工程师学校的生均经费为 11 910 欧元(以

---

①②④　Jacques Attali,"Pour un modèle européen d'enseignement supérieur",http：//media. education. gouv. fr/file/94/9/5949. pdf,2020-03-23.

③　"Histoire de l'ENA",http：//www. ena. fr/,2020-01-13.

后无官方统计数据）。①

最后，从就业状况看，大学与大学校体现着两种不同的社会机遇。大学的高淘汰率，造成了许多青年大学生辍学，即使毕业，也未必能够找到工作，所谓"毕业即失业"。严重的大学生失业问题，是多年来困扰法国大学发展的巨大障碍。而大学校，尤其是名牌大学校的毕业生，则是另一番情景。较高的社会声誉、良好的学校教育和密切的企业联系，使这些学生备受青睐，就业比例极高。据说，目前法国大学校毕业生占据了政府决策部门和各大企业70％以上的要职。②

法国重要政府部门的行政人员和企业界的高级管理人员，经常划分为"团"（Corps），如财政审计团、行政法院团、审计法院团、矿业与路桥团，实际为在某一特定领域任职的全体行政或管理人员。这些团的后备人选基本来自大学校，特别是国家行政学校、综合技术学校等名牌大学校，而显赫位置尤其青睐那些学习成绩位于前列的学生。在占大学生总数不足10％的大学校学生中，42％的学生出身于企业高级管理人员或大学教师以及自由职业者家庭，而普通职员家庭的子女仅占17％，工人家庭的子女占15％。③根据法国教育部的调查，综合技术学校、国家行政学校、高等师范学校和巴黎中央学校四所一流学校在1950年尚有29％的学生出身于平民阶层，而20世纪90年代末只有9％。④有人还计算过，工人、农民和小商业者的子女进入综合技术学校、国家行政学校、高等师范学校和高等商业学校的机会只有其他家庭子女的1/23。⑤其实，平民子女进入大学校也未必能步入社会上层。在大学校常规教学之外，大学生中通常有各种类型的学生团体活动，如俱乐部、小公司、体育协会、文化协会等。这些活动虽然完全是由学生自发组织的，但组织者经常是出身社会上层的学生，而参加学生聚会的也时常是已经成为商界

① Le Ministère de l'Éducation nationale et le Ministère de l'Enseignement supérieur et de la Recherche，"Repères & références statistiques sur les enseignements et la recherche 2004"，http：//media. education. gouv. fr/file/2004/73/1/rers2004 _ 27731. pdf，2020-03-23.

②④ Jacques Attali，"Pour un modèle européen d'enseignement supérieur"，http：// media. education. gouv. fr/file/94/9/5949. pdf，2020-03-23.

③ Sylvie Lemaire，*L'entrée dans le supérieur*，*Données sociales*. Paris：INSEE，éd. 1999，p. 83.

⑤ Michel Euriat et Jean Claude Thélot，"Le recrutement social de l'élite scolaire en France，évolution des inégalités de 1950à 1990"，Revue Française de Sociologie，XXXVI，1995，pp. 403-438.

或政坛中精英的本校校友。这种学校业余活动已经成为学生自行遴选的机制，成为一部分学生轻松成为精英的捷径。

西方的精英主义者，无论是出于何种立场，至少揭示了这样一种现实：在迄今为止的所有社会，都是由少数精英对大多数人实施统治。

三、为了公正的学校

人类在性别、种族、民族、地位、财富等诸多方面存在差异，因而学生在入学伊始也存在差异。这种差异主要不是智力、能力的差异，而是家庭出身和文化背景的差异。按照精英主义的观点，公平的学校会平等地对待每一个学生，如果不能实现结果平等，至少能够保证教育过程中的平等。然而，严峻的现实是，学校不仅未能缩小原本存在的不平等，反而或多或少地参与甚至加剧了不平等。

传统社会学认为，学校具有社会统一和社会分工的双重功能，既要向儿童灌输社会道德价值观念，又要为他们的劳动分工定位。[①] 拿破仑 1802 年建立的公立中学(Lycée)，便是为其精英教育服务的。公立中学通过严格的拉丁语教学来选拔精英。一位历史学家曾经在 1896 年指出："如果说拉丁语的学习有什么用的话，便是它本身的无用。"[②]

法国学者布尔迪约和巴斯隆(Jean-Claude Passeron)则否认学校在传授人类的一般文化，给予所有儿童身心发展的平等机会，他们严肃指出，学校"以其无法替代的方式使阶级关系结构永存并使之合于法律"[③]。他们是这样揭示学校如何实现社会结构再生产的：在不同的社会阶级中，存在着不同的"语言码"(codes liguistiques)。每一社会阶层中，都有其独特的文化或文化形式。"可以通过学校教育获益的语言资本"在社会不同阶级中的分配先天就不平等，然而，学校文化却完全服从于专横文化，崇尚所谓典雅、悠然自如、潇洒，轻视艰苦、朴素。社会各阶级往往由于与学校文化的距离不同和获取这种文化的方式不同而有所差别。接近于学校文化的阶级可以耳濡目染地向儿童传授各种知识，并向儿童提供各种必备的学习条件，从而使子女凭借"文化资

---

① 王晓辉：《关注教育平等》，载《教育学报》，2005(03)。

② Vincent Troger et Jean-Claude Ruano-Borbalan, *Histoire du système éducatif*. Paris：PUF，2005，p. 97.

③ Pierre Bourdieu et Jean-Claude Passeron，*La reproduction*，Paris：Minuit，1970，p. 25.

本"优势，很容易地在学校里出类拔萃。而平民阶层的孩子，因为家庭中对教育制度知之甚少，学习用具也残缺不全，经常处于学习的劣势，甚至受到被淘汰的威胁。因此说，学校成功的不平等就是典型的"文化主义"的不平等。这种文化的不平等恰好体现了社会的不平等。换句话说，不平等的学校教育再生产了不平等的社会结构。

　　勃德罗（C. Baudelot）和埃斯达伯莱（R. Establet）也是教育再生产理论的赞同者，他们认为："学校机器忠于职守地致力于资本主义生产关系的再生产，即为着统治阶级的利益，最终实现阶级社会的分离。"①但是他们从另外的角度来论证其理论。他们认真地考察了法国 20 世纪 60 年代的学校教育制度，提出了法国仍然存在着双轨制教育的观点。从表面上看，法国学校实现了统一，即取消了形式上的阶级、种族、性别的限制，实行了全民的免费义务教育。但实际上，两种轨道的教育对立是十分明显的："初等—职业"教育一轨面向平民子女，主要培养具有一般性技能的简单劳动者；"中等—高等"教育一轨则基本服务于上层阶级子女，为统治阶级培养高级技术与管理人才。这两种教育轨道的对立反映了资本主义脑力劳动与体力劳动之间的分离，强化了社会阶级的矛盾，继续把每个人按照社会劳动分工划分成对立的社会地位，一方面是被剥削者，另一方面是剥削者。②

　　当然，教育再生产理论也受到质疑，布东认为，学校仅仅是通过毕业文凭为学生提供就业的机遇，学校对社会结构的作用还很有限，社会不平等的根本原因在于社会分层的不平等。③ 还有一种"过滤理论"，认为学校的功能不是造就职业能力，而是根据道德与行为的质量对每个人进行"过滤"和排序。劳动力市场则根据学校的排序接纳求职者，排在后面的，即文凭较低者，便被排斥。④ 实际上，这种过滤贯穿于整个教育过程。

　　一是学校的选择。法国自 1963 年开始设置了"学校分区图"，依据学生家庭住址，严格限定学生入学的分区范围。但是历史形成的优质学校往往集中于富裕城区，其房价远远高于平民区，因此优质学校的学生通常出身于富裕

---

①② 转引自王晓辉：《法国公民教育的理论与当前改革》，载《教育科学》，2009(3)。

③ 转引自 Forquin Jean-Claude, "Raymond Boudon— L'inégalité des chances. La mobilité sociale dans les sociétés industrielles", *Revue française de pédagogie*, 1975(32), pp. 74-78.

④ 转引自王晓辉：《法国"面向 2010 年的新高中"的解析与思考》，载《比较教育研究》，2010(6)。

家庭。

二是班级的分配。在任何国家，都要根据一定的规则将学生划分成班级。常见的划分标准是学生的学习水平，相同或相近水平的学生被编排在同一班级。而学习水平总是或多或少地与学生的家庭出身相关联，诸多统计数据表明，出身优越的学生更多在优秀班级，出身不利的学生更多在较差班级。

三是课程的设置。课程的多元化为学生提供了更多的选择，但理论性课程的未来导向通常是科学研究和行政管理，而应用性课程的导向是从事普通职业。在这里，学生的分布同样具有鲜明的出身差异。

四是教师的态度。教师应当不让一个学生掉队，但在教学实践中，教师往往偏爱优秀学生，实行的是精英主义。如果说存在着"课堂上的皮格马利翁效应"，一般来说也是发生在比较优秀的学生身上。进一步说，课堂上体现的经常是"马太效应"，好的越好，差的越差。

五是环境的差异。优质学校或优秀班级通常有较好的学习环境，设备优良，秩序井然；而差的学校或班级经常充斥着无序与暴力。可想而知，一个本来文化贫瘠的平民出身子女，在一个恶劣的学习环境中几乎无法健康成长。

从本质上说，学校或教育并不是不平等的根源，但是学校又确实或多或少地参与和制造着不平等。有了不平等，便可能有歧视。歧视是人类社会普遍存在的现象，如身份、地位、籍贯、性别、经济、文化、宗教的差异都可能成为社会歧视的因素。而漠视差异无异于容忍不平等，因此要保持社会的公正，又必须对非个人因素造成的不平等加以补偿。于是，便有"积极歧视"的思想，以区别于一般意义的歧视，即消极歧视。所谓"积极歧视"（positive discrimination），是为某些社会群体提供更多的优惠和便利，使他们摆脱不利处境的一个普遍原则。它所体现的是一种社会公正。正如美国学者罗尔斯表述的两个正义原则的第二个正义原则，即差别原则："社会和经济的不平等应该满足两个条件：第一，它们所从属的公职和职位应该在公平的机会平等条件下对所有人开放；第二，它们应该有利于社会之最不利成员的最大利益。"①也就是说，只有当社会能够保证最不利成员的最大利益时，这个社会才是合理的，社会中的不平等才是被容许的。

绝对的平等或绝对的教育平等可能是无法实现的乌托邦，因此社会公平应是现代社会追求的目标。为了克服学业失败和缩小教育不平等，法国左派

---

① 罗尔斯：《作为公平的正义——正义新论》，43 页，上海，上海三联书店，2002。

政府于 1981 年提出了"教育优先区"(les zones d'éducation prioritaire，ZEP)的政策，就是在学业失败率较高的城区或乡村划分一定的地理区域，实施特殊的教育政策。在这些区域内，以"给予最匮乏者更多，特别是更好"[①]的思想为宗旨，采取强化早期教育、实施个别教学、扩大校外活动、保护儿童健康、加强教师进修等措施，并为区域内各级中小学追加专门经费，为其教师增加补贴，以保证教育质量有所提高。1999 年，教育优先区重新构建为"教育优先网"(REP)，2006 年又构建"志于成功网"(RAR)和"教育成功网"(RRS)。2011 年开始实施"中小学创新与成功计划"，旨在改善学校环境，帮助每个学生实现学业成功，加强教师队伍的稳定，促进机会平等。

2001 年，作为培养外交和行政精英的巴黎政治学院实施了一项重大改革，同教育优先区的中学签订定向招收优秀学生的协议。先是由中学的评审委员会选拔若干学生，再由巴黎政治学院的评审委员会复审。2001 年，巴黎政治学院在被认为处境不利的巴黎郊区录取了 17 名新生，2004 年和 2005 年分别录取了 45 名和 57 名新生。2005 年，此类选拔涉及 7 个学区的 33 所中学。[②]

2002 年，高等经济商业学校(ESSEC)开始实施"大学校：为什么没有我？"(Une grande école：pourquoi pas moi？)的计划，旨在鼓励平民家庭出身的青年增强自信，实现优质教育的获得机会平等。至 2012 年，合作的高中有 10 所，超过 500 名高中生参加了这一计划，450 大学生作为"帮学者"(tuteurs)支持高中生努力学习。他们在三年的帮学中，每年平均抽出 150 小时辅导高中生。总结 10 年实施计划的结果，在接受帮教的高中生中，许多人能够进入通过竞考录取的学校，比例为对照组学生的 2 倍，77％获得了高中毕业会考之后 5 年层级的高等教育文凭，而参照组学生的比例为 35％。[③]

高等经济商业学校的这一计划带动了 80 余所高等学校参与，并于 2008 年构建成一种新的机制——"成功索"(Cordées de la Réussite)，共同促进优质高等教育的公平。法国大学校联席会于 2005 年签署了《机会平等宪章》，并参

---

① MEN，*Le rapport d'activité* 2000—2001 *du ministère de l'éducation nationale*，2001，p. 71.

② Jean-Claude Lewandowski，"La sélection à l'université, encore un mythe qui s'écroule"，http：//focuscampus. blog. lemonde. fr/2013/10/25/la-selection-a-luniversite-encore-un-mythe-qui-secr/，2020-04-02.

③ "Une grande école：pourquoi pas moi?" https：//sites. google. com/a/essec. edu/thesee/nos-programmes/pqpm，2020-04-02.

照高等经济商业学院实施的"大学校：为什么没有我？"计划的经验，成立了"向社会开放"工作组，鼓励大学校预留一些位置给平民学生。这些努力增强了处境不利学生的自信心，提高了他们的学习能力，甚至也可能改变他们的人生轨迹，一定程度上体现了教育平等与公正。当然，目前少有人能够进入竞争最激烈的名牌大学校，也说明实现真正的教育平等与公正将是十分艰巨的目标。

第二节　法国高等教育发展中的效率

"效率"(efficacité)的基本含义是指工作完成结果与既定目标的关系。在教育领域，通常是通过评估学生的学习成绩来衡量教师工作的效率、学校工作的效率，乃至整个教育系统的效率。在基础教育阶段，我们能相对容易地测量与评估学生的成绩，按照既定目标来推断我们工作的效率。但是，在高等教育阶段我们遇到了难以克服的困难，目前还没有比较科学的办法全面衡量大学生群体的学习质量，也无法确定期待的目标。在法国，评估高等教育质量的指标主要体现在大学生的辍学率、毕业率和就业率等，因此在研究法国高等教育发展的效率时，我们将视角集中于分析影响高等教育质量的因素。

一、大众化：质量衰退的主要原因

法国高等教育的历史比较悠久，如著名的巴黎大学可以追溯到 12 世纪初。巴黎大学在建校伊始便设四个学院：艺学院、神学院、法学院和医学院。由四个学院组合而成巴黎大学这种模式，不仅是大学的滥觞，也是后来欧洲大学办学的基本模式。

中世纪以后的法国高等教育，则沿着两条不同的道路发展。由于教会对大学的深远影响，法国官方对大学常有轻视，总要通过建立特殊的学校来培养高级管理人员。为了集中一流学者和艺术家，法国自路易十三和路易十四统治时期开始，建立了不同于大学的各种类型的高等教育机构，如 1635 年建立的法国科学院、1747 年建立的路桥学校、1783 年建立的矿业学校和 1797 年建立的综合技术学校，从而形成了世界上独一无二的高等教育的双轨制：一种是大学体系，另一种是大学校体系。

与工程技术和工商管理为基本专业的大学校蓬勃发展的景象相反，法国大学在 19 世纪的百余年间经历了艰苦的磨炼。资产阶级的国民公会于 1793

年 9 月 15 日颁布一项法令，宣布取消大学，其理由是大学被贵族习气玷污。直至 1896 年 7 月 10 日的法律才恢复了大学的合法地位。但此时的大学早已破败衰微，校舍阴暗窄小，师生寥寥无几。有人用早年著名的缩略词 SPQR(Si peu que rien，意为"聊胜于无")形容当时大学校园的凄惨景象。

法国高等教育本应在 20 世纪初期有所发展，但两次世界大战均给法国带来了巨大的灾难，导致其高等教育根本谈不上任何发展机遇。只有在 20 世纪 20 年代的战争间歇期，法国开始准许建立应用科学技术型的学院，为 60 年代创建大学技术学院准备了条件。

1945 年，法国大学仅有 123 300 名大学生。面对这样有限的招生能力，恢复和发展高等教育已迫在眉睫。受苏联计划经济的启发，法国于 1946 年成立了以政治家和经济学家莫内(J. Monnet)为首的国家计划委员会，制订出第一个国家计划(1947—1953 年)。在第二个计划期间(1954—1957 年)，教育被提到议事日程上来。国家计划委员会通过对国民教育需求进行的普查，认为不能把教育简单地看作"消费"，还应当看到教育促进经济增长的作用，应把教育作为一种"投资"。正是基于这种思想，法国努力增加教育投资，使教育经费占国家预算的比例从 1950 年的 6.65％上升到 1957 年的 10.3％。[①]

法国高等教育的大众化开始于 20 世纪 60 年代。其最主要原因可能是人口因素。法国战后每年新生儿人数比正常年份多 20 多万人，战后诞生的大批婴儿导致"学校爆炸"。人口高潮从 1951 年开始冲击初等教育，从 1957 年开始冲击中等教育，从 1960 年开始影响高等教育。这样，法国大学面临着学生人数激增的严重危机。1950—1960 年，法国大学生由 20 万人缓慢增至 30 万人。自 1960—1967 年，大学生数每年平均增长 4 万人，即以 10％～15％的速度递增。在这 7 年间，大学生总数增加了 1.5 倍。至 1970 年，大学生总数达到 85 万人。[②]具体情形可参见表 4-1。

---

①②　　Antoine Prost et Jean-Richard Cytermann，"Une histoire en chiffres de l'enseignement supérieur en France"，https://www.cairn.info/article.php? ID _ ARTICLE ＝LMS _ 233 _ 0031，2020-03-27.

表 4-1 1960—2007 学年法国高等学校学生数量变化

学年	1960—1961	1970—1971	1980—1981	1990—1991	1999—2000	2000—2001	2001—2002	2002—2003	2003—2004	2004—2005	2005—2006	2006—2007
大学(不含大学技术学院)	214.7	637.0	804.4	1 085.6	1 272.9	1 277.5	1 256.3	1 277.1	1 311.9	1 312.1	1 309.1	1 285.4
年度变化/%	—	—	—	—	-0.7	0.4	-1.7	1.7	2.7	0.0	-0.2	-1.8
大学技术学院/千人	—	24.2	53.7	74.3	117.4	119.2	118.0	115.5	113.7	112.4	112.6	113.8
年度变化/%	—	—	—	—	2.5	1.6	-1.0	-2.2	-1.5	-1.2	0.2	1.0
高级技术员班/千人	8.0	26.8	67.9	199.3	238.8	238.9	236.8	235.5	234.2	230.3	230.4	228.3
年度变化/%	—	—	—	—	1.1	0.0	-0.9	-0.6	-0.5	-1.7	0.1	-0.9
大学校预备班/千人	21.0	32.6	40.1	64.4	70.5	70.3	70.7	72.0	72.1	73.1	74.8	76.2
年度变化/%	—	—	—	—	-0.7	-0.8	0.6	1.9	0.1	1.5	2.2	1.8
其他高等教育机构/千人	66.0	130.0	215	310.7	467.9	489.2	517.8	547.0	563.0	581.6	596.3	591.3
年度变化/%	—	—	—	—	3.4	4.5	5.8	5.6	2.9	3.3	2.5	-0.8
总计/千人	309.7	850.6	1 181.1	1 717.1	2 136.5	2 160.3	2 163.9	2 208.4	2 256.2	2 269.8	2 283.3	2 254.4
年度变化/%	—	—	—	—	0.5	1.1	0.2	2.1	2.2	0.6	0.6	-1.3

资料来源：Antoine Prost et Jean-Richard Cytermann, "Une histoire en chiffres de l'enseignement supérieur en France", https://www.cairn.info/article.php? ID_ ARTICLE=LMS_ 233_ 0031, 2019-08-27.

注："—"表示暂无数据。

　　大学生人数的激增，既是社会对高等教育需求增加的，又是政府加快发展高等教育政策的结果。经济的发展要求学校培养更多的工程师、技术员、干部、技术工人和职员、教师、医生等，这些专业人员已不能在传统的农场或家庭作坊中培养，非经过学校较长时间的专门教育和培训不可。法国政府认为，发展高等教育是经济发展的必然要求，法国负责计划的官员们也强调大学毕业生，特别是科学与管理方面的毕业生匮乏，主张尽可能摆脱法国在高等教育上的落后局面。于是，法国政府在 20 世纪 60 年代初便大力发展高等教育，在短短的几年内创建了 20 余所大学。

　　此外，教育民主运动也猛烈地推动着高等教育的改革。不仅一些学者批评法国的教育不平等，而且人民也认识到教育的重要性，他们的口号是"有了面包，教育是人民的第一需要"。

　　虽然法国高等教育经费在 1980—2006 年增长了 1.2 倍，但是大学生的数量也增加将近 1 倍，尤其是 1990—1995 年增加了 60 万人，因此大学生生均经费只增加了 33%，远远低于同期中学生生均经费 61% 的增长率。法国大学生的生均经费支出与其就读的学校类型密切相关，大学校预备班学生的费用高出综合大学学生费用近一倍。2006 年，综合大学学生的年平均费用为 7 840 欧元，大学技术学院学生的年平均费用为 8 980 欧元，而大学校预备班学生的年平均费用为 13 940 欧元（见图 4-3）。一个 18 岁大学生假定其无留级，至获得学士文凭时的理论成本 2006 年为 125 580 欧元。①

　　1988—1993 年，法国大学生的人数保持近 7% 的年增长率，之后两年的增长率降低至不足 2%，1995—1998 年大学生数量减少了 52 000 人。大学生人数从 1999 年开始回升，至 2005 年年均增长率略高于 1.1%（见图 4-4）。②其主要原因是留学生人数增加。

　　① Antoine Prost et Jean-Richard Cytermann. "Une histoire en chiffres de l'enseignement supérieur en France", https://www.cairn.info/article.php? ID_ARTICLE＝LMS_233_0031, 2019-08-27.

　　② Le Ministère de l'Éducation nationale et le Ministère de l'Enseignement supérieur et de la Recherche, "Repères & références statistiques sur les enseignements et la recherche 2009", http://media.education.gouv.fr/file/2009/95/5/RERS_2009_FINAL_WEB_117955.pdf, 2019-08-26.

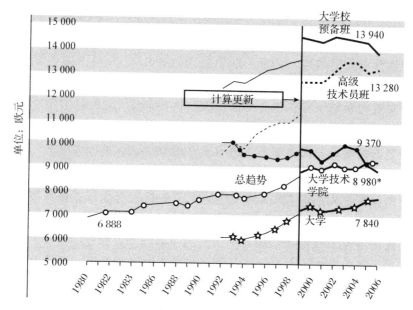

图 4-3　法国高等学校大学生生均经费变化图

资料来源：Le Ministère de l'Éducation nationale et le Ministère de l'Enseignement supérieur et de la Recherche，"Repères & références statistiques sur les enseignements et la recherche 2009"，http：//media. education. gouv. fr/file/2009/95/5/RERS _ 2009 _ FINAL _ WEB _ 117955. pdf，2019-08-26.

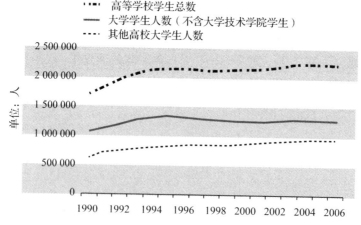

图 4-4　法国高等学校大学生人数变化图

资料来源：Le Ministère de l'Éducation nationale et le Ministère de l'Enseignement supérieur et de la Recherche，"Repères & références statistiques sur les enseignements et la recherche 2009"，http：//media. education. gouv. fr/file/2009/95/5/RERS _ 2009 _ FINAL _ WEB _ 117955. pdf，2019-08-26.

2006 年，法国高等学校注册大学生约为 225.4 万人，其中综合大学(不含大学技术学院)学生约为 128.5 万人，大学技术学院学生约为 11.4 万人，高级技术员班学生约为 22.8 万人，大学校预备班学生约为 7.6 万人(见表 4-2)。到 2018 年，法国高等学校注册大学生为 267.9 万人，其中综合大学(不含大学技术学院)学生为 1 614 843 人，大学技术学院学生为 119 661 人，高级技术员班学生为 262 626 人，大学校预备班学生为 85 121 人。[①]

表 4-2　法国各类高等学校大学生人数变化　　　　单位：千人

项目	2001 年	2002 年	2003 年	2004 年	2005 年	2006 年
注册人数	2 164	2 208	2 256	2 270	2 283	2 254
大学(不含大学技术学院)	1 256	1 277	1 312	1 312	1 309	1 285
大学技术学院	118	115	114	112	113	114
高级技术员班	237	235	234	230	230	228
大学校预备班	71	72	72	73	75	76

资料来源：Le Ministère de l'Éducation nationale et le Ministère de l'Enseignement supérieur et de la Recherche, "Repères & références statistiques sur les enseignements et la recherche 2009", http：//media. education. gouv. fr/file/2009/95/5/RERS _ 2009 _ FINAL _ WEB _ 117955. pdf, 2019-08-26.

由于法国高等学校的考试与淘汰制度，大学生就读的时间差异很大。据统计，这种差异与他们中学所学学科密切相关。在 1989 年进入初中并在后来进入高等学校学习的大学生中，六成以上的普通高中会考毕业生在高等学校学习超过 5 年，七成以上的技术高中会考毕业生在高等学校学习最多 3 年，七成以上的职业高中会考毕业生在高等学校学习最多 2 年。

到 2018—2019 学年，法国高等院校学生人数总体仍呈增长趋势。其中，大学(包括普通与医学学科、大学工程师培训、大学技术学院)总人数达到 161.49 万人，比 2017 年增加了 1.9％，其他大学机构学生数量为 6.88 万人，较前年增幅为 1.7％。各类大学校中，商业、管理、销售学校学生总数最多，为 19.71 万人，相比 2017 年，增幅达到 7.5％；工程师学校累计注册了 16.22 万名学生，相比 2011 年，增幅达到 4％。部分大学校人数则出现负增长，高

[①]　Le Ministère de l'Éducation nationale et le Ministère de l'Enseignement supérieur et de la Recherche, "Repères & références statistiques sur les enseignements et la recherche 2019", https：//www. education. gouv. fr/cid57096/reperes-references-statistiques. html，2020-04-30.

等师范学院人数总计 0.59 万人，相比 2017 年减少了 4.3%；司法与行政学校学生总数为 1.06 万人，人数下降了 4.9%。①

表 4-3　1990—2007 学年法国高等学校学生数量变化　　　　单位：人

类别		1990—1991 年	1999—2000 年	2000—2001 年	2001—2002 年	2002—2003 年	2003—2004 年	2004—2005 年	2005—2006 年	2006—2007 年
大学		**1 159 937**	**1 390 334**	**1 396 760**	**1 374 364**	**1 392 531**	**1 425 665**	**1 424 536**	**1 421 719**	**1 399 177**
普通与医学学科		1 085 609	1 272 927	1 277 516	1 256 321	1 277 066	1 311 943	1 312 141	1 309 122	1 285 408
大学工程师培训		10 545	20 109	23 228	23 760	25 240	24 855	25 759	25 606	25 983
大学技术学院		74 328	117 407	119 244	118 043	115 465	113 722	112 395	112 597	113 769
大型机构		**15 536**	**16 099**	**16 282**	**15 856**	**16 872**	**18 655**	**25 603**	**25 944**	**25 776**
教师培训学院		**—**	**81 981**	**80 184**	**84 009**	**89 062**	**85 808**	**83 622**	**81 565**	**74 161**
高级技术员班		**199 333**	**238 789**	**238 894**	**236 824**	**235 459**	**234 195**	**230 275**	**230 403**	**228 329**
其中	教育部所属公立学校	108 262	152 151	151 992	151 090	151 085	151 023	149 688	149 849	147 948
	其他部属公立学校	9 343	14 597	14 443	14 312	13 556	12 881	12 482	12 202	11 826
	私立学校	81 728	72 041	72 459	71 422	70 818	70 291	68 105	68 352	68 555
大学校预备班		**64 427**	**70 855**	**70 263**	**70 703**	**72 015**	**72 053**	**73 147**	**74 790**	**76 160**
其中	教育部所属公立学校	52 572	58 224	57 948	58 241	59 431	59 160	60 407	61 938	62 904
	其他部属公立学校	1 419	1 716	1 678	1 689	1 694	1 715	1 772	1 708	1 677
	私立学校	10 436	10 915	10 637	10 773	10 890	11 178	10 968	11 144	11 579
非大学的会计培训		**5 587**	**8 181**	**7 940**	**7 890**	**7 682**	**7 643**	**7 788**	**7 499**	**7 430**
其中	教育部所属公立学校	3 951	4 474	4 594	4 616	4 680	4 875	4 909	4 979	4 910
	私立学校	1 636	3 707	3 346	3 274	3 002	2 768	2 879	2 520	2 520
连读制学校		**3 965**	**2 926**	**3 571**	**3 459**	**3 323**	**3 271**	**3 309**	**3 058**	**3 162**
技术大学		**3 157**	**5 746**	**6 006**	**6 231**	**6 603**	**6 974**	**6 962**	**7 375**	**7 604**
国家综合技术学院		**8 250**	**10 566**	**11 077**	**11 295**	**12 392**	**12 794**	**12 514**	**12 478**	**12 445**
工程师培训		**57 653**	**90 495**	**96 487**	**99 260**	**102 407**	**105 007**	**107 219**	**108 057**	**108 846**

① Le Ministère de l'Éducation nationale et le Ministère de l'Enseignement supérieur et de la Recherche，"Repères et références statistiques sur les enseignements，la formation et la recherche 2019"， https://www. education. gouv. fr/cid57096/reperes — et — references — statistiques－2019. html，2020-05-14.

续表

类别		1990—1991 年	1999—2000 年	2000—2001 年	2001—2002 年	2002—2003 年	2003—2004 年	2004—2005 年	2005—2006 年	2006—2007 年
其中	大学机构	10 545	20 109	23 228	23 760	25 240	24 855	25 759	25 606	25 983
	技术大学	1 689	3 495	3 589	3 758	4 075	4 321	4 511	4 838	5 118
	国家综合技术学院	5 091	7 777	8 061	8 275	9 252	9 600	9 494	9 532	9 483
	其中教育部所属公立学校	15 461	22 160	22 199	23 208	24 128	22 550	23 525	23 431	22 342
	其他部属公立学校	10 865	14 469	15 875	16 261	14 577	17 270	17 178	17 458	18 420
	私立学校	14 002	22 485	23 535	23 998	25 135	26 411	26 752	27 192	27 500
商业、管理、销售、会计学校		46 128	56 303	63 392	69 823	74 680	80 619	83 176	88 437	87 333
私立大学教育机构		19 971	22 267	21 739	20 667	19 644	18 058	19 820	21 306	21 024
师范学校		16 500	—	—	—	—	—	—	—	—
高等师范学校		2 675	3 209	3 159	2 968	3 044	3 104	3 122	3 191	3 658
司法与行政学校		7 328	7 692	9 669	11 921	11 001	10 858	10 750	10 477	10 425
高等艺术与文化学校		41 988	51 695	52 082	55 857	60 366	61 444	62 864	64 598	64 531
社会与保健学校		74 435	86 795	93 386	102 861	111 191	119 456	124 201	131 654	131 654
其他学校与培训		7 515	23 991	24 240	25 707	28 716	29 322	30 653	30 692	33 255
全国总数		1 717 060	2 136 543	2 160 253	2 163 902	2 208 421	2 256 150	2 269 797	2 283 267	2 254 386

注：①全国总数不包括工程师培训下的大学机构、技术大学和国家综合技术学院中的学生，以免重复计算。

②"—"表示暂无数据。1989 年的《教育方向指导法》提出，取消师范学校，设立教师培训学院（IUFM）。1990 年，法国开始在全国各学区统一设立教师培训学院（IUFM）。因此，该统计中 1990—1991 学年尚无教师培训学院数据，1990—1991 学年后没有师范学校数据。

资料来源：Le Ministère de l'Éducation nationale et le Ministère de l'Enseignement supérieur et de la Recherche,"Repères & références statistiques sur les enseignements et la recherche 2009",http://media.education.gouv.fr/file/2009/95/5/RERS_2009_FINAL_WEB_117955.pdf,2019-08-26.

法国高等教育大众化的直接后果就是大量在校生辍学、留级和毕业生失业。据调查，在大学第一阶段的两年学制中，大学生完成学业需要的平均时间为 2.7 年，34％的大学生在第一年末即中途离校，26％的大学生离校时无任何大学文凭①。现在，大学毕业求职尚且困难，无文凭的大学生就业难度就更大。严重的大学生失业问题，是多年来困扰法国大学发展的巨大障碍。

高等教育大众化导致大学形象衰落，而这才是大学的危机所在。法国总统戴高乐(Charles de Gaulle)在面对大学学潮时，曾经气愤地将大学称为"狗窝"(chienlit)。在 2008 年 11 月的一次研讨会上，有人讲了这样一个实例：巴黎一个不错的高中有这样一个学习不错的毕业年级的学生。他交的作业差不多都能获得 18 分(20 分制)，但他经常不交作业。校长约谈其父亲，告诉他这样的成绩难以进入大学校："先生，您要明白，这样的分数只能进大学！"②校长的话语有些直白，但却道出了法国高等教育不同类型学校的等级差异。最好的选择当然是进入大学校预备班，然后考入大学校，其次是大学技术学院，最后才是大学。因此有人形容大学为"垃圾清扫车"，去不了大学校和大学技术学院的学生由大学的各学院兜底。

二、选拔：提高效率的杠杆

虽然高等教育大众化已成必然趋势，但高等教育与义务教育毕竟不同，高等教育不再是人人必须经历的教育阶段。《世界人权宣言》宣称，"人人有权接受教育"，"高等教育应当根据其能力，完全平等地向所有人开放"。其中，能力是进入高等教育的必要条件。随着社会的发展与进步，人们对能力的要求也在发生变化。能力不再是精英的专利，任何人都可能具备进入高等教育机构的能力。高等教育机构又不是单一的机构，而法国高等教育机构的复杂堪称世界之最。要保持高等教育的效率，必须有所选择。

"选择"在法语中至少有两个概念："挑选"(choisir)与"筛选"(sélectionner)。前者偏重于选择者的主观意愿，比如选用一支笔，外壳可以是黑色的，也可以是红色的，没有本质区别。后者则是要在优劣之中选优劣汰。在教育中，筛选者包含学校与学生两个主体。对学校来说是选拔，要把最优秀的学生选录进来；对学生来说是竞争，每个考生要表现出最佳状态，争取最优成绩，进入最好的学校。

选择，其实是个人能力的比较，是对能力加以测试和验证。当然，目前尚无绝对科学的办法衡量能力，考试成为便于测量能力的基本手段。法国是

---

① Jacques Attali，"Pour un modèle européen d'enseignement supérieur"，http://media. education. gouv. fr/file/94/9/5949. pdf，2020-04-02.

② Olivier Beaud，*Refonder l'université*，Paris，La Découverte，2010，p. 16.

一个重视考试的国家。法语中关于考试的语汇大概居世界各种语言之首。在法国，教师评价学生的行为经常用"测评"（appréciation）、"监控"（contrôle）、"惩处"（sanction）、奖励（récompense）等术语表述。评价的结果为"分数"（notes）或"排名"（classements）。法国的考试（examen）系统大体上可以分为两类：一类是会考，只要达到规定的分数线便可获得会考证书；另一类是竞考，是一种淘汰考试，在限定的名额内，优胜者被录取，未被录取者即被淘汰。

（一）会考：高等教育的第一道门槛

法国高中毕业会考文凭（Baccalauréat）创建于 1808 年，作为大学的最初文凭，至今已经 200 多年的历史。其名称起源于拉丁语"baccalaurea"，意为"桂树的海湾"。也有人认为它起源于中世纪法国普罗旺斯和西班牙的方言"bacalar"一词，原意为无花果花，并用来称呼青年农民，或称呼青年修士。13 世纪之后，此称呼专指中世纪大学文科的第一级学位。1808 年拿破仑建立大学的一级文凭——高中毕业会考文凭时，正式用此命名，并划分文学、科学、医学、法学、神学五种文凭。

法国会考是一种水平考试，即不限定录取人数，只要考试成绩达到及格标准就可获得文凭。这一文凭具有双重意义，既标志中等教育的毕业，又是进入高等教育的必要通行证，因此也被认作高等教育的第一个文凭。

法国高中教育包括普通教育、技术教育和职业教育三类。普通教育和技术教育的学制为三年，颁发普通或技术高中毕业会考文凭。中等职业教育主要由职业高中实施，属于短期教育，学制为两年，颁发职业能力证书和职业学习证书，通常出路只有就业，做普通技术工人。1985 年设职业高中会考文凭，接受职业能力证书和职业学习证书持有者，学制为两年。

20 世纪 80 年代，法国高中教育至少存在 25 种专业系列，分别对应着高中毕业会考。1992 年，法国普通高中与技术高中合并设置，重新划分专业系列。高中一年级只设共同课，而不分科。从高中二年级开始，学生必须在普通教育类的文学、经济与社会科学，科学和技术教育类的管理科技、工业科技、实验室科技、社会医疗科学和酒店管理等专业系列中定向分流。职业高中毕业会考的专业有 80 余种。

法国高中具有重视普通文化的传统，每个专业系列不是仅有文科或理科课程，而是各门学科的比例有所不同，对应的高中毕业会考科目也区分不同权重（见表 4-4）。

表 4-4　2012 年法国文科高中毕业会考科目

考试科目	考试系数	考试类型	时间
2011 年已经结束的前期考试			
法语与文学	3	笔试	4 小时
法语与文学	2	口试	20 分钟
科学	2	笔试	1.5 小时
2012 年 6 月进行的毕业考试			
哲学	7	笔试	4 小时
文学	4	笔试	2 小时
历史与地理	4	笔试	4 小时
第一外语	4	笔试	3 小时
第二外语	4	笔试	3 小时
体育	2	体育课期间考核	
另外还有一门专业考试和两门必选考试			

资料来源：Le Ministère de l'Enseignement supérieur, de la Recherche et de l'Innovation, "Enseignement Supérieur-Réussite et échec en premier cycle. Note d'information 13.10.：Tableau 9-Devenir la troisième année des bacheliers 2008 inscrits dans l'enseignement supérieur après leur baccalauréat selon les grandes orientations（%）", http：//www. enseignement-sup-recherche. gouv. fr/，2019-09-16.

　　2012 年高中毕业会考注册考生为 703 059 人，其中普通高中毕业会考考生为 334 464 人，所占比例为 48%；技术高中毕业会考考生为 148 622 人，所占比例为 21%；职业高中毕业会考考生为 219 973 人，所占比例为 31%。考生年龄最小的为 12 岁零 1 个月大的孩子，年龄最大的为 87 岁的耄耋老人。本次考试的考题总数达 4 880 个，考卷 400 万份，设考场 4762 个。因此，当年法国需组织 175 390 个评卷人，每份试卷的评卷费为 5 欧元，口试每小时津贴为 9.6 欧元。

　　法国考试计分为 20 分制，会考平均成绩达到 12 分不足 14 分的评语为"较好"（assez bien），达到 14 分不足 16 分的评语为"好"（bien），16 分及以上者评语为"优秀"（très bien）。获得"优秀"评语的考生，可以享受为期 3 年的高等教育奖学金。获得"优秀"或"好"的评语的职业高中毕业会考考生，在申请高等教育时可在排序上优先。2011 年普通高中毕业会考中，文学专业的合格率为 41.4%，其中 25.7% 获"较好"评语，11.1% 获"好"评语，4.6% 获"优秀"评语。经济与社会科学专业的合格率为 45.2%，其中 28.1% 获"较好"评语，12.8% 获"好"评语，4.3% 获"优秀"评语。科学专业的合格率为 57.5%，其中 28.3% 获"较好"评语，18.7% 获"好"评语，10.5% 获"优秀"评语。①

对于会考未合格者，其达到或超过 10 分的考试成绩可以保留 5 年，并允许其以非在校考生身份参加同一专业的考试。这一优惠条件同样适用于重病和体育成绩极佳的考生。

为了保证考场安全，法国每年都要对各考场进行检查。教育部还颁布《职业伦理宪章》(Charte Morale et Professionnelle de la profession)，规范参与考试工作的公职人员的行为。对于考试舞弊的处置，各学区专门成立"会考纪律委员会"。根据规定，考试过程中考生之间任何形式的交流，使用任何未经允许的信息、资料或器具，以及替考都是舞弊行为。如果考试现场发现舞弊行为，监考者可以采取措施加以制止，除非替考，一般不终止其考试，但须在"违规单"上签名。对于舞弊的处罚，主要是取消舞弊考生的所有成绩，禁止其几年内参加会考，或禁止进入高等教育机构。

法国高中毕业会考是十分庞大和复杂的工作，涉及从中央政府到每个考场的考试设计、试卷管理、考生安排、考场监督、阅卷评分等各项工作。中央政府负责考试规则的制定，包括各门考试的内容、时间、评分系数，还要确定全国考试的时间表(样例参见表 4-5)，分配各学区承担考题的份额，分配考试所需的人力与财力。国民教育总督学负责考题的设计、出题者和考试评委的选定。各学区总长负责组建考题选定委员会，负责考题的印制、保存、分发以及考生的注册，确定本学区各门口试和实践测试的时间表，指定考场和分配考生，组建考试评委会并任命主任与副主任，通知教师与考生，管理与考试相关的信息，印制文凭，管理补考，保存答卷 12 个月。考场通常由中学校长负责，其责任主要是在考试前几天保存试卷，布置考场与分配考生，接待考生，组织监考并保证考试的良好秩序，向评卷人分发试卷，通知考生成绩等。

---

① Le Ministère de l'Enseignement supérieur, de la Recherche et de l'Innovation, "Enseignement Supérieur-Réussite et échec en premier cycle. Note d'information 13.10. : Tableau 9-Devenir la troisième année des bacheliers 2008 inscrits dans l'enseignement supérieur après leur baccalauréat selon les grandes orientations (%)", http://www. enseignementsup-recherche. gouv. fr/, 2019-09-16.

表 4-5 2012 年普通高中毕业会考时间表

	文学	经济与社会科学	科学
6 月 18 日 星期一	哲学 8：00—12：00 文学 14：00—16：00	哲学 8：00—12：00	哲学 8：00—12：00
6 月 19 日 星期二	历史与地理 8：00—12：00 数学与信息 14：00—15：30	历史与地理 8：00—12：00	历史与地理 8：00—12：00
6 月 20 日 星期三	法语与文学 8：00—12：00 第一外语 14：00—17：00	法语与文学 8：00—12：00 第一外语 14：00—17：00	法语与文学 8：00—12：00 第一外语 14：00—17：00
6 月 21 日 星期四	拉丁语 8：00—11：00 第二外语 14：00—17：00 或地方语言 14：00—17：00	经济与社会科学 8：00—12：00 或 8：00 13：00（专业）	数学 8：00—12：00 第二外语 14：00—16：00 或地方语言 14：00—16：00
6 月 22 日 星期五	科学教育 8：00—9：30 艺术 14：00—17：30 或古希腊语 14：00—17：00 或数学 14：00—17：00	科学教育 8：00—9：30 数学 14：00—17：00	物理与化学 8：00—11：30 生命科学与地球科学 14：00—17：30 或生物与生态 14：00—17：30 或工程科学 14：00—18：00

资料来源：Le Ministère de l'Enseignement supérieur，de la Recherche et de l'Innovation，"Enseignement Supérieur-Réussite et échec en premier cycle. Note d'information 13. 10. ：Tableau 9-Devenir la troisième année des bacheliers 2008 inscrits dans l'enseignement supérieur après leur baccalauréat selon les grandes orientations（%）"，http：//www. enseignementsup-recherche. gouv. fr/，2019-09-16.

对于法国学生和家长来说，通过高中毕业会考便是学校成功的最低标志。当然，对于法国大多数平民家庭的子女来说，获得高中毕业会考文凭曾经只是一个梦想。因为首届会考的合格者只有 31 人，至 20 世纪初，法国通过高中毕业会考的人数占同龄人口的比例刚刚突破 1%，到 1936 年也不过 2.7%，甚至 70 年代初才达到 30%。应当说，1985 年任教育部部长的舍韦内芒（Jean-Pierre Chevènement）比较有超前意识，预见到法国高等教育要进入普及化阶段，提出要在 2000 年使 80% 的青年达到高中毕业会考水平。① 1989 年 7 月 10 日的《教育指导法》又把这一目标作为国家的义务付诸法律规定，从而极大地促进了法国高中的发展速度。

2018 年，参加法国高中毕业会考的考生共计 767 600 人，其中，677 287 人获得了高中毕业会考文凭，成功率为 88.2%。② 法国高考也留下了一些遗憾，不少名人居然无缘此文凭，例如，著名作家左拉（Emile Zola）两次考试未果，演员阿兰·德隆（Alain Delon）也无此文凭。历年高中毕业会考合格率可参见图 4-5。对于高中毕业会考制度，许多专家提出异议。早在 1936 年，一位中学教师就说："会考变得越来越无价值了，我们的优秀生不再会思考了，也不再会表达了。"③今天有的教师则抱怨考试题目过难，因此他们在评卷时不得不笔下留情。也有的教师批评说，考试的题目与教学大纲的要求不尽一致。甚至人们发现会考还出现了这样一个怪圈：会考班的教师为学生准备了一套容易获得成功的押宝题，出题者则极力避免考题落入俗套，因为这正是考生所掌握和所期望的……

还有人对每年高中毕业会考的大量花费表示惊异。据公布的数据，法国每年会考的总开支为 900 万～1 亿欧元，其中近 50% 用于支付评卷人员工资（由约 119 000 名教师组成 6 000 个评审组，分布于 3 000 个考点），25% 用于差旅费，25% 用于考试组织工作。④面对如此花销的会考，而近 80% 的青年都将通过。是否有必要继续这样的考试？1997 年，法国著名学者梅里（Philippe Meirieu）曾建议取消现行的会考制度，代之以高中结业考试。他认为："会考

① "Jean-Pierre_Chevènement", https://fr. wikipedia. org/wiki/Jean-Pierre_Chevènement，2019-05-16.

② Le Ministère de l'Éducation nationale et le Ministère de l'Enseignement supérieur et de la Recherche, "Repères & références statistiques sur les enseignements et la recherche 2019", https：//www. education. gouv. fr/cid57096/reperes-references-statistiques. html，2020-04-30.

③④ le Ministère de l'Enseignement supérieur, de la Recherche et de l'Innovation, "Enseignement Supérieur-Réussite et échec en premier cycle. Note d'information 13.10.：Tableau 9-Devenir la troisième année des bacheliers 2008 inscrits dans l'enseignement supérieur après leur baccalauréat selon les grandes orientations（%）", http：//www. enseignementsup-recherche. gouv. fr/，2019-09-16.

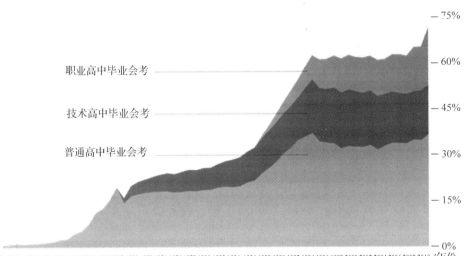

职业高中毕业会考

技术高中毕业会考

普通高中毕业会考

1851 1886 1906 1921 1931 1946 1956 1966 1968 1970 1972 1974 1976 1978 1980 1982 1984 1986 1988 1990 1992 1994 1996 1998 2000 2002 2004 2006 2008 2010 /年份

图 4-5　法国历年高中毕业会考合格率

资料来源：Le Ministère de l'Enseignement supérieur，de la Recherche et de l'Innovation，"Enseignement Supérieur-Réussite et échec en premier cycle. Note d'information 13.10.：Tableau 9-Devenir la troisième année des bacheliers 2008 inscrits dans l'enseignement supérieur après leur baccalauréat selon les grandes orientations （%）"，http：//www. enseignementsup-recherche. gouv. fr/，2019-09-16.

是嵌在学校里的一个肿瘤，使学校看不到自己的基本目标。"①他的理由是，会考既不是学习结束的考试，会考文凭不能让人进入职业生活，也不是进入大学的门票，因为大学要对会考文凭获得者暗地里进行筛选。也许法国的当政者未必不知现行会考的弊病，但谁愿意刺激这一社会敏感的神经呢？法国前任教育部部长雅克·朗（Jack Lang）就表示："我们不能触动这一历史丰碑。"②看来，法国高中毕业会考在经历 200 余个春秋之后，也不会轻易退出历史舞台。因为它毕竟给青年树立了前进路上的一个标杆，也为社会保持着一分公正。

---

　　①② le Ministère de l'Enseignement supérieur，de la Recherche et de l'Innovation，"Enseignement Supérieur-Réussite et échec en premier cycle. Note d'information 13.10.：Tableau 9-Devenir la troisième année des bacheliers 2008 inscrits dans l'enseignement supérieur après leur baccalauréat selon les grandes orientations （%）"，http：//www. enseignementsup-recherche. gouv. fr/，2019-09-16.

（二）竞考：进入精英队伍的筛选

"竞考"可能是法语独有的专有名词，指通过一系列的分科考试（épreuves）——笔试或口试，按预定名额选拔出优胜者，作为学校录取新生、机构录用人员或授予相应的证书或文凭的依据。竞考是法国大学校录取新生的基本途径。大学校教育本身的学制通常为三年。但在获得高中毕业会考文凭之后，进入大学校之前，通常都要经过两年大学校预备班学习。

大学校预备班设于高中，主要是通过2～3年的学习，为学生参加大学校的竞试做准备。大学校预备班主要接收普通高中的文科、经济与社会科学和理科系列的学生。这些预备班不颁发任何文凭，教学的唯一目的是使学生考入大学校。

一般来说，申请大学校预备班的高中毕业年级的学生需在网上报名，然后将所需学业资料或证明寄给相关学校。学校组成教师委员会对申请的学生进行筛选及排序，并将结果报地方教育管理部门，最后由计算机系统自动生成录取结果。在路易大帝高中，每年有大约6 000名学生报名，但只有450名学生可能被录取。校长不会介入教师委员会的录取工作，他充分相信教师的能力与职业道德，历年录取未出现舞弊现象。偶尔可能会有政界人物要求关照某个考生，但录取的基本依据是学业成绩。

路易大帝高中有教师155名，其中47名为预科班教师。路易大帝高中的两位副校长坦言，精英教育的基本点是选拔优秀的学生和选拔优秀的教师。学生可以由教师选定，而教师的分配取决于地方教育官员，而后者习惯于将最好的教师分配给最好的学校。预科班教师须具备法国高级教师资格，其地位相当于高等教育教师。虽然预科班的课程是国家规定的，但路易大帝高中的教师会选择各种练习题训练学生的思维。特别是这些教师都可能曾参加各个著名大学校的竞考，熟悉各类考试的模式，因此对学生的教育更具针对性。路易大帝高中鼓励学生组建各种俱乐部，开展各种文化娱乐活动。路易大帝高中的学生参加大学校竞考的成功率极高，但有时也有学生不满意竞考的结果，其可以复读一年。

2018年，法国有大学校预备班453个，注册学生共计85 121人，其中文科学生为12 581人，经济与社会科学生为18 971人，理科学生为53 569人。① 对

① Le Ministère de l'Éducation nationale et le Ministère de l'Enseignement supérieur et de la Recherche, "Repères & références statistiques sur les enseignements et la recherche 2019", https：//www. education. gouv. fr/cid57096/reperes-references-statistiques. html，2020-04-30.

应工程师学校的大学校预备班为理科系列，该系列又划分为不同的专业，并且第一学年的上学期、下学期和第二学年的专业都有可能变化。不同专业对应某一类竞考和相应的学校。通过竞考的学生才有可能进入大学校学习。如果第一次考试落选，只允许再报考一次。如再考不中，便失去了进入大学校的机会。大学校的选拔考试不是全国统考，而是若干同类学校或相类似学校共同组织联合考试。考生可以参加一种至数种考试，以求获得更大的保险系数。对于特别优秀的学生，可能出现一个考生被几所学校预录取的现象，学生就有选择学校的权利了。

三、优质教学：追求效率的保证

教学是高等教育的核心环节，优质教学是追求效率的根本保证。我们以法国工程师学校的教育为例，说明教学质量的意义。法国整个工程师培训时间为 10 个学期，前 4 个学期（2 年）为公共基础课，或者是在大学校预备班或者是在工程师学校自设的预备班学习，后 6 个学期（3 年）在工程师学校学习，总共需完成 300 学分的课程。在后 3 年的学习中，学生还要参加企业实习和学术交流，但是在校内的学习时间不低于 3 个学期，每个学期的课时最多不超过 425 小时。[1]

里昂中央学校（Ecole Centrale de Lyon）是法国培养通用工程师的著名学校，通过严格的筛选考试，每年仅录取大约 400 名工程师学生。这些学生将接受 3 年的科学与技术的高水平培训，并获得企业领导和国际企业关系等方面的坚实基础。在前 3 个学期的 12 个单元（每个单元 96 课时）的学习中，学生需要掌握工程师必备的科学、经济和社会等领域的基础知识，主要学科为数学、信息学、流体力学、固体与结构力学、机械工程、通信科学与技术、电能与系统控制、材料工程、材料物理与化学、社会与人文科学、经济与管理科学。同时有 9 种外语和 30 个体育项目供学生选择，学生还须参加一种小组学习课题和为期 1 个月的实习。在第四学期，学生要在 50 个单元课中选 5 个单元课，每个单元课为 32 课时。学生还要选择某一类型的实践课题，或是学习课题的延伸，或是工业课题，或是研究课题，并需参加 3 个月的实习。第二年为专业选修课学习。一部分是普通专业选修课，有 6 个领域可供选择：研究与发展工程师、生产工程师、物流工程师、设计工程师、经营工程师、

---

① 王晓辉：《法国工程师教育研究》，载《清华大学教育研究》，2013(2)。

咨询工程师。另一部分是深入专业选修课，主要领域有：航空工程、交通运输、纳米生物技术、土木与环境工程、信息与通信、数学与决策、能源工程等。学生还必须参加3~6个月的企业实习，完成毕业设计。

斯特拉斯堡国立应用科学学院（INSA de Strasbourg）改建于2003年，原为斯特拉斯堡国立高等工艺与工业学院（ENSAIS），已有130年历史。斯特拉斯堡国立应用科学学院的工程师学生从高中会考毕业生中直接录取。招生分两个批次。第一批次在高中会考之前，分笔试和面试两种考试。面试考核小组通常由三人组成，分别是大学教师、企业专家和心理专家。每次面试的时间约半小时。第一批次录取的学生数量近招生名额的一半，另一半的学生在高中会考之后录取。第一批次录取的学生之后须获得高中会考合格的成绩才能被确认为正式录取，第二批次的录取考试同时要求高中会考的成绩合格。斯特拉斯堡国立应用科学学院设7个专业：土木工程、空调工程、电器工程、机械工程、电子机械、塑料加工、地形学。其培训与法国一般工程师学校不同，采取五年一贯制培训，大体划分为三个阶段：基础培训、前专业培训、专业培训。基础培训给学生以必要的基础理论知识，同时使他们获得个人与集体学习的方法，并在每个学科教学和特殊活动中发展工业文化。前专业培训的特色是德、法双元文化和双语教学，即一半课程用德语讲授，一半课程用法语讲授，讲德语的学生和讲法语的学生混合编班。后3年为专业培训，学生须在7个专业中做出选择。

工程师学校的课程灵活广泛，能够根据企业需要经常调整，注重应用。课程设置完全依据科技发展和市场变化。几乎每门课程每年都要更新内容，且无固定教材。理论课程均配有相应学时的实验课。注重理论课和专业基础的教学，专业划分通常在最后一年。工程师学校普遍注重"个人计划"的教学方法。通过个人计划的实施，学生可以培养独立工作的能力和发展团队合作的精神。工程师学校教学方法的另一特色是企业实习。在3年的工程师培训中，有短期和长期实习，总时间不得少于28周。长期实习的时间应为4~6个月，其结果须由三方人员做出评价。第一，企业对实习生的工作质量和行为做出评价；第二，指导教师、实习师傅和其他人员对实习论文的形式与质量进行评估；第三，答辩委员会对实习生的答辩及实习进行整体评估。

工程师学校的特点决定了学校与企业的联系十分密切，目的是使培训内容不断适应企业和劳动市场的需求。学校与企业联系的基本形式为以下五种。

第一，企业参与学校管理。通常学校管理委员会1/3左右成员为企业高级管理人员，他们参与学校发展战略的制订、讨论课程计划的安排，预测学生毕业的出路等。例如，法国最著名的综合技术学校的管理委员会主席便是由一家大企业的总经理兼任，每年举行 4 次例会，商讨学校的方针大略。

第二，学校邀请企业有关专家到学校授课。例如，高等技术工程学校的 108 门专业课中，50% 以上有企业专家介入。

第三，企业向学校出借或赠送可供教学用的生产设备。

第四，学校获得企业提供的培训税（taxe d'apprentissage）。国家规定企业要支付"培训税"，其税率占工资总额的 1.1%。这笔税金可以上缴地方政府，也可以直接支持学校的教学与科研。例如，高等技术工程学校从企业获得的经费约占行政开支的 1/3，而矿业学院获得的培训税占其行政开支的 50% 以上。通常，越是高水平的学校获得的培训税越多，反之就越少，甚至从理论上说可以为 0。这也是促进学校密切与企业联系，不断提高教学质量的一种市场机制。

第五，企业承担一定的培训任务，主要是接收实习生，这是校企联系的最主要形式。一般来说，学生要参加三种企业实习：第一种是观察性的，是对企业状况的了解；第二种是主动实践性的，学生实习的身份可以是高级技术员；第三种实习基本接近于未来工作，即为毕业实习，亦称之为工程师实习。三种实习的全部时间为 28 周，占 3 年培训时间的 15%～20%，甚至达到或超过 30%，其中毕业实习的平均时间为 18 周，均在企业中进行。

据图卢兹国立民航学校［Ecole nationale de l'aviation civile（Toulouse）］校长马克·乌拉（M. Marc Houalla）介绍，该校学生要在第三年去企业实习 6 个月。通常由学生通过互联网寻找接受实习的企业。企业会提出实习课题，一般会有若干选题供学生选择，但是所有课题都是企业所需要的。企业会提供大约最低工资标准的一半为实习津贴，目前约每月 600 欧元。实习结束时，学生要提交实习报告或论文。答辩委员会通常由 7 人组成，其中 4 人来自学校，3 人来自企业。在学生实习之前，学校会组织一些讲座或论坛，由企业人士讲解有关实习的经验，诸如着装、言谈、简历等事宜。在实习期间，学校会派出教师到各实习点检查情况，发现问题及时解决，如学生选题不当、实习进展缓慢等。

斯伦贝谢公司（Schlumberger）是全球著名的油田技术服务公司，公司总部位于纽约、巴黎和海牙，在全球 140 多个国家和地区设有分支机构。设于巴黎德方斯新区的欧洲总部大学关系部主任阿诺德·路易（Arnaud Louis）介绍说，申请来企业实习的大学生总是应接不暇，企业需要对每个申请者进行筛选，选择实习目标更适应企业需求、工作能力更强的学生来企业实习。对于企业来讲，企业关心的是培养未来真正的工程师，同时能够在实习期间发现人才。因此，许多学生在实习期间便被企业录用。

第六，学校通过签订科研合同或通过技术转让，为企业承担相当大部分的科研任务。例如，高等技术工程学校与企业的科研合同收入相当于国家行政拨款的总量，而矿业学院的科研合同收入相当于国家行政拨款的 1.5 倍。

第七，学校为企业在职人员进行继续教育。正是由于这些特点，法国工程师学校能够适应企业和科研发展的需要，普遍受到企业的支持。法国工程师学校的毕业生能够在相当广泛的工程技术领域施展才能。例如，综合技术学校和巴黎中央学校的毕业生既可担任大公司的总经理，又能够承担重要领域的工程师。

四、社会声望：实现效率的筹码

无论多么优秀的学校，都需要社会的检验和认可。而获得社会声望的主要标准是高就业率和高职业地位。还是以工程师学校为例。工程师学校的毕业生通常都有较好的就业出路，一是被国家录用为高级公务员，二是去私人企业谋职。

法国国家公务员的录取方式基本为竞考。"国家高级公务员团"（Grand corps de l'État）为法国高级政府管理人员独特的选拔与构建机制。"国家高级公务员团"，由"国家""大型""团（体）"三个法文词汇构成，虽然这一称呼广泛应用，但不具法律意义，因此也无严格定义，我们可以形象地译为"高官团"。国家高级行政公务员主要通过国家行政学校选拔，而国家高级工程技术公务员主要通过综合技术学校和高等师范学校选拔。

通过综合技术学校和高等师范学校选拔的国家高级工程技术公务员主要为：（1）矿业工程师团（le Corps des ingénieurs des Mines）（1794 年组建，2009 年与电信工程师团合并）；（2）路桥工程师团（le Corps des ingénieurs des Ponts et Chaussées）（1716 年组建）；（3）统计及经济研究所行政管理人员团（le Corps des administrateurs de l'INSEE（1946 年组建）；（4）军事工程师团（le Corps des ingénieurs de l'Armement）；（5）保险监控师团（le Corps de Contrôleur des Assurances）；（6）农业工程、水与森林工程师团（le Corps du Génie rural, des eaux et forêts）。

　　以下仅以路桥工程师团为例，说明国家高级工程技术公务员的录取程序。路桥工程师团为国家公共建设高级技术管理群体，其管理范围跨环保部、能源部、矿业。2009 年 10 月，路桥工程师团和农业工程、水与森林工程师团合并为桥、水与森林工程师团。路桥工程师团创建于 1716 年，目的是构建法国公路网。1747 年设皇家路桥学校，1760 年更名为国立路桥学校，为路桥工程师团培养工程师。之后，路桥工程师团的职能不断扩大，从公路到水利、铁路、城市建设，几乎囊括了所有公共建设领域。路桥工程师团最初只从在综合技术学校毕业又在国立路桥学校学习 2 年的学生中录取，现在录取范围有所扩大。

　　但是，路桥工程师团的基本录取要求仍然是从综合技术学校毕业。每年大约有 30 名综合技术学校的毕业生被路桥工程师团录取，然后再分别到巴黎高科集团路桥学校(École des Ponts ParisTech)、国立民航学校(École nationale de l'aviation civile)、国立气象学校(École nationale de la météorologie)和国立地理学校(École nationale des sciences géographiques)学习 2 年。路桥工程师团每年另有 20 余个职位从在职公务员或其他学校的毕业生中录取。

　　2009 年，在职的路桥工程师团工程师总数为 1750 人，其中约 800 人在交通、装备、旅游和海洋部任职，约 170 人在民航总局服务，约 60 人在国家地理学院工作，约 200 人在法国气象局工作，约 160 人在其他部工作。另外约300 名工程师服务于公共企业和地方政府。路桥工程师团划分为 3 个等级：路桥工程师（10 档）（2005 年占 33.8%）；路桥主任工程师（7 档）（2005 年占38.8%）；路桥总工程师（3 档）（2005 年占 27.9%）。当然，工程师学校毕业生就业的基本途径还是劳动市场。里昂中央学校 67% 的学生在实习期间便被企业录用，毕业生平均年工资 37 124 欧元。[①]

　　2008 年法国工程师学校毕业生为 28 619 人，比 1994 年的 20 562 人增加了 39%。[②]正是大学校，特别是名牌大学校的高就业率和高职业待遇，赢得了法国社会的普遍认同。中产阶级家庭的子女对大学校趋之若鹜，进入大学校的竞考愈加激烈。而大学校并未因此大规模扩招，继续保持极小规模的教学模式，因此质量与声誉经久不衰。

---

①② 王晓辉：《法国工程师教育研究》，载《清华大学教育研究》，2013(2)。

第三节　公平与效率之间的法国高等教育发展

"公平"(équité)与"公正"(justice)是两个相近的概念。《拉鲁斯法语词典》将"公平"定义为"分配给每个人自然应得的份额";将"公正"定义为"符合法律的公平与正义"。① 在学术界,前者常指解决社会、经济、文化等领域各种不平等的方法;而后者偏重于人们对平等或不平等的感受。

效率,是经济学的概念,主要是指生产效率,即单位时间内投入产出之比。生产高效率也就是指用最短的时间、最少的资源成本生产出最多的产品。在教育领域,随着人力资本理论和新公共管理主义的介入,效率问题开始引起人们的关注。但教育效率的含义远比经济领域复杂。教育系统的效率可能涉及教师能力,也可能关系到教育过程、教育管理,最核心的问题则应体现于教育投入与产出的关系。教育投入既包括经费投入,还应包括物质资源和人力资源的投入;教育产出不仅是基础设施的建设,更重要的是学生的学习成绩和具备知识与能力的毕业生。而提高高等教育的效率,因材施教、择优录取是必要的手段。

高等教育的公平与效率不一定冲突,遵循能力主义的原则,可以在公平的条件下一定程度上实现效率的提高。但是,公平并非总会得到响应与认同,维护自身利益可能是社会群体的首要选择。法国高等教育也并非总能够在公平与效率之间获得协调发展,大都只能在其间艰难前行。

一、为了效率,大学在筛选

法国现行法律规定,大学须接收具有高中毕业会考文凭的所有人,而不得筛选。但实际上,一些大学暗地里实行一定程度的筛选。最为明显的筛选在大学的基础阶段,特别是一年级,运用严格的考试手段,使一些学生无法通过。另一种比较冠冕堂皇的理由是学生数量超过其接受能力,通行的办法是抽签。据高等教育与研究部部长日娜维耶芙·菲奥拉佐(Geneviève Fio-

---

① Collectif, *Larousse-Dictionnaires de la langue français*,Paris,Larousse,1998,pp. 666,1004.

raso)估计，学士阶段的 20% 专业都存在某种程度的筛选。[①] 蒙彼利埃大学校长安娜·弗莱斯(Anne Fraïsse)甚至要求高等教育部准许其电影专业限定招生名额。

据法国最大的大学生组织法国大学生联合会(Union Nationale des Etudiants de France)统计，法国 27 所大学均涉嫌违法筛选。这种筛选的后果是，滞后的惩罚，导致一些大学生丧失了几年的有效学习时间，一些学科教学仍然维持超量的学生运行，给大学生带来心理冲击，造成其自信心毁灭。

大学面临的现实是大量学生涌入，一些学科人满为患，大学只好不情愿地施加严格考试，增加了大学生重复失败的比例。蒙彼利埃大学校长发现，一些大学生留级四五次，仍在大学里混，他们来大学就是为了得到一张学生卡。一位大学教师这样描述他的学生流失状况：2014 年，最初注册上课的学生 45 名，到后半部分尚余 32 名学生继续听课，最终只有 15 人考试成绩合格。[②] 面对学生的主动流失或被动淘汰，凡尔赛大学校长让-吕克·瓦歇尔(Jean-Luc Vayssière)声称："现在是时候了，应当公开准许大学在学士阶段实施筛选，而不是虚伪地找各种特殊理由筛选。"安娜·弗莱斯校长相信，"筛选有价值"，"在无限制的开放与严格的筛选之间，也许会找到中间解决办法"。[③]

二、为了权益，学生在抗争

当法国大学生团结工会(Solidaires Étudiantes)得知高等教育与研究部在《高等教育法(草案)》中拟将大学筛选范围扩大时，于 2013 年 4 月 22 日发表公告，主张"公立的、免费的和全面开放的大学"。公告宣称，政府正在以试验的名义破坏大学入学免筛选的原则，阻止高等教育的民主化，将平民阶级

---

① Geneviève Fioraso，"L'expertise scientifique et technologique au service de la décision publique"，http：//www. genevieve-fioraso. com/wp-content/uploads/2011/11/Lexpertisescientifique. pdf，2020-05-16.

② Charles Soulié，"Un surcroît de sélection est-il vraiment nécessaire à l'université?" http：//cache. media. enseignementsup-recherche. gouv. fr/file/2012/94/5/NI_12_05_def_v2_218945. pdf，2020-05-16.

③ Jean-Claude Lewandowski，"La sélection à l'université, encore un mythe qui s'écroule"，http：//focuscampus. blog. lemonde. fr/2013/10/25/la-selection-a-luniversite-encore-un-mythe-qui-secr/，2020-05-16.

出身的高中生仅有的进入大学的微薄机会取消。公告呼吁大学生团结起来，为以下权益而斗争：争取法国宪法规定的高等教育完全免费；按照需求和多年招生计划给大学拨款；撤销《大学改革法案》；取消所有学科的筛选。①

　　法国大学生联合会的调查显示，2015—2016 年的大学新生注册人数将增加 6.5%，但大学同时相应地减少了接收能力。大学学士阶段无限制地接收高中毕业会考文凭持有者的法律规定将不能落实。法国大学生联合会认为，大学经费预算是主要问题，30% 的学士专业由于经费不足，无法接收所有要求注册的大学生，因此，54 所大学将在一些专业实施筛选。法国大学生联合会要求政府增加大学经费预算，保证大学生成功的机遇。他们主张向行政法院提出法律诉求，反对违法的筛选。②

三、为了公正，政府在协调

　　高等教育不仅要改善质量，还要促进青年与成人获得文凭的平等。然而，几十年来法国公民中间平等，特别是教育平等的理念已经受到社会再生产的现实的冲击。不平等现象已经贯穿整个学校教育，相信高等教育会改变不平等也已经变成陷阱。那些为进步所排斥的人们充满愤怒，他们终于懂得能力主义不过是将不平等合法化的神话，由此也带来法国社会的道德危机。

　　法国政府不断宣称，要致力于打碎社会再生产的机制，促进社会公平与融合。统计显示，法国高中毕业会考文凭持有者的失业率呈增高趋势，由 2004 年的 13% 增至 2010 年的 20%，而同期短期和长期高等教育文凭持有者的失业率分别是 11% 和 9%。③ 这说明劳动力市场对就业者的资格要求有所提高，因此需要提高高等教育文凭的比例，鼓励青年继续学习，提高学习成功的概率。

　　① Communiqué de Presse de Solidaires Étudiantes, syndicats de lutes, "Non à la sélection à l'entrée de l'université !" http：//www. humanite. fr/sites/default/files/legacy/non _ a _ la _ selection _ a _ lentree _ de _ luniversite. pdf，2020-05-16.
　　② Nicolas Puig, "Contre la sélection à l'université, l'Unef annonce des actions judiciaires ", http：//www. la-croix. com/Actualite/France/Contre-la-selection-a-l-universite-l-Unef-annonce-des-actions-judiciaires-2015-07-15-1334740，2019-06-01.
　　③ Le Ministère de l'Éducation nationale et le Ministère de l'Enseignement supérieur et de la Recherche, "Repères & références statistiques sur les enseignements et la recherche 2010 ", https：//media. enseignementsup-recherche. gouv. fr/file/2010/93/8/RERS2010 _ 153938. pdf，2019-09-11.

在许多情况下，高中毕业生都以为设在高中的大学校预备班是未来发展的最佳途径，而不愿选择大学，从而也导致大学科学学科生源不足，导致某些重要专业后备力量不足。因此，高中的班级委员会与定向顾问应当根据学生的实际状况，正确指导学生选择专业方向，避免走弯路。政府要求高中与高等教育机构加强定向指导。大学应当适应多元化的社会需求，对于不便在常规作息时间听课的学生采取一些灵活措施；对于有障碍学生，不论是身体障碍还是其他障碍，他们都有权利获得大学学习的机会，为他们提供的学习条件应当有所创新。

政府还特别提出需要改变男、女大学生学科分布的陈旧格局。150 年前，巴黎理工学院招收了第一位女大学生，但是长期以来，形式上的权利平等并未成为真正的男女权利平等。专业的选择仍然具有鲜明的性别烙印，在纯科学领域，除化学外，女性数量微乎其微。在最具活力的专业领域，女性也少之又少。在数字领域，女性不足 15%。[1] 而在一些领域，特别是医护领域，几乎都是女性。

法国女大学生占大学生总数的 55%，但她们没有与男学生同样的专业选择机会。例如，同样的科学系列的高中毕业文凭持有者，选择大学校预备班的女生为 15%，而男生为 20%。再如，在社会服务与医护培训领域，女性比例高达 84%，而在工程师培训领域女性比例只占 27%。[2] 虽然法国女性大学生在整体上已超过男性，但需注意不应出现新的不平等。

为了维护社会平等与公正，法国政府致力于缩小获得高等教育文凭的比例在高级管理人员子女与工人及其他职员子女之间的差距，而目前法国这两大群体获得高等教育文凭的比例分别是 65% 和 30%。[3] 法国政府看到，法国教育系统其实是建立在一种只许成功、不许失败的线性发展的模式之上，在中等教育和高等教育之间几乎没有间歇，个人的成长与发展受到极大限制。而英国、德国、瑞典等欧洲国家，允许甚至鼓励中学毕业之后有一个修整的时间段。但在法国，这样的间歇往往意味着学习困难，如果停顿，将来难以谋得好的出路，因此法国青年进入高等教育的平均年龄为 21 岁，在欧洲已属

---

[1][2][3]　Le Ministère de l'Éducation nationale et le Ministère de l'Enseignement supérieur et de la Recherche, "Repères & références statistiques sur les enseignements et la recherche 2010", https://media.enseignementsup-recherche.gouv.fr/file/2010/93/8/RERS2010_153938.pdf，2019-09-11.

最低。所以说，法国的学习成功之路便是从小学到大学不停顿地前进，直至获得好的就业岗位。

另外，法国大学学习生活条件也不尽如人意。对大学生的资助，无论是如奖学金的直接资助，还是如住宿、食堂、家庭补助的间接资助都不透明甚至矛盾，而医疗保险、食宿、临时工作、文化体育活动等这些因素往往是学习成功的支撑条件。

尽管文凭在法国仍然是同失业做斗争的最好武器，但无论是关于就业的调查统计还是青年们的现实感受，都证明现在法国的文凭在贬值，今天这一代青年的就业环境比之前几代人的状况已大大退步。对于今天的高等教育，应当回应青年的向往，放松各专业的等级限制，减少学业失败的内部因素。首先，高等教育应当允许学习途径的灵活性与多样性，承认非校园内的个人学习成果，认可以大学生为"职业"或"职业的"大学生，促进成功就业。大学生不仅是教育的接受者，还应是教育的主动行为者，可以对教育的改善提出意见和建议。其次，要重新思考与调整社会资助政策，将青年资助与家庭资助政策相互协调，重点支持继续学习的青年，避免中产阶层家庭受益过多。对于奖学金的授予，应当区分不同的学习专业，并适应学习的不同阶段。最后，继续改善大学生的食堂和住宿条件，改善大学校园生活。由于《大学生打工宪章》，这样有助于改善其学习生活条件，但必须有所限制，防止因打工过多影响正常学习。为了适应青年的需求，法国拟建立一个教育部管辖的大学生资助委员会，统筹管理大学生奖学金与资助事务，规划各地区的大学生生活发展图景。

总之，法国政府已经意识到，法国正处于危机之中，正如在摇摆不定进程中的欧洲，正如在变革的世界中一个缺乏自信、看不到自身力量的国家。这个危机不仅仅是不可控经济现象的结果，也不仅仅是重新走向繁荣之路需要克服的一个困难路段。危机的原因，其实在道德和政治层面。法国在传统上有许多优势需要重新认识，特别是在思想和技术领域成就斐然，而法国的一些不足被人们放大，但其实可以弥补。对高等教育的投入，不是简单的支出，而是对未来的投资，其社会影响将特别巨大。过去几十年来的努力，正是为了构建21世纪的高等教育。

第五章 德国高等教育发展中的公平与效率

公平与效率是高等教育改革与发展所追求的两个重要目标。两者之间的关系既有统一，又有矛盾。如何保持公平与效率之间的协调，解决公平与效率之间的矛盾，是高等教育决策者和研究者都十分关心的问题。这一问题，既有理论意义，也有实践价值。本章首先着眼于德国高等教育发展中的公平问题，介绍德国促进高等教育公平的政策举措；然后聚焦德国高等教育发展中的效率问题，概括德国保证高等教育质量的政策方法；最后着重分析德国如何处理高等教育发展中公平与效率相协调的问题。

第一节 德国高等教育发展中的公平

教育公平是指为每一位受教育者提供均等的教育机会（教育起点公平），保证受教育者在教育过程中受到公平的对待（教育过程公平），帮助受教育者获得与其潜能相应的教育成就（教育结果公平）。① 德国学界使用更多的概念是"教育劣势"（Bildungsbenachteiligung）和"教育不公平"（Bildungsungleichheit）。"教育劣势"和"教育不公平"一般指德国社会中拥有较少文化、社会和经济资源的群体在教育方面所遭受的不公现象。这种现象不是一种蓄意歧视，而是这个群体在教育机会的分配和教育成就的达成方面所体现的数据上的相对不公。在德国，比较特殊的一点是，德国没有一套全国统一

---

① 孙进：《德国促进基础教育均衡发展的政策分析》，载《教育发展研究》，2012(7)。

的教育体系和制度，16 个联邦州具有独立管理自己文化和教育事务的权力，这导致德国教育在区域上也存在差异。①

教育不公一直是德国学者与媒体的批驳对象，因而也成为德国各届政府发展民主政治的一个重要内容。德国原总统科勒（Horst Köhler）在 2007 年曾指出，德国教育体制中的不公平现象是一种"不可宽恕的不公平"，不仅有害于受波及人群，而且是"对人类财产的一种浪费"。② 高等教育一直是德国教育发展中备受重视的一个阶段，高等教育中的公平问题因而也成为备受瞩目的焦点，下面首先分析德国高等教育公平问题的现状，然后介绍德国为促进高等教育公平所采取的各项措施。

一、德国高等教育公平的现状

德国高等教育阶段的公平程度究竟如何？关于这一问题，德国联邦教育与科研部（Bundesministerium für Bildung und Forschung）网站上的一段话可以从一个侧面给予回答："没有任何一个工业国家像德国一样，一个人的社会经济地位对于其学业成就和教育机会起着如此重要的作用，同时，与其他国家相比，德国在具有移民背景的青少年的教育方面也明显做得更差。如果我们想要保障德国年青一代在未来的机遇，德国的学校体制就必须引领更多的青少年接受更高层次的教育，排除社会出身对他们受教育机会的约束。"③ 如上所述，目前德国高等教育确实存在一些不公平的现象，例如，学生接受高等教育的机会受家庭背景影响，有移民背景的学生在高等教育阶段的辍学率高于无移民背景的学生；此外，还有一些不公现象是不容忽视的，如女性在高层次科研和教学中仍处于弱势，德国高等教育机构均质性有下降趋势等。

（一）学生接受高等教育的机会受家庭背景影响

在德国，影响一个中学生是否选择上大学的因素有很多，包括学生的个人成绩、教师的学业发展建议、家庭的经济和文化资源、父母对孩子的教育

---

①②　WIKIPEDIA，"Bildungsbenachteiligung in der Bundesrepublik Deutschland"，https://de. wikipedia. org/wiki/Bildungsbenachteilig ung_in_der_Bundesrepublik_Deutsch land♯cite_ref-1，2020-06-07.

③　Bundesministerium für Bildung und Forschung，"Mit Bildungsbündnissen gegen Bildungsarmut"，http：//www. bmbf. de/de/15775. php，2015-09-10.

抱负以及学生本人的教育目标等。推论之，家长的受教育水平对孩子是否选择上大学构成重要的影响。德国大学生服务中心（Das Deutsche Studentenwerk，DSW）在 2013 年 6 月公布的第 20 次《德国大学生的经济与社会现状调查》（Die wirtschaftliche und soziale Lage der Studierenden in Deutschland 2012）对以下两类学生的高校入学率进行了统计和对比：来自父母上过大学的家庭的学生和来自父母没有上过大学的家庭的学生。①

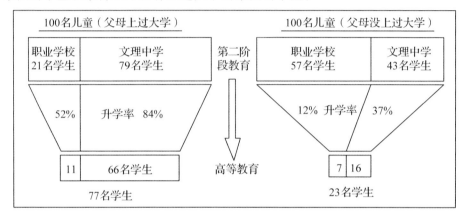

图 5-1　2009 年德国不同家庭背景子女接受高等教育的比例

资料来源：Elke Middendorff，Beate Apolinarski，Jones Poskowsky，Maren Kandulla，Nicolai Netz，Heike Naumann und Daniel Buck，"Die Wirtschaftliche und Soziale Lage der Studierenden in Deutschland 2012"，Hannover，HIS-Institut für Hochschulforschung，2013，S. 112.

调查结果如图 5-1 所示，来自不同家庭类型的学生不仅在第二阶段教育中就读的学校类型有很大差异，更为突出的是，他们接受高等教育的机会也是不均等的。2009 年德国高校的所有本国学生中，77% 来自父母上过大学的家庭，而父母没有上过大学的家庭子女占大学生总数的比例仅为 23%，前者是后者的 3.3 倍；从升学率上讲，文理中学中来自父母上过大学的家庭的学生升入大学的比例是 84%，而来自父母没有上过大学的家庭的文理中学学生成功升入大学的比例仅为 37%，职业学校中来自父母上过大学的家庭的孩子升

---

①　其中，父母上过大学的家庭是指家庭中父母至少有一方上过大学，父母没有上过大学的家庭是指家庭中父母均没有上过大学。

入大学的比例是来自父母没有上过大学的家庭的学生的 4.3 倍。[1] 由以上数据可知，目前德国高校的教育机会并没有实现公平分配，父母的受教育水平在很大程度上影响孩子接受高等教育的机会。德国大学生服务中心主席、德国知名教育经济学家迪特尔·提莫曼(Dieter Timmermann)指出，德国人的受教育程度严重依赖于家庭出身，这种现状令人担忧。他呼吁，教育公平不应仅仅停留在政治表态上，而应采取实际措施加以落实，把精英教育建立在公平的基础上。[2]

(二)有无移民背景影响学生获得的高校入学资格类型以及辍学率

随着历年来德国移民政策的优化以及高等教育国际化战略的实施，高校学生中不仅留学生的比例不断上升，具有移民背景的学生[3]所占的比重也不断攀升。保障有移民背景的儿童在德国的入学率是促进他们融入德国社会的重要基础，因为社会参与和职业成就在一定程度上受其教育资历的影响。德国大学生服务中心的第 20 次社会调查显示，2006 年，具有移民背景的学生占高校学生总数的比例仅为 8%，2009 年为 11%，到了 2012 年，这一比例上升到了 23%。[4] 德国大学生服务中心 2016 年的社会调查也显示，2016 年夏季学期，具有移民背景的学生仍然达到了德国高校学生总数的 1/5。[5] 而这一比例

① Elke Middendorff, Beate Apolinarski, Jones Poskowsky, Maren Kandulla, Nicolai Netz, Heike Naumann und Daniel Buck, "Die Wirtschaftliche und Soziale Lage der Studierenden in Deutschland 2012", Hannover: HIS-Institut für Hochschulforschung, 2013, S. 112.

② 中国驻德国大使馆教育处:《德国调查报告显示：高等教育公平仍面临严峻挑战》，载《世界教育信息》，2013(17)。

③ 具有移民背景的学生指其本人或父母至少一方在出生时不具有德国国籍且本人在德国各类教育机构注册的学生。

④ Elke Middendorff, Beate Apolinarski, Jones Poskowsky, Maren Kandulla, Nicolai Netz, Heike Naumann und Daniel Buck, "Die wirtschaftliche und soziale Lage der Studierenden in Deutschland 2012", Hannover, HIS-Institut für Hochschulforschung, 2013, S. 520.

⑤ Elke Middendorff, Beate Apolinarski, Karsten Becker, Philipp Bornkessel, Tasso Brandt, Sonja Heißenberg und Jonas Poskowsky, "Die wirtschaftliche und soziale Lage der Studierenden in Deutschland 2016: Zusammenfassung zur 21", Sozialerhebung des Deutschen Studentenwerks. Durchgeführt vom Deutschen Zentrum für Hochschul-und Wissenschaftsforschung, Berlin, Bundesministerium für Bildung und Forschung(BMBF), 2017, S. 11.

持续增加并保持在一个较高水平的主要原因是德国人口中移民数量快速上升。德国联邦统计局公布的《2014 年教育报告》(Bildung in Deutschland 2014)显示 16～30 岁年轻人在德国的入学率并没有因有无移民背景而有所差别，他们之间的区别主要体现在就读的教育机构类型。①

德国高等教育机构包括四类：第一类是综合性大学(Universitäten)及与其同级别的高等学校，第二类是应用科学大学(Fachhochschulen)，第三类是高等艺术与音乐学院(Kunst-und Musikhochschulen)，第四类是德国部分联邦州设立的职业学院(Berufsakademien)。其中，综合性大学及与其同级别的高等学校和应用科学大学中就读的学生占德国大学生总数的 95% 以上，因而这两类高校是德国高等教育机构的主体。对应不同类型的高校，完成第二阶段教育、想要申请高等院校的学生所获得的高校入学资格也是不同的：一类是"普通高校入学资格"(Allgemeine Hochschulreife)，凭此资格可以申请在德国任何一所高校的任何一个专业学习；另一类是"绑定专业的高校入学资格"(Fachgebundene Hochschulreife)，凭此资格可以申请在所有高校中的特定专业学习。② "普通高校入学资格"或"绑定专业的高校入学资格"同时也是进入应用科学大学学习的资格。除此之外，还有一种专门针对应用科学大学的入学资格，即"高等专业学院入学资格"(Fachhochschulreife)，学生通常是在专科高级中学③或职业专科学校等职业教育机构获得这一资格。不同的入学资格代表了学生在第二教育阶段就读的中学类型以及学业成绩的不同，也将导致学生就读不同的高校类型。

德国大学生服务中心的第 20 次社会调查发现，有移民背景的学生获得普通高校入学资格的比例要低于无移民背景的学生，而有移民背景的学生获得应用科学大学入学资格的比例要高于无移民背景的学生(如表 5-1 所示)。

---

① Autorengruppe Bildungsberichterstattung, *Bildung in Deutschland* 2014，Wiesbaden，Statistisches Bundesamt，2014，S. 38.

② KMK(Hrsg.)，*Das Bildungswesen in der Bundesrepublik Deutschland* 2009，Bonn，KMK，2009，S. 159.

③ 专科高级中学学制一般为两年(其中一年为专业实践教育)，主要接收实科中学的毕业生，已经参加过双元制职业培训的实科中学毕业生可以免去一年的专业实践教育。

表 5-1　学生所获得的高校入学资格类型(根据是否具有移民背景)　单位:%

高校入学资格类型	有移民背景的学生	无移民背景的学生
普通高校入学资格	78	84
应用科学大学入学资格	16	11
绑定专业的高校入学资格	5	4
其他	1	1
合计	100	100

资料来源:Elke Middendorff,Beate Apolinarski,Jones Poskowsky,Maren Kandulla,Nicolai Netz,Heike Naumann und Daniel Buck,"Die Wirtschaftliche und Soziale Lage der Studierenden in Deutschland 2012",Hannover,HIS-Institut für Hochschulforschung,2013,S. 531.

　　由此可见,具有移民背景的学生在德国并没有得到与无移民背景的学生相同的选择就读高校类型的机会。另外,2016 年的调查显示,有移民背景的大学生的辍学率(18%)也要高于无移民背景的大学生(15%)[1],可见,具有移民背景的大学生在高等教育过程中获得教育成就的比例和程度要稍逊于无移民背景的学生。在辍学原因方面,有移民背景的大学生出于经济问题(24%)和家庭原因(16%)选择辍学的比例要比无移民背景学生高很多(后者的两项比例分别为 14%,10%)。[2] 综上,是否具有移民背景会影响到学生接受高等教育的机会和取得教育成就的比例,从长远来看,直接影响了他们在德国的社会参与程度和所能取得的职业成就,对他们在德国的社会融入也会造成一定的影响。

(三)女性在高层次科研和教学中仍处于弱势

　　历史上的德国,相比男性,女性在教育体制特别是高等教育中处于绝对的劣势。随着女权运动的开展和社会的进步,女性在学业成就上开始与男性并驾齐驱,甚至有超越之势。如表 5-2 所示,在德国高等教育机构中,近年来女性在大学生全体数量中的比重持续上升,直逼 50%,而从历年入学的新生

---

①②　　Elke Middendorff,Beate Apolinarski,Karsten Becker,Philipp Bornkessel,Tasso Brandt,Sonja Heißenberg und Jonas Poskowsky,"Die wirtschaftliche und soziale Lage der Studierenden in Deutschland 2016:21";Sozialerhebung des Deutschen Studentenwerks Durchgeführt vom Deutschen Zentrum für Hochschul-und Wissenschaftsforschung,Berlin,Bundesministerium für Bildung und Forschung(BMBF),2017,S. 32.

来看，女生的数量在 2016—2018 年中占新生总数的比例均超过了 50%，可见德国高等教育机构已经在一定程度上实现了两性之间的平等。另外，一些学者的研究指出，女生在学业成绩上已经实现了对男生的超越。例如，表 5-2 也指出女性在大学毕业生中的比例近年来持续高于男性，德国社会和学界中甚至出现了"男性危机"的观点。①

表 5-2　德国高等教育机构中女性所占比重　　　　单位：%

类别	2016 年	2017 年	2018 年
大学新生*	50.5	50.8	51.3
全体大学生*	48.2	48.5	48.9
大学毕业生*	50.6	50.8	51.1
博士生	45.2	44.8	45.2
教授资格考试	30.4	29.3	31.6
教授	23.4	24.1	24.7
C4 级教授	11.6	11.5	11.7

资料来源：Statistisches Bundesamt，"Frauenanteil"，https://www.destatis.de/DE/Themen/Gesellschaft-Umwelt/Bildung-Forschung-Kultur/Hochschulen/Tabellen/frauenanteile-akademischelaufbahn.html. 2020-03-12.

注：* 表示不包括博士生。

　　然而，从表 5-2 的数据来看，我们不难发现，在德国高等教育机构中，女性博士生的比重基本保持在 45% 左右，通过教授资格考试的女性比重变小，徘徊在 30% 左右，而取得教授资格后真正获得教授席位的女性比重则更小，不到教授总数的 1/4，再往上走，达到 C4 级教授的群体中，女性只约占 11%，远小于男性的比重。由此可见，女性在德国高等教育机构的高层次科研和教学中的弱势地位并没有得到改变。另外，即使德国大学生在毕业后没有选择继续留在高校科研或教学，在其他领域的求职中，相比女性，男性在大多数情况下仍然是被青睐的，因此，德国高等教育机构中两性之间的不公平仍然存在。

---

　　① Die Welt，"Mädchen und Frauen sind Bildungsgewinner"，https://www.welt.de/print/die_welt/article115252994/Maedchen-und-Frauen-sind-Bildungsgewinner.html，2020-06-07.

二、德国促进高等教育公平的措施

在德国，教育公平问题贯穿教育体系的不同层级以及不同发展阶段，德国历任政府都十分重视实现教育平等和公正，促进教育公平被视为德国民主政治的核心内容。促进教育公平是德国宪法《基本法》(Grundgesetz)中的明确要求，例如，《基本法》第 3 条第 3 款规定："任何人不得因为其性别、出身、种族、语言、出生地、信仰、宗教或政治观点而受到歧视或优先对待。任何人不得因为残障而受到歧视。"

自 20 世纪 60 年代德国通过改革大力促进高等教育均衡发展以来，其在半个世纪的改革和发展过程中出台了一系列有助于促进教育公平的政策，确立并完善了许多相关制度。综合近半个世纪以来的政策沿革，德国为促进高等教育公平而采取的卓有成效的措施包括设立应用科学大学、免除学费、提供奖助学金以及均衡发展各地的高校等。

(一)设立应用科学大学，为学生提供接受不一样高等教育的机会

1969 年以前，联邦德国高等教育体系中负责职业教育的机构是为各类技术职业培养从业人员而分别设立的高级学校或专业学院，如工程技术学院。因为教育事务在实行联邦制的德国属于各联邦州的管辖范围，高等教育机构的变革在历史上起源于各联邦州的独立行动。应用科学大学的设立也发端于巴登-符腾堡、柏林、北莱茵-威斯特法伦等联邦州的探索性改革措施，它们将此前的各类专业学院进行合并，成立应用科学大学，取得了良好的成效。随后，联邦德国所有联邦州在 1968 年 7 月 5 日达成一致，并于 1968 年 10 月 31日共同签署了《联邦德国各州关于设立应用科学大学的统一协定》(Abkommen der Länder in der Bundesrepublik Deutschland zur Vereinheitlichung auf dem Gebiet des Fachhochschulwesens)，将应用科学大学设定为高等教育领域独立的教育机构，决定在全国范围内将高级学校或专业学院合并为应用科学大学。① 联邦德国近 1/3 的应用科学大学都是由 1969 年以前成立的高级学校或

---

① Peter Fränz und Joachim Schulz-Hardt, "Zur Geschichte der Kultusministerkonferenz 1948—1998", in Ständige Konferenz der Kultusminister der Länder in der Bundesrepublik Deutschland(Hrsg.), *Einheit in der Vielfalt. 50 Jahre Kultusministerkonferenz* 1948—1998, Berlin, Luchterhand, 2001, S. 177—227.

专业学院改组而来的。为推行和规范应用科学大学的办学模式，各联邦州在1969—1972年先后通过了本州的应用科学大学法。随后，联邦《高等学校总纲法》(Hochschulrahmengesetz)在1976年第一次将应用科学大学作为"第三阶段教育"的重要组成部分，提升至与综合性大学(Universitäten)及同类机构相同的位置。应用科学大学的研究和教学自由以及学术自治得到了保障。在联邦政府以及各州政府的大力支持下，联邦德国又有一大批应用科学大学在70年代得以成立，大约占总数的1/3。应用科学大学的第三次建立高潮是在民主德国与联邦德国统一后，特别是在新联邦州。[①] 截至2000年，德国应用科学大学的数量达到155所。21世纪以来，在《博洛尼亚宣言》的推动下，应用科学大学前进的脚步没有停歇，以平均每年5所的数量持续增长，截至2012—2013年，德国的应用科学大学总数达到216所，相比2000年增长了39.4％，而同期德国综合性大学数量的增长率仅为10.7％。与此同时，应用科学大学的数量在德国始终是多于综合性大学的(见图5-2)。

从德国目前的情况来看，应用科学大学与综合性大学主要是在办学定位上有所区别，但它们之间的区别并非等级式垂直分化，即并非一流、二流的等级区分，而是功能和特色的分化。首先，从课程质量来看，在《博洛尼亚宣言》通过之后，德国所有高校的学士和硕士课程均需通过国家认可的中立认证机构的认证方能开设。这保证了各类院校的课程质量具有一致性。德国各州政府也认可各类高校所颁发的学士学位和硕士学位是完全等值的。其次，从生源质量来看，应用科学大学超过50％的学生持有高校入学资格。这说明，这些学生放弃了去综合性大学读书的机会，而选择了应用科学大学。[②] 最后，从毕业生的就业前景来看，应用科学大学丝毫不逊于综合性大学，甚至还更胜一筹，这也与应用科学大学设置的是便于就业的专业有关。自1980年以来，应用科学大学毕业生的失业率便一直低于综合性大学毕业生的失业率(2005年:

[①] Fraunhofer Institut für Systemtechnik und Innovationsforschung(ISI), Bundesministerium für Bildung und Forschung(Hrsg.), "Forschungslandkarte Fachhochschulen, Potenzialstudie", http：//forschungslandkarte. isi-projekt. de/pdf/endbericht. pdf, 2020-06-06.

[②] KMK, *Das Bildungswesen in der Bundesrepublik Deutschland* 2009, Bonn, KMK, 2009, S. 162.

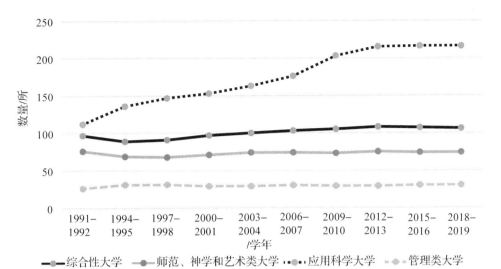

图 5-2　1994—2018 学年德国各类高校数量变化表

资料来源：根据德国联邦统计局的数据自制，网址为 https://www.destatis.de/DE/Themen/Querschnitt/Jahrbuch/_inhalt.html，2020-03-16。

3.8% vs. 4.3%）。[①] 而且应用科学大学毕业生的平均工资水平要高于综合性大学。根据高校信息系统（Hochschul-Informations-System，HIS）的一项调查，应用科学大学 2001 年毕业的学生在毕业五年之后的平均年薪为 43 000 欧元，高于综合性大学毕业生的平均年薪 42 300 欧元[②]。

　　因此，应用科学大学办学模式的开创与推广，一方面提升了德国职业教育的水平与质量，丰富了德国高等教育的人才培养格局；另一方面也为实现高等教育的公平做出了贡献，因为中学生在升入大学时有了更多的选择，同时也使更多的学生有了接受高等教育的机会。

---

　　① F. Schreyer und M. Hummel，"Eckdaten zum Arbeitsmarkt von Personen mit Fachhochschulabschluss"，Nürnberg，Institut für Arbeitsmarkt-und Berufsforschung，2009.

　　② 如果按特定专业来比较的话，大学毕业生的工资水平要高于相同专业的高等专业学院的毕业生的工资水平。例如，综合性大学经济学专业的毕业生的平均年薪是 53 700 欧元，而高等专业学院毕业生的平均年薪为 47 400 欧元。综合性大学经济工程学专业的毕业生的平均年薪为 52 300 欧元，而同一专业高等专业学院毕业生的平均年薪为 50 400 欧元。参见 C. Kerst und M. Schramm，"Der Absolventenjahrgang 2000/2001. Berufsverlauf und aktuelle Situation"，Hannover，HIS，2008. S. 90.

(二)免除学费，为困难家庭子女提供接受高等教育的机会

在联邦德国，高校向学生收取学费的第一种形式是 1970 年之前存在的听课费（Hörergelder），金额大约为 150 马克，后因汉堡大学生在 1970 年举行的大规模抵制而被取消。① 2001 年，联邦宪法法院（Bundesverfassungsgericht）在《高等学校总纲法》中明确规定禁止向大学生收取学费。针对这一规定，包括巴登-符腾堡州、萨克森-安哈尔特州在内的 7 个联邦州发起联合抗议，指出《高等学校总纲法》关于学费的禁令已经侵犯了联邦州独立管理内部教育事务的权力。因此，联邦宪法法院在 2005 年 1 月 26 日不得不取消了这一规定，将决定是否收取学费的权力交给各联邦州。② 随后，德国西部 7 个人口较多的联邦州开始向处于本科和硕士阶段的所有学生收取不同金额的学费，一般为每学期 500 欧元，但包括柏林在内的东部联邦州没有引入学费制度。由此，德国大学生总数的 70％以及德国西部大学生的 90％都要缴纳学费。③

学费政策的引入波及大部分学生，也引起了德国大学生、学者以及各类机构的激烈讨论。德国大学校长联席会议曾表示支持收取学费，因为这样有利于增加高校的收入，进而提升高校对教学的投入，提升高等教育的教学质量。④ 然而，各界对于学费的反对之声更大。德国高校信息系统和康斯坦茨大学（Universität Konstanz）在 2007 年开展的一项 150 所高校的 22 000 名大学生参加的调查显示，42％的受访大学生对学费持"坚决反对"态度，25％持"反对"态度，只有 14％的学生表示"非常支持"或"支持"。⑤ 德国高校信息系统开展的另一项以"从具有大学入学资格的中学生角度看大学学费"（Studiengebühren aus der Sicht von Studienberechtigten）为主题的研究显示，2006 年 18 000 名高中毕业生明确表示因为大学学费不再选择上大学，这些学

---

① Wikipedia，"Studiengebühren in Deutschland"，https://de. wikipedia. org/wiki/Studiengeb％C3％BChren _ in _ Deutschland♯Geschichte，2015-09-16.

② Bundesverfassungsgericht，" Urteil des Bundesverfassungsgerichts：BVerfG，2 BvF 1/03 vom 26. Januar 2005，Absatz-Nr. (1－94)"，https://www. bundesverfassungs gericht. de/entscheidungen/fs20050126 _ 2bvf000103，2020-06-05.

③④ Wikipedia，"Studiengebühren in Deutschland"，https://de. wikipedia. org/wiki/Studiengeb％C3％BChren _ in _ Deutschland♯Geschichte，2020-06-05.

⑤ Tino Bargel，Peter Müßig-Trapp，Janka Willige und HIS Hochschul-Informations-System GmbH，"*Studienqualitätsmonitor 2007-Zusammenfassung（PDF）*"，Konstanz，Universitaet Konstanz，2007，S. 8.

生大部分来自父母受教育水平较低的家庭。① 事实确实如此，在引入学费制度的北莱茵-威斯特法伦州，即使 2006 年具有大学入学资格的中学毕业生人数上升了 4.9%，2006—2007 学年冬季学期入学的高校新生人数仍减少了6.5%。② 而在没有收取学费的联邦州，高校新生人数均有所上升。德国大学生服务中心指出，学费会成为来自经济环境不好的家庭的孩子上大学的巨大困难，同时会危害到不同联邦州生活水平的一致性。其他机构也指出，高校向学生收取学费，首先影响到的是低收入家庭的子女，这会影响教育机会的公平分配，强化教育体制的社会分层功能，导致新的社会不公。③

基于民众、学生以及各类组织的反对，再加上政府的重新选举和更迭，高校收取学费的机制随后在德国各州被逐步取消了。根据德国大学生服务中心 2013 年 6 月公布的第 20 次社会调查的结果，对于在高校中就读第一专业且没有超过标准学习时间（Regelstudienzeit）的本科生和硕士生，德国 16 个联邦州中除下萨克森州和巴伐利亚州以外，14 个联邦州在调查结果公布前都已经取消了学费。巴伐利亚州和下萨克森州也分别于 2013—2014 冬季学期和2014—2015 冬季学期废止了学费制度。④ 但是，为了督促学生在标准学习时间内完成学习，德国各州各校会不同程度地对就读第二专业或学习时间超过规定长度的学生收取一定的学费，一般为 500 欧元/学期。部分联邦州更高一些，如莱茵兰-普法尔茨州为 650 欧元/学期。⑤ 另外，为了提升对国际学生的师资投入，巴登-符腾堡州于 2017—2018 冬季学期起，开始对非欧盟国家的国

① Schlieben，"Studiengebühren Schrecken vom Studium ab"，*Zeit Online*，2020-06-07.

② bildungsklick，"Weniger Studienanfänger an NRW-Hochschulen"，https://bildungsklick. de/hochschule-und-forschung/detail/weniger-studienanfaenger-an-nrw-hochschulen，2020-06-07.

③ Augsburger Allgemeine，"Studiengebühren. Erst bezahlen，dann lernen"，https://www. augsburger-allgemeine. de/bayern/Erst-zahlen-dann-lernen-id22826886. html，2020-06-07.

④ Wikipedia，"Studiengebühren in Deutschland"，http：//de. wikipedia. org/wiki/Studiengebühren _ in _ Deutschland # cite _ note-3，2020-06-07.

⑤ Studis Online，"Studiengebühren（Studienbeiträge）in Deutschland"，http：//www. studis-online. de/StudInfo/Gebuehren/ # fnln8，2020-05-29.

际学生征收 1500 欧元/学期的学费。①

如表 5-3 所示，自 2013—2014 冬季学期取消学费以来，巴伐利亚州高校的新生人数上升了 14.7%，而同期德国全国高校新生人数上升的比重仅为 8.9%；从下萨克森州的数据来看，2014—2015 学年相较于 2013—2014 学年新生人数上升了 9.1%，而同期全国高校新生人数的增长比例仅为 3.0%。由此可见，是否收取学费确实是影响高校新生人数变化的一个重要因素。由于高校收取学费直接影响的是低收入家庭和父母受教育水平低的家庭的子女接受高等教育的机会，那么免除学费很明显地提升了这些家庭的子女上大学的概率，有利于促进德国高等教育机会的公平分配，改善这些家庭子女在未来的就业状况和社会参与性，维护社会的公平与和谐。

表 5-3　2012—2015 年德国高校新生人数变化表

地区	2012—2013 学年/人	2013—2014 学年/人	2014—2015 学年/人	增长率/%
巴伐利亚州	110 002	119 286	126 153	14.7
下萨克森州	53 637	56 402	61 548	14.7
全国	770 105	814 450	838 618	8.9

资料来源：Statistisches Bundesamt，"Erstes Fachsemester nach Bundesländer"，https：//www. destatis. de/DE/ZahlenFakten/GesellschaftStaat/BildungForschungKultur/Hochschulen/Tabellen/StudierendeErstesFSBundeslaender. html，2015-09-16.

(三)提供奖助学金，保障贫困大学生顺利完成学业

为帮助贫困大学生完成学业，使其能够平等享受高等教育受教育权，而不受父母经济地位的影响，德国采取了多种措施对贫困大学生进行资助，资助类型主要包括以下三类。

第一，助学金。在德国为大学生提供的助学金中，最具代表性、覆盖范围最广的是由联邦政府根据《联邦教育促进法》(Bundesausbildungsförderungsgesetz，BAfög)发放的联邦助学金。《联邦教育促进法》诞生于 1971 年，其主要目的是资助缺乏必要的生活和学习费用的学生(包括中小学生和大学生)，保障经济

---

① Ministerium für Wissenschaft，"Forschung und Kunst Baden-Württemberg"，https：//mwk. baden-wuerttemberg. de/de/hochschulen-studium/studienfinanzierung/gebuehren-fuer-internationale-studierende-und-zweitstudium/，2020-04-13.

有困难的受教育者能够得到最低程度的经济支持，提升德国教育体制的公平性。为大学生发放的联邦助学金由两部分构成，一半为非偿还性补助，一半是无息贷款。联邦助学金的资助年限与各专业的标准学习时间相同，无息贷款在标准学习时间结束后 5 年开始偿还。《联邦教育促进法》还规定，对学习成绩优异的受资助者，部分无息贷款可以免除归还。例如，成绩排在同校同年级同专业前 30％的学生，且在标准学习时间内毕业，免除 25％的贷款。①更为重要的是，联邦助学金的发放不与申请者的学习成绩挂钩，只与申请者本人、配偶以及申请人父母的收入有关。据联邦统计局的最新统计结果，2018 年获得联邦助学金的大学生人数约为 51.8 万，约占大学生总数的 13％，平均每名受资助大学生每月可以获得 493 欧元。② 对于在经济上有一定困难但没有获得联邦助学金的大学生，德国还有其他补助措施来减轻他们的经济压力，如住房补贴（Wohnkostenzuschuss）等。

第二，奖学金。在高等教育阶段，德国大学生可以获得的奖学金十分多样，从奖励机构来说，德国政府、高校、校外科研机构以及基金会等组织都会有专门的资金用于奖励在学业上有所成就的大学生。此外，德国作为欧盟的成员，也可以得到欧盟的资助。从奖励对象来看，各类机构提供的奖学金限定在不同的奖励群体上，有的奖励范围极广，凡是高校学生均可申请，有的专门奖励某一研究领域的学生，有的用于奖励某一学段中的优秀学生。从资助形式来看，德国各类机构为高校学生提供的资助既有面向机构的课题和项目资助，也有面向个人的资助。③ 虽然绝大部分奖学金不以申请者的经济情况为遴选标准，但数目众多、种类丰富的奖学金项目为家庭环境较差的学生提供了努力学习、积极进取的动力，也为他们获得资助、完成学业提供了更大的可能。

第三，助学贷款。在德国，大学生可以获得的助学贷款也有很多种。根

① Wikipedia，"Bundesausbildungsförderungsgesetz"，https://de. wikipedia. org/wiki/Bundesausbildungsförderungsgesetz♯F. C3. B6rderungsarten，2020-04-12.

② Statistisches Bundesamt，"Bildung und Kultur：Ausbildungsförderung nach dem Bundesausbildungsförderungsgesetz （BAföG） 2018"，https://www. destatis. de/DE/Themen/Gesellschaft-Umwelt/Bildung-Forschung-Kultur/Bildungsfinanzen-Ausbildungsfoerderung/Publikationen/Downloads-Ausbildungsfoerderung/bundesausbildungsfoerderung-21 1700187004. pdf? _ _blob＝publicationFile，2020-05-06.

③ 孙进：《德国博士后科研后备人才资助：机构、形式与特点》，载《河北师范大学学报（教育科学版）》，2013(10)。

据出资方来分类的话，包括由各类银行出资的助学贷款、由大学生服务中心提供的过渡性贷款以及由私人企业设立的教育基金贷款等。自 2006 年起，德国复兴信贷银行(Kreditanstalt für Wiederaufbau，KfW)向拥有德国、欧盟其他国籍以及在德国获得高校入学许可的非欧盟学生提供助学贷款(KfW-Studienkredit)，金额为每月 100～650 欧元，贷款最长可达 14 个学期，贷款总额最多为 54 600 欧元。因为该银行为国有银行，助学贷款受联邦政府补助，所以利率较低。① 由大学生服务中心提供的过渡性贷款是高校学生在遇到紧急情况下可以申请的贷款。例如，孩子出生、医疗费用过高而无法支付、出于经济原因无法完成学业、专业资料需要高额支出时，可以向大学生服务中心提出贷款申请，不同联邦州的大学生服务中心提供的贷款金额和偿还期限不同。② 由私人企业提供的贷款在期限和金额上也是十分灵活的。与其他贷款不同的是，这种贷款要求大学生在开始工作后按照收入的特定比例立即开始偿还。提供这类贷款的企业有德国教育股份公司(Deutsche Bildung AG)③、职业生涯规划股份公司(Career Concept AG)④等。德国各类助学贷款不以申请者的家庭经济情况为标准来判定申请者的信用等级，因而对于帮助家庭困难的学生顺利完成学业具有很大的促进作用，有利于充分保障这些学生接受高等教育的权利。

此外，德国有些教育、科研机构设有专门针对女性的奖学金或专门提供给女性科研工作者的研究项目，以增加高层次教学、科研队伍中女性的比例。

(四)均衡发展各地的高校，缩小高等教育的区域差异

德国的高等教育机构集中分布在人口密集地区。在西部，沿着明斯特—波鸿—法兰克福—斯图加特一线，在东部，沿着马哥德堡—哈勒—莱比锡—

---

① KfW，"KfW-Studienkredit"，https://www.kfw.de/inlandsfoerderung/Privatpersonen/Studieren-Qualifizieren/Finanzierungsangebote/KfW-Studienkredit-（174）/，2020-06-07.

② Studis Online，"Studienfinanzierung in Notlagen"，http://www.studis-online.de/StudInfo/Studienfinanzierung/studienabschlussdarlehen.php，2020-06-07.

③ Deutsche Bildung，"Smarter als ein Studienkredit"，https://www.deutsche-bildung.de/de/studienkredit/，2020-06-09.

④ Career Concept，"Studienfinanzierung von Career Concept"，https://career-concept.de/studierende/，2020-06-09.

德累斯顿一线,是德国高等教育机构的密集地区。其他的高校密集区是汉堡、柏林和慕尼黑。与此相对,在德国的北部,因为人口密度比较小,所以很大的国土面积上没有多少高等院校。

为了便于学生就近上大学,实现教育机会公平的目标,德国从20世纪60年代开始在西部人口密集度不是很高的地区设立大学。作为这一高等教育机构地域性均衡发展政策的结果,康斯坦茨、特里尔、帕绍、邦贝科和百路伊特等地理位置比较边缘的城市也有了大学。德国统一之后,从1990年开始在东部地区实施这一政策,以改变东部地区大学集中在少数几个地区的局势,力求创建一个地域性平衡的高校网。在实现这一目标的过程中,德国政府主要是借助应用科学大学的设立。

综上所述,在德国,保障教育公平是教育发展战略和政策的重要内容。但德国高等教育仍存在诸多不公平、不和谐的因素。例如,孩子接受高等教育的机会仍然受到家庭环境的影响,父母的受教育水平直接影响孩子的入学率;与无移民背景的学生相比,有移民背景的学生多就读于应用类高校和学科,同时辍学率也较高;尽管女性在高等教育机构中的数量以及学业成就上已经取得很大进步,但从高层次科研和教学岗位以及其他就业领域来看,女性仍处于弱势地位。

针对以上种种问题,德国采取了一系列措施,完善相关体制,以提升高等教育的公平性。首先,通过设立应用科学大学,丰富德国高等教育结构的类型,优化德国的人才培养格局,为学生们提供了更多而且是不一样的接受高等教育的机会;其次,所有联邦州先后免除学费,消除困难家庭子女上大学的忧虑,保障他们公平入学;再次,联邦政府、银行、大学生服务中心以及私人企业等各类机构向经济有困难的受教育者提供多样化的奖助学金,保障他们能够得到最低程度的经济支持,顺利完成学业;最后,为平衡高等教育的区域差异,满足学生就近入学的要求,德国在人口密集度不是很高的地区设立大学,并为缩小东西部差距大力发展东部高等教育,力求创建一个地域性平衡的高校网,也为实现高等教育的公平和均衡做出了一定的贡献。

第二节 德国高等教育发展中的效率

效率一般有两种含义:一是资源的有效利用程度,二是资源的投入与产出之比。应用于高等教育领域,在一定的条件下,当一切可利用的资源都被用于高等教育而没有被闲置或浪费时，可以说实现了较高的高等教育效率；在一定的教育资源下，提供的高等教育机会越多，所能培养的合格人才越多，高等教育效率就越高。① 可见，效率是质量的一个重要方面。我国在 20 世纪末的讨论中使用较多的是"高等教育效率"的概念，进入 21 世纪之后，随着国外学界对质量讨论的升温，这一概念逐渐被含义更广泛的"高等教育质量"概念取代。德国学界的讨论主要也是围绕高等教育质量进行的，关于效率问题，讨论的焦点也是高等教育质量及其保证措施。所以，本节从广义的质量角度探讨德国高等教育的效率问题。

其实，质量也是一个存在争议的概念。人们通常认为，质量就是根据某一客体是否能够满足特定主体需要所做出的价值判断。高等教育的质量就是高等教育满足主体需要的程度，是一种价值判断和评价。因为衡量质量高低的标准既取决于客体本身的性状，也取决于特定主体的需要。因此，无论从客体本身的性状讲，还是从特定主体的需要讲，高等教育质量都是一个复杂的、多维的、动态的概念。② 与此相应，人们对它有不同的定义。张安富等人认为，高等教育质量就是指高等教育作为一种特殊的实践活动，在实现自身功能的过程中对高等教育基本规律的体现程度，适应并促进社会、政治、经济、科技、文化发展的体现程度，以及适应并促进学生主体发展的体现程度。③ 李志仁认为，高等教育质量是高等教育机构在遵循教育自身规律与科学发展逻辑基础上，在既定的社会条件下，培养的学生、创造的知识以及提供的服务满足现在和未来的社会需要和学生个性发展需要的充分程度。④

一、德国提出高等教育质量保证的背景

20 世纪下半期，德国的高等教育取得了巨大的发展：以前的精英大学变成了大众大学，大学与所在社会环境之间的关系发生了改变，高校与其他社

---

① 薛天祥：《高等教育公平和效率的内涵及其关系》，载《高等教育研究》，1998(4)。

② 董泽芳、陈文娇：《论我国高等教育质量标准的多样性与统一性》，载《高等教育研究》，2010(6)。

③ 张安富、靳敏、施佳璐：《高等教育质量与水平及相关概念辨析》，载《高等教育研究》，2009(11)。

④ 李志仁：《我国应建立高等教育质量保障体系》，载《高教探索》，2001(2)。

会功能体系如政治、经济、媒体等的联系变得更加紧密。① 与此同时，政府与高校之间的关系也发生了根本的改变：一方面，高校获得越来越多的自主权；另一方面，高校也必须对自己的工作成绩负责，有了为自己的工作成绩向政府和公众进行辩护的义务和压力。②

为了让高校的办学质量变得透明化，保证并提高高等教育的质量，德国在 20 世纪 90 年代中期引入了系统的教学评估（在个别联邦州，如下萨克森州，还同时引入了科研评估，并将两者结合起来）。③除了提高高校工作的透明度之外，德国引入评估的主要出发点还包括：加强高等教育机构的责任，改善德国高校的办学特色和提高国际竞争力。人们期待通过评估可以发现被评估机构的优势和不足，并以此为基础，帮助该机构制定系统的质量改善策略。目前，所有联邦州都在自己的高等学校法中将评估列为高校必须完成的任务。④

认证程序的引入在德国要晚于评估程序。准确地说，是在 1998 年《高等学校总纲法》修订之后以及在博洛尼亚进程中引入的。在博洛尼亚进程中，德国开始引入学士和硕士两级学制，其目的在于提高课程的灵活性，加强德国毕业证书的国际接轨性，提高学生的国际流动性，特别是吸引外国留学生来德国学习。⑤为了保证新设立的学士和硕士课程的质量，德国要求对按照新学制设立的专业课程进行认证。⑥只有在通过认证的情况下，高校才能开设相关的专业课程。为此目的，德国专门成立了一个全国性的"认证委员会"（Akkreditierungsrat）⑦，由它负责审核和监管其他具体开展评估和认证工作的认证代理机构（Akkreditierungsagenturen）。

近年来，质量保证在德国高等教育领域已经成为一个十分重要的议题。德国文教部长联席会议（Kultusministerkonferenz，KMK）以及德国高校校长联合会（Hochschulrektorenkonferenz，HRK）等机构一直在大力推进有关质量保证措施的学术讨论和实践探索。经过十几年的探索和尝试，德国已经初步

---

①②③⑤⑥　Sandra Mittag, *Qualitätssicherung an Hochschulen. Eine Untersuchung zu den Folgen der Evaluation von Studium und Lehre*，Münster，Waxmann，2006，S. 1，S. 1，S. 10，S. 59，S. 4.

④⑦　Angelika Schade，"Paradigmenwechsel bei der Qualitätssicherung in Deutschland：Mehr Autonomie, mehr Vielfalt?，"in Stefanie Schwarz, Don F. Westerheijden and Meike Rehburg（Hrsg.），*Akkreditierung im Hochschulraum Europa*，Bielefeld，UVW，2005，S. 68，S. 59.

确立起一个以评估和认证为核心的高等教育质量保证体系。而且从发展趋势来看，德国高校日益增加的资助需求和日益变少的政府资金投入、公众对高校工作绩效的日益增多的关注、欧洲高等教育一体化进程（博洛尼亚进程）、高校形成自己办学特色的压力等内外部因素将会进一步提高高等教育质量保证举措的重要性，推动质量保证措施的进一步发展和完善。①

二、德国保证高等教育质量的举措

德国保证高等教育质量的举措主要有以下六种。

(一)评估

评估包括内部评估和外部评估两种重要的形式。

内部评估指的是各专业对自己的教学及科研工作做一个系统性的、自我批评式的总结，并将总结的结果写成一个书面的报告。报告内容包括本单位工作的优缺点以及将来的改进措施和未来的发展方向。

这一自我评估报告的结构是按照评估代理机构所提供的一个问题提纲或者一个结构表确定的。自我评估报告主要是为了向外部的评估专家提供基本信息②。通常来说，内部评估的内容和重点集中在以下几个方面：专业领域（Fachbereich，相当于中国的学院/学部)的组织结构；教学和学习的目标；所提供的专业；学术类教师和学术资源；学生及学业流程；教学和学业；教师和学生对教学和学业的评价；毕业生在就业市场上的就业前景。③

外部评估指的是校外专家和同行对一个专业的教学和科研工作进行评估。评估的基础和出发点是各专业提供的书面报告。在此基础上，评估专家小组会对受评估的单位进行为期一到两天的实地考察，并与被评估单位的不同群体进行访谈。之后，评估专家小组会撰写一份报告，内容包括对学校内部评

① Margret Bülow-Schramm, *Qualitätsmanagement in Bildungseinrichtungen*, Münster, Waxmann, 2006, S. 120.

② Sandra Mittag, *Qualitätssicherung an Hochschulen. Eine Untersuchung zu den Folgen der Evaluation von Studium und Lehre*, Münster, Waxmann, 2006, S. 9.

③ Angelika Schade, "Paradigmenwechsel bei der Qualitätssicherung in Deutschland: Mehr Autonomie, mehr Vielfalt?," In Stefanie Schwarz, Don F. Westerheijden and Meike Rehburg(Hrsg.), *Akkreditierung im Hochschulraum Europa*, Bielefeld, UVW, 2005, S. 69.

估的批判性评估、对问题的分析以及解决方法的草案。对于这一外部评估鉴定的写作，评估代理机构也会提供一个包括标准和形式要求的清单。①

　　在内部评估和外部评估这两个步骤完成之后，评估代理机构通常会发表评估结果。此后便是落实评估结果的阶段以及后续阶段。实际上，随着外部评估鉴定书的完成，正式的评估程序也就结束了。对评估结果的落实由被评估的高校负责。② 在这一阶段，高校的领导层和被评估的单位就有关改善举措签订协议，保证在预定的时间内真正达到所确定的标准。高校与负责拨款的州部委之间就此签订目标协定这一做法如今也变得越来越普遍。③ 这样一来，对高校的拨款便和其评估结果联系起来，促使高校重视和认真落实评估结果。

(二)认证

　　德国的认证制度是一种元认证制度。认证委员会负责对认证代理机构的资质进行审核，并对其工作进行监督。认证代理机构具体负责对高校教学质量的认证和评估。而认证委员会本身也定期得到一个评估专家的评估。现行的认证程序主要包括专业认证和体系认证。

1. 专业认证

　　专业认证的对象是高校开设的本科及硕士专业。专业认证的目的在于确保专业的等值性、多样性、质量以及透明度。因为一方面要给予高校设计自己的专业充分的自主空间，而另一方面又不能因此而损害专业之间的可比性，所以，认证委员会对于专业的认证仅仅是提出一些相对来说一般化的(宽泛的)标准。与考试规章总框架中那些详细、严格和定量的要求不同，认证委员会所确定的标准更多的是一种灵活的框架，用于评估专业，同时也能够对外

---

①②　Sandra Mittag，*Qualitätssicherung an Hochschulen. Eine Untersuchung zu den Folgen der Evaluation von Studium und Lehre*，Münster，Waxmann，2006，S. 9.

③　Angelika Schade，"Paradigmenwechsel bei der Qualitätssicherung in Deutschland：Mehr Autonomie，mehr Vielfalt?，"In Stefanie Schwarz，Don F. Westerheijden and Meike Rehburg(Hrsg.)，*Akkreditierung im Hochschulraum Europa*，Bielefeld，UVW，2005，S. 70.

表明认证的质量维度。①

认证委员会针对专业认证的申请提出了要求，涉及以下几个方面：①专业论证，如专业的目标和定向；②专业的组织、结构和内容、对毕业生就业能力的培养、对未来职业领域的发展评估；③人员配备、资金、基础设施；④质量保证措施，如收集有关学生辍学率的数据，有关学生满意度的调查；⑤专业合作，特别是就国际专业/项目而言。②

在对申请进行审核的过程中，评估代理机构会委任一个评估小组，评估小组撰写一份评估报告。该报告须考虑到：申请方以书面形式呈现的该机构的特征以及评估小组实地考察的结果。评估小组将此报告呈送给认证委员会，该委员会由高校代表、职业实践领域的代表和学生代表组成。他们根据报告做出决定，包括无附加条件地通过认证、附加特定条件地通过认证、不通过认证。认证的有效期最多不能超过 7 年。之后，专业需要再度经过认证。认证委员会会在自己的网站上公布认证的结果。③

2. 体系认证

体系认证的对象是高校内部的质量管理体系。体系认证的目的是审查高校内部与教学质量相关的结构和过程是否能够保证所设立的专业符合质量标准。这里的质量标准包括：欧洲高等教育质量保证标准和准则（European Standards and Guidelines for Quality Assurance in Higher Education，ESG），德国文教部长联席会议的要求以及认证委员会的标准。一旦高校的质量保证体系通过认证，所有通过该校质量保证体系审核的专业都会得到为期 6 年的认证。

体系认证的程序大致如下：①高校自己选择一个认证代理机构，向该机构提出体系认证的申请。在该申请中，高校要介绍自己以及高校内部与教学质量相关的调控体系和质量保证体系。②认证代理机构在收到高校的认证申请之后，首先要进行预审查，看看高校是否具备提交申请的资格。③若高校具备提交申请的资格，那么认证代理机构便任命一个评估专家小组，由 5 人组成，其中：3 人具有高校管理以及高校内部质量管理方面的工作经验；1 名

---

①②③　Angelika Schade. Paradigmenwechsel bei der Qualitätssicherung in Deutschland: Mehr Autonomie, mehr Vielfalt? in tefanie Schwarz, Don F. Westerheijden, Meike Rehburg(Hrsg.). Akkreditierung im Hochschulraum Europa. Bielefeld: UVW，2005，S. 64，S. 64，S. 65.

学生代表，他具有参与高校自主管理（如学生会）以及认证的经验；此外还有 1 名来自职业领域的评估专家。评估专家小组成员作为一个整体，需要在高校管理、专业规划和质量保证方面具有实际工作经验。另外，至少 1 名评估专家需要来自国外。④评估专家小组对高校的质量保证体系进行评估和鉴定。他们参照的标准是由认证委员会所确定的专业认证和体系认证地规则。根据这一规则，评估专家小组需要进行两次实地考察，对整个专业以及某些专业特征进行抽样考察。⑤评估专家小组在完成实地考察之后会撰写一个鉴定报告，并提出是否通过认证的建议。⑥认证代理机构的认证委员会根据这份鉴定报告以及高校对这一鉴定报告的意见做出是否给予认证的决定。这里只有通过或不通过两种可能，没有附加条件地通过认证。①

目前，在德国实施的认证除了上述常规形式之外，还有一些特殊的认证形式，如聚类认证（Clusterakkreditierung）和过程认证（Prozessakkreditierung）。此外，除了由认证机构来进行专业的认证之外，德国科学委员会（Wissenschaftsrat）也从事特定的机构性认证。比如，德国的私立高校就是由科学委员会来认证的。

（三）目标协定

目标协定（Zielvereinbarung）是规划、调控和协调大学发展的一个工具和方法。通过目标协定，可以在质量保证和质量发展过程中实现责任的明晰化。在目标协定的过程中，协定的双方会就改进和发展某个工作单位（高校或者院系）的工作策略进行谈判。双方会约定好实施发展策略的措施以及确定评价其实现与否的标准。接下来，双方会就职责分配和资源投入进行讨论，并做出约定。

目标协定可以在不同的层面开展：既可以是在国家和大学之间（作为高校结构规划的调控工具和促进大学之间竞争的方法），也可以在大学领导层与院系之间或者是在一个组织单位的内部之间，如专业领域和管理领域之间。

2005 年，德国高校校长联席会议就目标协定的操作提出了几个基本原则。其中一个重要原则是，协定目标的实现与否应该明确和奖惩机制挂钩，如果某个单位实现不了协定的目标，便应该受到惩罚，而实现了协定目标的单位，

---

① Akkreditierungsrat，"Funktionsweise des Systems"，http：//www. akkreditierungsrat. de/index. php？id＝23&L＝1％27，2020-09-18.

则应相应地得到奖励。

(四)教学报告

德国各联邦州的法律均规定了高等学校有向社会公众通报其工作成绩的义务。各高校为履行这一义务，需将自己的工作成绩写入一个教学报告并发表。教学报告既包括一些相关的统计数据（如学生入学及毕业人数等），也包括描述性的分析和介绍。为了避免教学报告内容冗长和便于公众理解与接受，高校校长联席会议建议，教学报告结构要清晰，而且最好不要超过 15 页。

教学报告在高等教育质量保证方面可以与内部评估、外部评估以及专业认证结合使用，但它还不是一种独立使用的质量保证工具。

(五)课程评价

课程评价指的是学生对课程的质量进行评价，包括课程的结构、教学法和实施情况。课程评价采用的方式通常是问卷调查。为了改善教学质量，学生和教师应该就课程评价的结果进行沟通。通过沟通，教师就可以了解到"好"的教学在学生眼里看来应该是什么样子，并在此后做出相应的改善。一般来说，课程评价最好是在一个学期的后 1/3 时开展。这样，评价的结果就可以在学期结束前沟通，改进方法也可以在该学期课程结束之前就得到贯彻实施。

(六)高校排名

高校排名可以让人们对各个大学做出一个比较直观的相对性的比较。因此，它也成为人们了解和判断一所学校教学质量和科研质量的一个重要的信息来源。在德国，由高校发展中心（Centrum für Hochschulentwicklung，CHE）所做的高校排名最为著名，它所采用的评价维度和指标体系也最为详细和完备。它可以提供有关各高校和各专业的教学、科研、学习条件，以及学生评价和教授们对各专业学术声望的评价等质量信息。除了大学新生之外，各州的部委及各高校也都将高校排名当作重要的有关高等教育质量的信息。因此，高校排名也被视为高等教育质量保证的一个手段。

除了上述专门适用于高等教育领域的质量评价和保证机制之外，很多来自我们所熟知的经济领域的质量管理机制也被引入高等教育领域，比如，基准比较（Benchmarking）、均衡目标体系（Balanced Scorecard）、DIN EN ISO 9000ff. 质量规范体系、整体质量管理（Total Quality Management）、欧洲质量管理基金会（European Foundation for Quality Management，EFQM）的质量保证模式（EFQM-Modell）等。不过，高等教育质量管理对这些来自经济领域的质量管理机制的借鉴不能一对一地进行，尚需结合高等教育机构的组织特点加以调整方可使用。

第三节　德国高等教育发展中公平与效率的协调发展

正如前文所述，高等教育公平和效率之间的关系既有统一，也有矛盾。说两者统一，是因为高等教育公平有助于调动教育者和受教育者的积极性，带来更好的效率；而效率的提高有助于更好地实现教育公平的目标（如创造更多的入学机会）。说两者矛盾，是因为在现实中，特别是在资源有限的情况下，教育决策者有时面临着在两者之间做出优先选择的问题，因此出现相互冲突的问题。例如，在教育资源有限的条件下，是优先发展重点大学、重点学科，加快高等学校学术水平的提高，在科学上赶上世界先进水平，培养一批高科技高质量专门人才，然后带动全国高等教育水平的提高，还是把有限的教育资源平均分配给全国高校，或者着重薄弱高校的投入，缩小高校之间的差距？也就是说，在资源有限的条件下，公平与效率的矛盾是现实存在的：提高效率会影响到公平，维护公平就要牺牲效率。① 中国在面对资源不足的情况下，选择了"效率优先，兼顾公平"的原则，例如，重点建设高水平大学的"211工程"和"985工程"。

德国和中国面临的问题有所不同。德国高校在高校资源配置方面一直是注重平衡的，因此，德国大学在很长一段时间内都被认为是均质的。从大学的学术声望和教育质量等方面来看，德国一直以来都没有重点大学和普通大学之间的水平或者说等级区分。而且，无论是政府部门还是有关学者都将德国大学的水平相等、发展均衡视为德国高等教育体制的一个特色。例如，泰西勒教授（Ulrich Teichler）将均质性视为德国高等教育体系的一个核心结构特征。原因主要有以下五点：第一，德国的大学有着相同的法律身份和地位，如综合性大学全部具有博士学位和教授资格授予权。第二，各州政府对大学

---

① 潘懋元：《公平与效率：高等教育决策的依据》，载《北京大学教育评论》，2003(1)。

的财政支持基本均衡，资源配置额度与其办学任务和学校规模相适应。第三，德国大学有禁止直接把在本校获得博士学位和教授资格者聘为本校教授的规定（Hausberufungsverbot），所有在某个大学获得博士学位和教授资格的人，都必须去其他学校应聘教授岗位，而不许直接被本校聘为教授。这一规定促进了教授在全国范围内的流动，保证了师资质量方面的公平。第四，德国学生获得的高校入学资格可以让他们进入全国任何一所高校学习，德国各类高校所颁发的同类文凭或学位（如学士学位）是等价的。这些规定的前提和基础也是高校的均质性。第五，德国学生习惯上选择在家庭所在地附近的大学就读，这既是德国大学均质性的证明，同时也保证了德国大学在生源方面的均衡性。①

近年来，德国政府觉得德国大学虽然整体质量很好，但是缺少在国际上具有"灯塔"地位的大学。形象地说，德国政府认为缺少德国的"哈佛大学"。为此，德国政府采取了多种措施，重点提升少数大学的科研实力和国际知名度。其中，最重要的措施莫过于2005年提出、经历众多争议但一直延续至今的"卓越计划"（Exzellenzinitiative）②。

2005年6月23日，联邦政府和各州政府决定共同实施卓越计划。这是一项旨在提高德国大学的尖端科研水平以及科研后备人才培养水平的高等教育政策。卓越计划的主要内容是政府通过额外出资，重点资助一批严格按照学术标准筛选出来的高水平的大学科研机构及科研项目，提高其国际竞争力和知名度。

卓越计划原本计划重点资助10所大学，打造德国的"精英大学"（Eliteuniversitäten）。因此，中国有人形象地将此计划称作"世界一流大学建设的德国模式"③。不过，这一计划公布后引发了舆论界的广泛批评。一来，人们不能接受"精英"这一概念，因为它让人联想到特权和排他性，有悖于德国重视教育机会公平与均等的理念。二来，基于均衡发展的传统，人们不能

---

① 孙进：《由均质转向分化？——德国高等教育的发展趋向分析》，载《比较教育研究》，2013(8)。
② 此德文概念直译应该是"卓越创议"，本书借用了国内习惯采用的意译。
③ 张帆：《卓越计划——世界一流大学建设的德国模式》，载《大学(研究与评价)》，2008(2)。

接受将资助仅仅给予少数高校的计划。① 作为妥协，该计划最终采用了"卓越"的概念，同时为了扩大资助范围，设计出三条不同的资助线。(1)博士生院：资助优秀的、结构化的博士生培养项目，培养科研后备人才。(2)卓越团队：主要是支持大学、科研机构从事跨机构的、跨学科的、具有世界一流水平的科研活动，重点促进大学与校外科研机构、应用科学大学以及经济界的合作。(3)发展大学尖端科研的未来方案：未来方案指的是大学针对自己未来发展所做的长期的、总体性的战略规划。相关申请只有在大学至少有一个博士生院和一个卓越团队获得资助的情况下才有资格提出。②

卓越计划最初确定的执行期为 5 年(2006 年 7 月—2011 年 12 月)，共投入资金 19 亿欧元。在这一阶段，卓越计划分别于 2005—2006 年和 2006—2007 年实施了两轮评选，先后共有 39 个博士生院、37 个卓越团队、9 所大学的未来方案得到资助。2009 年，德国联邦总理和各州州长决定继续实施卓越计划。第二阶段的执行期限仍为 5 年(2012—2017)，共投入资金 27 亿欧元。第二轮评选的结果于 2012 年 6 月 15 日揭晓。这次共有 45 个博士生院、43 个卓越团队、11 所大学的未来方案得到资助。③基于 2016 年联邦和各州政府的共同决定，第三轮卓越计划更名为"卓越战略"(Exzellenzstrategie)，将资助重点集中在卓越团队和卓越大学两条线上。经过长时间的讨论，新的"卓越战略"评选结果分别于 2018 年 9 月 27 日和 2019 年 7 月 19 日公布，57 个卓越团队和 11 所大学(或联盟)得到资助，资助期达 7 年。④

卓越计划/卓越战略有望进一步促进德国高校的竞争和分化。获得资助的那些高校得到了额外的科研资金，竞争优势更为突出。那些在大学未来发展方案方面胜出的大学更是被公共媒体冠以"精英大学"的称号。⑤ 除了额外的科研资金之外，获得这一称号的大学更有可能在获取优秀的学生和教授方面占据竞争优势。

综上所述，追求公平和效率是各国高等教育决策者共同的目标。不过，

---

① Nadine Merkator und Ulrich Teichler, *Strukturwandel des tertiären Bildungssystems*, Düsseldorf, Hans-Böckler-Stiftung, 2010, S. 47.

②③④ DFG, "Exzellenzinitiative des Bundes und der Länder(2005—2017/2019)," https://www.dfg.de/foerderung/programme/exzellenzinitiative/, 2020-06-09.

⑤ 使用这一称号其实并不恰当，因为这里只是对其未来发展方案的认可，并不直接反映其现有的质量水平。此外，精英大学所录取的均是成绩非常突出的学生，而德国的这些大学却没有完全自由筛选学生的权力。

鉴于各国的国情不同，各国所选择的发展路径也有所不同。我国面临资源不足的问题，不得不集中优势资源发展少数重点大学，选择了"效率优先、兼顾公平"的发展道路。而德国则由于高等教育发展长期比较均衡，因此选择了一种与我国相反的方式来促进公平和效率的协调发展，即在公平的基础上提升效率，在保证高等教育均衡发展的基础上推行卓越计划，重点促进少数大学和科研机构脱颖而出，并通过设计不同的资助路线，让尽量多的大学和科研机构受益。

第六章 俄罗斯高等教育发展中的公平与效率

　　与其他欧洲国家相比，俄罗斯高等教育起步较晚。俄罗斯的第一所高等学校是建于 1632 年的基辅莫吉廖夫学院（Киево-Могилянская Академия），是仿照西欧教会大学模式建立的学院。该学院的建立也为此后俄罗斯高等学校的建立提供了榜样。1755 年，在罗蒙诺索夫（Михаил Васильевич Ломоносов）的积极倡导下，俄罗斯建立了莫斯科大学（Москоовский государственный университет имени М. В. Ломоносова）。该大学成为俄罗斯的最高学府和世界知名大学，为国内外培养出许多优秀人才，推动了俄罗斯高等教育的发展。俄罗斯高等教育经过一百多年的发展，到 20 世纪已经初具规模，在高等工业教育、高等医学教育、高等法学教育、高等艺术教育等方面都有所发展，基本形成了完整的高等教育体系。十月革命胜利后，苏联政府十分重视高等教育的发展，对高等教育进行了一系列的改革。经过大约 70 年的变革，苏联建立起以本科教育为核心、研究生教育为主导，多类型、多形式，有计划、按比例发展的高等教育体系。1991 年苏联解体后，俄罗斯继承苏联的大部分遗产，俄罗斯社会各领域经历了剧烈的震荡和变革。俄罗斯从计划经济向市场经济过渡，要求高等教育随着形势发展和市场变化不断进行改革。1992 年，俄罗斯颁布教育领域第一大法——《俄罗斯联邦教育法》（Закон об образовании РФ，以下简称《教育法》）。该法重新划分教育体系，将教育分为普通教育和职业教育两大范畴，高等教育被纳入职业教育大纲，从法律上确定了高等教育的范畴为"职业性的"。因此，本章中所指的高等教育即俄罗斯高等职业教育。本章中所指的俄罗大学后职业教育即为俄罗斯研究生教育。需要特别指出的是，俄罗斯研究生教育从副博士阶段开始，包括副博士和博士两级学位，并不包括硕士。

追求高等教育公平是达成社会公平的重要途径，追求高等教育效率是推动高等教育发展的保障。俄罗斯在追求高等教育公平与效率方面做出了很多积极的努力，颁布了很多政策措施。但公平和效率也是高等教育发展中的一对矛盾，既要实现教育公平，又要提高效率，那么就需要在公平与效率之间寻找平衡点，不断达成公平与效率的协调发展。为此，俄罗斯政府发展公平与效率兼顾的多元化高等教育形式；完善从高校认证、效率追踪到教育质量评价在内的高等教育质量监控体系；从教育外部入手，兼顾教育与政府的关系，以教育内部发展为核心，建立健全高等教育外部保障机制和高校内部管理机制。

第一节　俄罗斯高等教育发展中的公平

在俄罗斯现代社会中，高等教育被视作保持社会稳定的重要渠道。教育领域的公平被视作社会公平的重要表现之一。保障教育公平被写进俄罗斯宪法，这不仅表明国家对公民受教育权的态度，而且表明公民本身对教育权公平的重视与期待。俄罗斯重视高等教育发展中的公平性，并为此采取积极的措施，但仍有障碍制约公平的实现。

一、俄罗斯实现高等教育公平的精神诉求和现实诉求

（一）实现民主社会自由平等的精神诉求

教育权和生存权是人的基本权利，任何一个国家、社会都将人的基本权利的实现视为现代文明的标志。高等教育是国家高级人才培养的重要摇篮，肩负着提高国家科技竞争力、实现国家经济文化发展的重任。一个国家高等教育的受教育人数和质量表明一个国家的文明、民主程度。现代民主社会，各国都将教育的公平看成社会公平的起点，高等教育公平是实现民主社会自由平等精神的基础。

俄罗斯高等教育公平是俄罗斯教育公平的重要组成部分，也是俄罗斯社会公平的重要体现。俄罗斯在宪法和《教育法》中明确指出要保障俄罗斯公民

平等接受教育，不受性别、居住地、民族、宗教等情况限制。俄罗斯公民有权在竞试的基础上免费接受首次高等教育。追求教育公平首先是实现俄罗斯公民接受高等教育权利的平等，其次是实现俄罗斯公民接受高等教育机会的平等，进而实现社会公平。

（二）高等教育不公平的现实

在俄罗斯高等教育发展中还存在一些障碍，影响高等教育平等权利的实现。长此以往，不但影响高等教育的发展，而且不利于社会的稳定发展。这些障碍主要表现在以下方面。

1. 男女大学生性别不平等

在高等教育可获得性方面，俄罗斯男性与女性之间没有实质性的差异，但却存在男女大学生性别的不平等，这意味着男女接受高等教育的不平等。进入 21 世纪之后，高等教育系统中女性的数量在增长。1993—1994 学年女大学生为 134.7 万人，2000—2001 学年为 268.6 万人，2009—2010 学年为 425.4 万人，2012—2013 学年为 335.6 万人，分别占学生总数的 51.34%，56.7%，57.3%，55.2%。2005—2006 学年初期，女大学生占所有大学生的比例达到 58%。[1] 造成这种现象的原因有人口结构，但另外一个更重要的原因是服兵役。俄罗斯规定，年龄在 18～27 岁的男性公民均须服义务兵役。义务兵的服役期限为 24 个月，具有高等学历者的服役期为 12 个月。因此，与女性相比，适龄男性因为服兵役减少了上大学的机会；同时，一些在读大学生服兵役也减少了男性在大学学生总数中所占的比例。

2. 高等教育地区发展不平衡

根据 2000 年数据统计，俄罗斯各地区间大学生分布差异显著，最高达到 8 倍以上。莫斯科每万名居民中大学生数为 704 人，为俄罗斯联邦平均水平的 2.76 倍；圣彼得堡 610 人，为俄罗斯联邦平均水平的 2.39 倍；萨哈林地区为 89 人，为俄罗斯联邦平均水平的 0.35%；印古什共和国 84 人，仅为俄罗斯联邦平均水平的 0.33%。[2]

---

① Федеральная служба государственной статистики, Российский статистический ежегодник, Москва, ИИЦ《Статистика России》, 2014, p.135.

② 李莉：《社会转型时期高等教育公平问题研究——来自俄罗斯的经验》，载《清华大学教育研究》，2007(4)。

俄罗斯高等教育地区发展不平衡现象比较严重,高等教育机构主要集中于中央联邦区和伏尔加联邦区(见表 6-1)。中央联邦区和伏尔加联邦区的高等教育机构 2005 年、2006 年、2007 年分别占全联邦高等教育机构总数的 48.8%,48.9% 和 44.1%。由于高等教育机构集中于莫斯科和圣彼得堡,因此,莫斯科大学和圣彼得堡大学也被称为"莫斯科人的大学"和"圣彼得堡人的大学"。其他边远地区的学生进入高等教育机构的机会就相对较少,因而出现接受高等教育机会不均等的问题。

表 6-1 俄罗斯高等教育机构各地区分布数据图   单位:所

地 区	2001—2002 年	2002—2003 年	2003—2004 年	2004—2005 年	2005—2006 年	2006—2007 年	2007—2008 年
全俄罗斯联邦	914	939	965	1 008	1 039	1 046	2 521
中央联邦区	305	310	321	343	347	339	642
西北联邦区	111	120	119	131	136	130	288
南联邦区	134	138	144	141	146	159	453
伏尔加联邦区	148	147	151	154	160	172	469
乌拉尔联邦区	63	66	68	74	75	78	224
西伯利亚联邦区	104	110	111	110	115	114	299
远东联邦区	49	48	51	51	60	54	146

资料来源:根据俄罗斯国家统计署网站 http://stat.edu.ru/的数据整理而成。

3. 社会分层的不平等

是否有机会接受高等教育还取决于应届毕业生的社会出身,而且这一点很重要。社会学研究表明,近年来俄罗斯大学生数量的增长并没有引起社会成分充足的变化,尽管具有一定的多样化。总体上,接受高等教育的学生更多的是来自城市的、受过教育的、物质上有保障的、双亲完整的家庭。

有关学者对国立和市属大学中四年级大学生的家庭出身进行调查,得到的数据如表 6-2 所示:38.0% 的大学生来自具有高学历的专家家庭,表明知识分子自我产出的程度很高;领导和具有一定物质财富的企业主占学生家长群体的 27.6%,居第二位;随后是具有中等学历水平的职员群体,占 24.0%;

只有 7.8% 的大学生来自工人和农民家庭。①

表 6-2　俄罗斯四年级大学生家庭出身　　　　单位：%

父母的社会职业	占比
领导（厂长、总工程师、部门领导）	19.8
企业主	7.8
不当领导但具有高学历的专家（大学教师、医生和工程师）	38.0
具有中等学历的职员	24.0
工人和农民	7.8
退休和无业人员	2.6
共计	100

资料来源：Д. Л. Константиновский，Г. А. Чередниченко，Е. Д. Вознесенская. Российский студент сегодня：учеба плюс работа. М.：Изд-во ЦСП，2002，26.

这组数据表明，近一半的在校大学生的父母具有高等教育文凭。父母为专家或者企业部门领导的学生占 57.8%，有 1/4 的学生的母亲在科学、教育和卫生领域工作。更值得注意的是，在校大学生中很少有孩子来自单亲家庭，只有 8%；很少有来自工人和农民家庭的孩子接受高等教育。可见，社会分层的不平等传递到大学生群体身上。这其中的原因既有可获得性问题，也有接受高等教育的动力问题，父母在这种动力的形成中起着重要的作用。

4. 文化资本差异

在确定是否接受高等教育时，文化资本的作用同样很关键，高学历也是父母文化资本的一个重要指标。有关大学生父母学历的调查研究显示，超过一半的父母具有高学历；1/3 以上的父母具有中等专业或技术学历。其他类似的研究指标也说明，大部分大学生的出身都与教育环境有关，父母高学历具有无可争议的价值。

无论孩子在什么样的学校学习，家庭的文化资源对其是否决定接受高等教育都有着非常重要的影响。父母学历高的孩子比父母学历低的孩子更容易在升入大学前积累更多的教育资源。孩子在中学时补课的相关资料也能证明这一观点，出身低学历家庭的孩子除了学校必须上的课程之外就不再补课的

---

① Д. Л. Константиновский，Г. А. Чередниченко，Е. Д. Вознесенская，Российский студент сегодня：учеба плюс работа，М.：Изд-во ЦСП，2002，26.

占 69.9％，比补课的孩子高出 2 倍。不同学历背景的家庭不同程度地给孩子补课。学习预备课程的孩子 37.4％来自高学历家庭，21.2％来自低学历家庭；参加辅导的孩子 24.5％来自高学历家庭，只有 9.1％来自低学历家庭。[①]

5. 生源地差异

地区因素也是影响高等教育可获性的重要因素。尽管程度不同，但农村居民总体上处于非常不利的状况。与那些居住在离城区很远的孩子相比较，来自城区中心和距离城市不远的农村孩子有更多的机会到联邦主体首府继续接受教育。对中心城市的居民来说，其高等教育可获得性比农村的居民高 1.7 倍，城市中学毕业生进入大学的机会比农村中学毕业生高 1.14 倍。[②]同时，很多首府大学的门槛比较高，但各地区的中等城市和小城市的新学校和大量的大学分部都为学生敞开了大门。

6. 物质贫富差距

家庭的物质状况也成为影响学生接受高等教育的主要因素。保障孩子能接受高等教育，对俄罗斯家庭来说开销巨大。家庭物质基础和孩子能否接受高等教育之间存在紧密的联系。居民的受教育水平不同，教育消费观也具有明显差异。资料显示，截然相反的收入群体对教育的投资差别巨大，相差 16 倍。[③]因此，消费差异与高等教育费用紧密相连。那些准备让孩子接受高等教育的家庭就会为此付出大笔资金。在向有偿教育转变的过程中，来自低收入家庭的孩子更处于劣势，对他们来说，接受高等教育的概率无论在数量上还是质量上都非常低。根据社会问卷调查，受访者放弃高等教育是因为想工作帮助家里，或缺少足够的物质基础，没办法支付备考、交通以及进入高校学习的费用。

因此，在现代俄罗斯，除了社会出身、家庭文化资本、中学教学质量，应届中学毕业生的家庭物质状况、中学毕业生的居住地等都成为高等教育可获得性的影响因素。同时也需要指出，任何障碍因素中的一个单独拿出来，都不能就是否接受高等教育起决定性作用。但是，这些因素综合在一起之后会产生累加的效果。这些因素综合在一起，就会对一部分中学毕业生产生主观和客观的影响，致使他们不想也没有动力接受高等教育。

7. 市场化带来教育高消费

苏联解体之后，俄罗斯高等教育面向市场经济，出现有偿教育服务，大

①②③　М. В. Ларионова. Аналитический доклад по высшему образованию в Российской Федерации，Москва，Издательский дом ГУ ВШЭ，2007，168，165，166.

批私立高等教育机构涌现。在日益严重的社会两极化和收入不平等的背景下，俄罗斯在高等教育领域大力发展有偿服务和非国立教育。这一举措为社会各阶层接受高等教育提供了多种机会。一方面，俄罗斯高等教育发展的大量指标都显示，高等教育普及率提高了。有偿教育服务扩大了一些中等收入和高收入家庭的孩子进入大学学习的机会；另一方面，尽管大学招生的指标总数有所扩大，但有偿教育服务也间接导致学生在获得有偿高等教育时出现经济上捉襟见肘的情况。2005 年俄罗斯高等经济大学的一项调查资料表明，在大学里，有偿教育服务总的费用比同类的免费教育高出很多倍，例如，有偿教育总费用一年 2.57 万卢布，免费教育的总费用为 0.62 万卢布。[1] 在总费用中，除了官方学费（明的费用），还有"灰色"（未支付到学校的教育支出，如补课费等）费用和"黑色"（腐败）费用。有偿教育的官方学费比免费教育的官方学费高，但有偿教育的"灰色"费用和"黑色"费用比免费教育的"灰色"费用和"黑色"费用低。[2]

这些矛盾引起教育政策制定者们激烈的辩论，因此，出现针对高等教育机会公平的批评声绝非偶然。这些批评之声主要源于高等教育可获得性的不断分层和日益加深的教育不公平。

二、俄罗斯促进高等教育公平的政策安排

为实现高等教育公平进而达成社会公平，俄罗斯政府首先从法律法规上重视教育公平；其次针对高等教育不公平现象，通过采取扩大入学机会、消除地区差异等措施促进高等教育的社会公平，并通过经济上的奖励和扶持政策达到高等教育经济公平。

(一)促进高等教育公平的法律基础

俄罗斯国家基本法律文件一再强调高等教育机会平等，这凸显了俄罗斯教育的基本职能和重要作用。1992 年的《教育法》规定，国家有义务保障公民在竞试基础上免费接受高等教育。为实现公民平等的受教育权，对于需要社会救济的公民，俄罗斯国家全部或部分地负担公民在受教育期间的供养费，并为一些发育不全的公民提供特殊教育。凡是国家认证的高等教育机构，无

---

[1][2]　М. В. Ларионова，Аналитический доклад по высшему образованию в Российской Федерации，Москва，Издательский дом ГУ ВШЭ，2007，170.

论其法律性质如何，其本科毕业生都有同等权利继续接受硕士和副博士及博士教育。

1993 年 6 月颁布的《高等职业教育机构标准条例》(*Типовое положение об образовательном учреждении высшего профессионального образования*)明确规定，高等学校具有法人地位，是实施高等职业教育范围内各种职业教育大纲的教育机构。该文件再次重申俄罗斯公民有权在竞试的基础上免费接受高等职业教育。对于通过终结性考核的学生，学校颁发由联邦国家管理机关认证的高等教育文凭。1996 年《俄罗斯高等和大学后职业教育法》(*Федеральный закон О высшем и послевузовском профессиональном образовании* ，以下简称《高教法》)颁布，2004 年做出相应修改，2013 年起主要内容并入《教育法》。《高教法》规定，凡是在大学就读的大学生属于一级或二级残疾、孤儿、贫困者，国家会资助其完成学业，并增加其助学金额。大学生有权在被高校开除 5 年之后，按自己意愿，根据正当理由，继续在高校学习。2013 年新修订的《教育法》也规定，俄罗斯保障公民在竞试的基础上有权接受免费的首次高等教育。

上述各类法律法规都表明，俄罗斯公民无论性别、民族和宗教信仰如何，在接受高等教育的权利方面是平等的，其中包括高校准入性的平等，也包括接受高等教育过程中各种权利的平等。俄罗斯从基本大法到具体高等教育法规，都重视高等教育公平问题。

(二)扩大高等教育入学机会政策

苏联时期的教育领域的重要法令《苏联和各加盟共和国教育立法纲要》(*О сновы законодательства Союза ССР и союзных республик о народном образовании*)中的国民教育基本原则规定：一切教学教育机构均为国立和公立性质。苏联时期，一切教育机构均为社会主义国家所有，其创办者均为中央和地方政府，同归属国民教育国家管理机关和其他国家机关管辖。

在苏联解体之后，1992 年的《教育法》规定，教育机构的创办者可以是：国家政权管理机构和地方自治机构；本国、外国和境外的企业，各种所有制形式的机构及其所属的团体和协会；本国、外国和境外的各种社会和个人基金会；在俄罗斯联邦境内注册的各种社会宗教组织；俄罗斯联邦及其他国家的公民；此外还允许联合创办教育机构。这标志着国家已经不是举办教育的唯一主体，社会和个人也有权利办学。这一条款的实行，调动了社会和个人办学的积极性，私立教育机构如雨后春笋般涌现。

根据办学主体的不同，俄罗斯教育机构大致分为三种类型：国立（联邦）、地方（共和国和地区）、非国立（私立）。同时，为公平起见，《教育法》赋予非国立教育机构与国立的、地方教育机构很多相同的权利和责任。无论是国立、地方的还是非国立的教育机构的创办，都需要经过教育管理机关的审批，都需要通过国家认证才能确定其合法地位。非国立教育机构的非经营性活动一律免予征税；非国立教育机构获得国家认可之后，有权领取国家或地方拨款，拨款的标准不低于所在地区或地方教育机构的投入标准。

这些优惠条件大大促进了非国立教育的蓬勃发展，各地区的私立学校风起云涌，尤其是非国立高等学校数量剧增。1993 年私立高校 78 所，在校生数为 6.99 万人；1994 年私立高校猛增到 157 所，在校生数达到 11.05 万人；1995 年私立学校继续增加，达到 193 所，在校生数为 13.55 万人；1996 年私立高校增加到 244 所，在校生数达到 16.252 万人。1994 年较 1993 年就增长 2 倍之多，之后增加速度放慢。进入 21 世纪之后，非国立高等学校数量总体上呈上升趋势。2000 年私立高校 358 所，学生 47.1 万人；2009 年私立高校 452 所，学生 128.3 万人；2014 年私立高校 391 所，学生 88.5 万人；2015—2016 学年私立高校 366 所，学生 70.51 万人；2018—2019 学年私立高校下降为 245 所，但仍占全俄高等教育机构总量的 33%。[①] 在政府及教育管理部门的有序管理下，俄罗斯私立高等教育走上了规范发展的道路，教育质量得到了有效保障。

办学体制改革打破了国家垄断教育的格局，私立高等教育机构数量快速增长，为俄罗斯公民增加了进入大学的学习机会，高等教育可获得性大大提高。

(三)经济奖励和补偿政策

1. 奖学金和助学金政策

为减轻高等教育费用给俄罗斯家庭带来的经济负担，让家庭贫困的大学生能够接受高等教育，俄罗斯政府通过国家（市属）学术奖学金支持大学生，奖学金基本水平在 600 卢布左右。同时，各种专门的奖学金、补助、福利的数量都在增加，其具体数额也因大学不同而有差异。在各大学内部，具体数额由大学生的学习成绩来确定。大学独立分配学术奖学金和社会资助基金。大学可以有针对性、有差异地支持大学生。社会资助基金按照一定程序，指

---

① Высшая школа экономики，Образование в цифрах 2019，Москва，Национальный исследовательский университет《Высшая школа экономики》，2019，39.

定发放给以下大学生：孤儿和没有父母照顾的学生；残疾人；受切尔诺贝利事故和其他放射性灾害影响的学生；在战争中受伤的残疾人和退伍军人。

需要社会援助的大学生还可以领到国家或市属的社会基金，数量不少于基本学术奖学金的 50%。如果大学生在学习和科研活动中表现突出，就可以得到总统和政府奖学金，其数量不断扩大。该奖学金由国家权力机关和地方自治机关创立。原则上，任何一名打算在大学学习的学生都有机会获得宿舍、免费或优惠的车费和免费餐券等。但是，提供这些资助要依靠地方、地区财政预算，也要具体考虑大学的实际能力。至于其他的国家补偿资金，大学生贷款系统没有得到应有的发展。另外，在低收入群体接受高等教育时，一些针对物质资源不公的补偿性措施并没有发挥应有的作用。

2010 年之后，俄罗斯的助学金总额不断增加。2011 年大学助学金总额比前一年增长 9%，2012 年比 2011 年增长 20%。2012 年各大学总共向大学生和研究生拨付助学金 230 亿卢布。2013 年俄罗斯有 170 万人享受公费助学金，总额达 500 亿卢布。① 2018—2019 学年，大学生每月最低助学金达到 1 633 卢布，加上社会助学金，共计 2 453 卢布。②

2. 对社会处境不利群体的资助

《教育法》规定，孤儿和无家长监护的儿童在教育机构里的生活费用和学习费用全部由国家承担；对处境不利大学生进行资助。对于各种被资助的大学生，《教育法》第 5 章规定：为实现公民受教育权平等，需要得到社会资助的公民会获得国家全部或者部分资助，以支持其完成学业。对联邦所属的国家教育机构来说，支持学生的类别、程序和数量都是由联邦法律确定的；对于所属联邦主体的教育机构和市属教育机构来说，资助事宜由联邦法律确定。让社会处境不利群体都能接受高等教育，不是仅仅凭借教育系统就能解决的问题，因此，1995 年俄罗斯通过联邦法令《俄罗斯有关残疾人社会保护的决定》(О социальной защите инвалидов в российской федерации)。该文件要求保障残疾人在社会保障领域的权利，保障残疾人接受高等教育的机会。但在实践中，法律规定与其实施之间仍然存在不小的差距。2016 年，俄罗斯联邦政府对该法令进行补充和调整。该法令特别提出，各级各类教育机构必须为残

---

① 秦璟：《俄罗斯 170 万学生将继续享受公费助学金》，载《世界教育信息》，2013(9)。
② Экономические и финосовые прогнозы，"Стипендия для российских студентов в 2019 году"，https://fin2019.com/cash/stipendiya-v-rossii-2019/，2020-03-26。

疾人及其家长提供相应的教育信息，教育机构为残疾人提供合适的教育大纲。

2000 年之后，招收残疾人进入大学学习的比例有所扩大，同时也扩大了残疾人教育大纲的数量和可选择性。但在教育领域实现一体化模式还比较困难，主要是由于教育机构基础设施不完善，远远不能满足行动不便的残疾人的需要。因此，新建设的宿舍楼都按照标准文件采取相应措施，保障所有的宿舍都能提供无障碍通道。

(四)消除地域差异政策

1. 国家统一考试政策

从苏联时期开始直至 20 世纪 90 年代末，俄罗斯高校的招生考试和中学毕业考试一直采用截然分开的两类考试制度。俄罗斯的中学毕业生先通过本校命题的毕业考试，获得中学毕业文凭，再通过各高校命题的入学考试，才可以进入大学学习。这种考试制度存在明显弊端，因为俄罗斯地域辽阔，边远地区的学生想考入莫斯科大学，就要坐七天七夜的火车来到莫斯科。这样的考试给参加大学招生考试的外地考生带来了巨大的经济压力，有些考生因此放弃进入大学或进入一流大学的学习机会。

为减轻考生的学习压力和经济压力，让更多的学生有机会进入大学接受高等教育，俄罗斯在 2001 年出台了《关于试行国家统一考试的决定》(*Об организации эксперимента по введению единого государственного экзамена*)，确定将中学毕业会考和大学入学考试合并为国家统一考试。考试以笔试为主，通过五分制与百分制间的转换对学生的成绩进行评价。全国的统一考试科目以普通教育标准为准，包括数学、俄语、文学、物理、化学、生物、地理、俄罗斯历史、社会常识、外语等。考试题有选择题、简答题、详答题三大类，其中考试题难易程度不等，既有考核应届生的基础知识题，也有遴选优秀学生的拔高题。

自 2001 年开始实施国家统一考试实验之后，每年参加国家统一考试的地区和人数都在不断增加。2001 年参加国家统一考试实验的俄联邦主体有 5 个，2005 年有 78 个，2007 年有 82 个，考生为 1 145 240 人。2008 年参加国家统一考试的考生为 1 063 829 人。[①] 2009 年之后，国家统一考试在全俄境内实施。

---

① Федеральная служба государственной статистики，"Российский статистический сборник"，http：//stat.edu.ru/，2020-02-18.

国家统一考试避免了考试带给学生的经济窘境和地域不公平，无论是城市里的学生还是偏远地区的学生、乡村和贫穷家庭的学生，都可以直接在所在地进行国家统一考试，不必跋涉千里，到外地参加入学考试。更多的中学毕业生有机会进入大学学习，成绩优异者也可进入全俄罗斯最好的高校学习。

2. 远程教育

俄罗斯另一个消除社会和地域不平等的机制就是发展远程教育。顺应信息时代发展需求，俄罗斯于 2001 年颁布《"发展统一的教育信息环境（2001—2005 年）"联邦专项纲要》[*Федеральная целевая программа "Развитие единой образовательной информационной среды （2001—2005 годы ）"*]和《"电子俄罗斯（2002—2010 年）"联 邦 专 项 纲 要 》[*Федеральная целевая программа "Электронная Россия （2002—2010 годы ）"*]，促进俄罗斯教育信息化的发展。2005 年教育科学部颁布《关 于 应 用 远 程 教 育 技 术 》(Об использовании дистанционных образовательных технологий)，规划俄罗斯远程教育的发展。2013 年新修订的《教育法》颁布实施，其中第 2 章第 16 条"利用电子教学手段实施教育大纲"专门对远程教育进行了权威的界定，即远程教育技术是学生与教师之间间接或不完全间接地应用信息和通信技术的教育技术。

莫 斯 科 国 立 经 济 统 计 信 息 大 学（ Московский государственнный университет экономики статистики и информатики)在远程教育领域扮演着重要角色。2007 年，这所大学的远程教育学院已经联网联邦主体和国外 280 多个教育机构。截至 2013 年，世界各地有 5 万名以上大学生接受该校在线教育。① 另一个榜样就是专门提供远程服务的俄罗斯私立高等教育机构现代人文学院(Современная гуманитарная академия)。该校在俄罗斯建立了广泛的远程学习网络，在教育过程中开发并成功运用创新的教学法以及使用智能机器人进行教学。截至 2017 年，该校已经向 30 万以上毕业生颁发了毕业文凭。②远程教育已经成为俄罗斯实施教育活动比较普及的手段之一。通过远程教育，任何人无论身在何处，只要有网络和掌握远程教育技术，都可以不受限制地

---

① Московский государственнный университет экономики статистики и информатики, " Методы и средства дистанционного обучения. Роль Московского государственного университета экономики, статистики и информатики в развитии дистанционного образования в России", https://www. bibliofond. ru/view. aspx?id=652301, 2020-04-08.

② Современная гуманитарная академия, "История СГА", https://muh. ru/history, 2020-03-09.

接受高等教育，地域差异所带来的高等教育可获得性不公平情况有所改善。

国家统一考试和远程教育的实施，为俄罗斯边远地区的学生创造了更多接受高等教育的机会。2017 年莫斯科每万名居民中大学生人数为全国平均水平的 1.97 倍，圣彼得堡每万名居民中大学生人数为全国平均水平的 1.89 倍。而地处边远的印古什共和国每万名居民中大学生人数上升到全国平均水平的 0.54%，萨哈林地区每万名居民中大学生人数上升到全国平均水平的 0.49%。[①] 莫斯科和圣彼得堡等大城市的每万名居民中大学生人数占全国平均水平的比例开始下降，而边远地区每万名居民中大学生的人数占全国平均水平的比例上升。俄罗斯解决高等教育区域不平衡的政策逐渐发挥效应。

（五）消除男、女大学生性别不平等的兵役政策

2006 年，普京签署了《有关缩短服兵役期限的某些立法的变更》（*О внесении изменений в отдельные законодательные акты Российской Федерации в связи с сокращением срока военной службы*）。文件规定从 2008 年 1 月开始缩短服兵役期限，改为一年，同时也要减少因为服兵役而耽误上大学的人员数量。根据 2013 年《教育法》和《联邦军人地位法》（*Федеральный закон "О статусе военнослужащих"*）的规定，某些军人可以不参加入学考试，在非竞试的基础上进入大学学习。其中包括在车臣共和国民族武装冲突中完成任务的军人以及被派往北高加索武装冲突地区的军人。这些措施对大学中男女生性别差异过大有所缓解。2014—2015 学年，女性大学生占大学生总数的比例下降到 53.9%，2015—2016 学年下降到 53.4%[②]，比 2005—2006 学年的 58% 下降了约 5 个百分点。

除上述政策外，俄罗斯在招生方面采用单独招生和目标招生等办法扩大高等教育的可获得性。另外，在接受高等教育权利方面，俄罗斯不存在种族限制和特权。根据教育机会平等标准，如果与经合组织成员国相比，俄罗斯居于经合组织成员国前列，2007 年具有高等教育和大学后教育文凭的人数占

---

① Яндекс，"Численность студентов，обучающихся по образовательным программам высшего образования-программам бакалавриата，специалитета，магистратуры，на 10000 человек населения"，http://www.gks.ru/free_doc/new_site/business/it/mon-sub/1.1.2.xls，2020-01-16.

② Высшая школа экономики，Образование в цифрах 2017，Москва，Национальный исследовательский университет《Высшая школа экономики》，2017，40.

25～64 岁居民总数的 21%。① 据俄罗斯国家统计资料显示，2017 年俄罗斯境内具有高等教育文凭的人数占 25～64 岁居民总数的 30.2%，占 25～34 岁居民总数的 40.3%。②

第二节　俄罗斯高等教育发展中的效率

教育是个人和整个社会发展的基础，因而备受政府和公众的关注。教育是人类、社会和国家活动的特殊领域，其不仅是个体、社会和国家发展的来源和调节者，而且也是形成一辈辈人力资源的协调员，保存重要的精神、创新、文化珍宝，并将这些珍宝一辈一辈地传承下去。教育是社会再生产的重要机构，也是最重要的社会机构。高等教育效率在当今社会具有非常现实的意义。高等教育的效率在形成国家的智力潜力和科研潜力，满足人们、国民经济多层次需求和社会发展要求方面作用巨大。俄罗斯高等教育效率问题一直受到俄罗斯总统、政府、教育科学部、所有科研团体的关注，该问题也被写入《教育法》、国家杜马文件、联邦政府文件、各级机构文件、科学研究资料、教学科研文献中。

一、俄罗斯追求高等教育效率的政策依据和现实要求

在苏联解体之后，俄罗斯进入市场经济轨道，经济体制的变化也给俄罗斯高等教育带来巨大冲击。在自由市场经济背景下，俄罗斯高等教育已经无法应对瞬息万变的国家经济状况和日渐增长的社会公共利益。一方面，俄罗斯高等教育效率低下已经成为高等教育和国家经济发展的障碍，提高效率已成为高等教育发展的现实需求；另一方面，俄罗斯认识到没有高技能人才的国家不能有效发展，高等教育效率的提高也是高等教育持续发展的长远目标。

(一)提高高等教育效率的政策依据

提高高等教育效率一直是各国高等教育管理的目标，只有提高高等教育

---

① М. В. Ларионова，Аналитический доклад по высшему образованию в Российской федерации，Москва，Издательский дом ГУ ВШЭ，2007，160.

② Высшая школа экономики，Образование в цифрах 2019，Москва：Национальный исследовательский университет 《Высшая школа экономики》，2019，22.

效率，才能保障高等教育持续发展。高等教育效率不仅关系到个人获得专业知识和技能，获得丰富的文化底蕴和素养，也关系到为社会国家提供人才和智力支持的质量。俄罗斯政府近年来越来越关注高等教育效率，在各类法律法规和重要的政策文件中都提到要提高高等教育管理成效和培养人才的质量。

俄罗斯《高教法》明确指出，为保障高等学校教学的有效性，国家制定高等和大学后职业教育标准，对教学效果进行规范。为保障高校教育质量和管理水平，国家考评局每五年对拥有认证书的高校进行一次考评。这种考评既是对高校基本办学条件和教育质量的考查，也是对高校管理效率的监督。《俄罗斯联邦国民教育要义》(*О национальной доктрине образования в Российской Федерации*)是俄罗斯教育奠基性的国家文件。该文件明确规定教育在国家中的优先发展地位，并制订了 2025 年前俄罗斯的教育发展预期目标，对高等教育人才培养的规格和质量进行规范。该文件指出，教育的任务之一是培养有高度教养的人和有高度技能的专门人才，使之有能力在社会信息化、科学集约化的新工艺技术发展条件下适应职业岗位及职业流动性；国家应将高等学校发展为教育、文化、科学和新技术的中心。《2010 年前俄罗斯教育现代化构想》(*Концепция модернизации российского образования на период до 2010 года*)是俄罗斯 21 世纪初颁布的俄罗斯教育现代化的实施纲要，其中提到要实现高等教育的现代化，为提高高等教育质量创造条件；高等教育必须适应工业各个部门、服务领域、文化、军队、国家公务的需要，建立多层次的高等教育结构，建立高校毕业生的就业安置有效促进体系及对劳动市场的需求预测机制；加强高等教育基础设施和物质技术基础及信息化建设，建立有效的经济关系，提高高等教育管理的有效性。2013 年《教育法》经过重新修订之后颁布实施，该法指出高等教育的目的就是保障社会各方面所需的高技能人才，适应国家和社会需求，满足个人对智力、文化和精神发展的需要，扩充和加深教育，提高科研和教学技能。

上述各类文件表明，俄罗斯一直重视高等教育发展，将高等教育发展与国家和个人未来发展紧密联系在一起，追求高等教育质量和成效，就是保障高等教育持续发展，真正发挥高等教育在个人和国家发展中的功能。

(二)高等教育效率低的现实

俄罗斯高等教育效率低的现实具体体现在几个方面：高等教育经费使用低效；学生缺乏接受高等教育的动机；人才培养与现实需求脱节；高校毕业

生很难找到专业对口工作。

1. 高等教育经费使用低效

俄罗斯教育拨款不但存在拨款数量不足的问题，还有拨款的程序和利用问题。例如：联邦财政预算拨款不考虑地区和地方成分，从而影响教育拨款的公平及合理；在财政拨款法规的执行过程中，制定者与执行者的活动不够协调，导致出现不符合目的地利用预算资金，或无效果地浪费资金的现象。有俄罗斯学者指出，在高等教育领域，国家财政拨款的一半都用于培养那些劳动力市场不需要的专业人才。[①] 高等教育经费的不足不仅仅是资金拨款的匮乏，主要还是由于资金利用的低效率。具体而言主要是：教育拨款以教育过程为出发点，这样日益造成各个学校追求"总产值"，各种专业的学生越来越多，完全没有考虑劳动力市场的需求。缺乏有效的管理和监督机制，加之教育机构缺乏对教育活动最终结果的责任心，也会导致投入到教育系统的资金和资源利用效率低下。因此，有俄罗斯学者提出应建立基于毕业生劳动就业的财政拨款机制。

2. 学生缺乏接受高等教育的动机

由于生活窘迫或想增加锻炼的机会，很多俄罗斯在校大学生将学习和工作混杂在一起。适当兼职本来应该有益于自己的专业发展，但大多数学生兼职的工作跟自己所学专业毫无关联。对大学生们来说，学习的主要目的不再是获得和发展知识、技能及能力，而是获得更多或更具前景的"文凭证书"。另外，社会上用人单位的管理者经常认为，受聘的员工能完成工作是应该的，是其应尽的责任。因此，在现实中往往是具有更多专业知识、受过教育的工作人员完成更多工作，但却没有得到更多的薪水。长此以往就出现不良现象，工作越多，责任越大，更多受过高等教育的人被责问和惩罚，而懒惰的人和缺乏技术的人却因为做得少或不做而少受责罚和不受责罚。这些现象也消极地助长了大学生们不求学习质量的思想。

3. 人才培养与现实需求脱节

在俄罗斯大学生中存在这样的情况，即虽然很多学生接受过提高技能的训练，但最后没有达到提高技能的目的，得到的只有深深的失望。高等教育大纲与现实脱节严重，高等教育教学中往往问题提出的很多，但却没有一个

---

① И. М. Смирнов, "Чёрная дыра образовательного бюджета", Народное образование, 2005(1)，p. 35.

能解决。高校的教师有时也不清楚学生应该学什么，经常走形式地"唠叨"十几年前编写的课程内容。因此，大学生就业情况出现工程师的严重短缺和管理人才的"严重超量"。这些管理人才被人们形象地称为"纸上谈兵的经理"。

4. 高校毕业生很难找到专业对口工作

目前，俄罗斯大学生按对口专业找工作非常困难。研究表明，全国只有50％的大学毕业生能找到专业对口的工作，剩下的人没有能力选择工作地点和时间。其中有些人继续深造或选择其他专业继续学习获得第二学历，但这也额外消耗了时间、金钱和精力。大学生和高校数量增多，毕业生数量增加，没有找到专业对口工作的学生数量增多，出现了大批拥有高学历的失业者。据国家统计，2002 年高技能的专业人才中有 200 万人成为"多余的人"。①

造成这种状况的原因之一是年轻人缺少就业指导，对俄罗斯劳动市场需求缺少可靠的信息。除此之外，毕业生很难找工作的比较常见的原因有：竞争压力大；缺少经验；缺少技能；缺乏沟通联系；不知道如何写简历；缺乏谈判技巧；没有优势；缺少主动性；缺少沟通技巧。

有关专家指出，第三次工业革命发生时，也正是自由职业高学历人才在全球竞争中脱颖而出的时候，类似这样的人被称为跨专业人才，他们可以依靠自己的思想和活动组织方式，随时准备在各专业领域工作。因此，雇主就对劳动力的质量，包括大学毕业生的质量提出了更高的要求。现代社会转型已经凸显出趋势，即由狭窄的专业化和有限责任转向宽泛的职业责任，从规划职业生涯到灵活选择职业道路，从管理人员负责工作人员的发展转向工作人员自己对自身的发展负责。

总之，俄罗斯大学毕业生劳动潜力发展水平不适应现代竞争标准，青年专业人才对新环境下自我生存问题准备不充分也降低其在劳动力市场上的竞争力。由于很多大学毕业生找不到专业对口的工作，这些年轻人看不到职业前景和个人前途，长此以往就出现了越来越强的不确定感、对未来的不自信和自尊的弱化。

二、俄罗斯追求高等教育效率的措施

社会哲学把人类活动的效率归结为经济效率和社会效率的双层结构，其

---

① Р. В. Коротков, "Об эффективности Российского высшего образования", Высшее образование в России, 2004(10), p. 38.

中任何一方面都不可或缺。由此，作为人类活动的高等教育，其效率势必同样存在着经济效率与社会效率两种结构形式。[①] 高等教育优质高效的发展需要充分促进教育效率的提高，这不仅需要考虑经济效率方面的因素，而且需要兼顾社会效率的达成。俄罗斯提高高等教育经济效率的途径主要是在保障教育资金投入总量的情况下，拓宽高等教育资金来源，提高教育经费的利用率。在提高高等教育社会效率方面，俄罗斯政府面向就业市场调整高等教育专业设置和培养方向，为国家和社会输送合格专业人才，并加快高校科研成果转化为生产力的速度，为地方经济服务，促进国家创新体系发展。同时，高等教育在为国家培养精英人才方面起到了不可替代的作用。

（一）提高高等教育经济效率的政策

1. 多渠道筹措高等教育经费

苏联解体之后，除了联邦中央、地方和市属指定的财政拨款外，教育机构还可以通过多种渠道筹措教育经费。《教育法》规定：国家鼓励社会组织、机构、企业及个人对教育投资，并制定专门的税款优惠政策；对于教育机构从事的商业性经济活动所获得的收入，国家在税收上给予优惠，如出租和出售教育机构的固定资产和财物，入股参与其他机构和团体的活动，购买股票、债券及其他有价证券获得的收入，等等；国立和市立教育机构有权为居民、企业、机关和团体提供有偿补充教育服务。《教育法》还规定，国家通过教育贷款（不偿还的、部分偿还的、偿还的）形式，保证经过竞试的公民接受高等教育和大学后职业教育。俄罗斯政府在规范高等教育拨款的同时，也加强了对高等学校经费收支的监控。多种渠道的拨款方式改变了过去国家负责全部费用的局面，同时也提高了高校经费的运作效率。

2. 高等教育机构提供有偿教育服务

俄罗斯联邦创建之初，在整个经济市场化、私有化的大背景下，俄罗斯教育开始逐步向市场经济迈进。教育机构（不论其法律形式如何）有权提供收费的补充教育服务或教育机构章程规定的其他服务。国立和地方教育机构有权在相应的教学大纲和国家教育标准的范围之外，按补充的教育大纲向居民、企业、机关和组织提供收费的补充教育服务，如讲授专业教程和各门学科、补习、为学生开设加深学习的某些科目及其他服务。2004 年《教育法》对有关

---

① 郑银华、姚利民：《对高等教育效率的思考》，载《大学教育科学》，2006(2)。

补充教育进行了进一步规范，俄罗斯政府全面鼓励有偿教育服务，可以根据合同培养人才，不再限制专业和人数。

高等教育机构有偿教育服务是俄罗斯大举推进市场化的结果。高等教育有偿服务凸显出高等教育的商品属性，体现其经济价值。从高等学校投入和产出的角度来看，高校有偿教育服务可以提高高等教育经济效率。

3. 国家实名制财政券制度

2000 年普京首次就任总统之后，开始调整宏观经济运行机制，建立有效的财政金融体系，主张自力更生为主、外援为辅，循序渐进地实现同世界经济的一体化。在高等教育方面，俄罗斯政府改革高校财政拨款制度，增加国家对教育的拨款，并提高教育经费的使用效率。2002 年 1 月，俄罗斯联邦政府通过《关于 2002—2003 年试点以国家实名制财政券形式向某些高校拨款的决议》(*O проведении в 2002—2003 годах эксперимента по переходу на финансирование отдельных учреждений высшего профессионального образования с использованием государственных именных финансовых*)，开始实行国家实名制财政券制度（**ГИФО**）。实行该项改革后，俄罗斯政府对国立大学的拨款额度根据学校的学生人数以及学生成绩而定。按改革试点，今后国家给大学生的拨款数额将分为四个等级，拨款额多少取决于该校学生参加全国统一的高等教育机构入学考试的成绩。统考成绩达到国家规定分数线（每一科均在 70 分以上）的中学生将免费上大学。对于没有达到规定分数线的中学生，国家将根据其统考成绩高低确定拨款数额，分数越高，拨款额就越多。采取这一措施可以促使各大学为争夺优秀学生和国家拨款展开竞争，从而保证优秀大学吸引到更多的优秀学生。

从试点实施的结果看，试点高校都得到了比以前稍多的资金，经费状况有所改善。而且，这种新制度有利于使有限的资金更多地流向成绩更优异的学生、流向优质大学、流向对社会发展意义更大的专业。激烈的市场竞争也使高校增强了成本—效率观念，注重自身资源的合理配置，减少重复建设，抵制教育腐败，遏制资源浪费，这些都为促进资源更合理配置、增加高等教育效益提供了可能。[1]

---

① А. Н. Бакушина，Подготовка научно-педагогических и научных кадров в системе послевузовского профессионального образования，Санкт-Петербург，Санкт-Петербургская академия постдипломного педагогического образования，2005，39.

（二）提高高等教育社会效率的政策

1. 面向就业市场的专业设置

为提高高等教育效率，解决大学生毕业后就业难的问题，俄罗斯政府自1994年开始陆续颁布了三版《俄罗斯联邦高等职业教育国家教育标准》（*Государственные образовательный стандарт высшего профессионального образования РФ*）。依据这些标准，俄罗斯政府面向就业市场，设置与社会需求相宜的专业，推进高等教育教学改革，提高大学毕业生的技能水平，以期为社会和国家提供所需的高技能专业人才。

（1）第一版国家教育标准

1994年3月，俄罗斯颁布高等教育国家标准。该标准确定了高等教育培养方向和专业分类目录。培养方向目录分为5个领域89个方向，分别为：自然科学和数学（14个方向）；人文社会—经济科学（23个方向）；教育（6个方向）；技术科学（36个方向）；农业科学（10个方向）。专业目录共分为32类（不包括军事类）420个专业。分别为：自然科学（31个专业）；人文社会（24个专业）；教育类（20个专业）；医疗保健（6个专业）；文化与艺术（31个专业）；经济与管理（18个专业）；跨学科自然技术（21个专业）；地质矿产勘查（8个专业）；矿产开发（9个专业）；能源与动力工程（15个专业）；冶金学（8个专业）；机械工程与材料加工（12个专业）；火箭和太空技术（19个专业）；海洋技术（12个专业）；陆地车辆（9个专业）；技术装备（15个专业）；电机工程（13个专业）；仪器（9个专业）；电子，无线电工程和通信（17个专业）；自动化与控制（8个专业）；信息学和计算机工程（6个专业）；服务业（6个专业）；运输业务（5个专业）；化学技术（18个专业）；森林资源的生产和加工（5个专业）；食品技术（12个专业）；消费品技术（14个专业）；建筑与建筑设计（13个专业）；测绘学（5个专业）；农业和渔业（18个专业）；生态与自然管理（8个专业）；健康与安全（5个专业）。①

高等教育大纲的基本教育计划规定必修课程包括：一般人文和社会经济类课程；数学和普通自然科学课程；（该专业培养方向的）一般职业课程；专

---

① Государственный комитет Российской Федерации по высшему образованию，"Госкомобразования РФ：Приказ от 05.03.1994 N 180"，https://www.webapteka.ru/phdocs/doc7277.html，2020-03-16.

业课程。其中专业课程一般占课程总量的 75%，而一般人文和社会经济类课程、数学和普通自然科学课程只占 20% 左右。在学习以上必修课程的同时，俄罗斯还开设选修课程，让学生能够根据兴趣爱好选择。

（2）第二版国家教育标准

俄罗斯教育部于 2000 年 3 月通过了第二版国家高等教育标准，确定了高等教育培养方向目录和专业目录及相应国家标准。硕士、学士培养方向目录为 5 个领域 88 个方向。专业目录为 10 类（除军事类）171 个专业。文凭专家培养方向目录包括 4 个领域 84 个方向。[①] 第二版高等教育国家标准数量繁多，且存在部分标准不统一或重复的问题，这导致教学过程组织和教学方法保障方面在经济和组织上的低效。[②] 这次国家高等教育标准在很多高等学校并未得到肯定，因此实施并不成功。2007 年 5 月，俄罗斯国家杜马将已有的专家培养方向和学士培养大纲缩减，以便最大限度地拓宽学生的专业面，为社会提供宽口径的高级人才。

（3）第三版国家教育标准

2009 年 12 月，第三版《俄罗斯联邦高等职业教育国家教育标准》正式批准生效。俄罗斯教育科学部于 2010 年、2011 年和 2012 年对该标准进行了微调。该标准按照高等教育层次划分为学士、硕士和专家三个部分。每个部分分别包括：培养方向、职业活动、大纲结构、实施条件和学生掌握情况，对教学和生产实践的要求，教学过程的人才、财政、方法技术及信息的保障，大纲掌握情况的评价等。

学士阶段培养目录包括 27 个领域 174 个方向：物理—数学科学（9 个方向），自然科学（9 个方向），人文科学（30 个方向），社会科学（3 个方向），教育与教育学（5 个方向），卫生健康（1 个方向），文化艺术（19 个方向），经济管理（5 个方向），信息安全（1 个方向），服务领域（5 个方向），农业和渔业（9 个方向），土地测量和土地管理（2 个方向），矿产资源勘探与开采（1 个方向），能源、电力和电气工程（7 个方向），冶金、机器制造和材料加工（8 个方向），

---

① Министерство образования РФ，"Приказ Минобразования РФ от 02.03.2000 N 686（ред. от 25.09.2003）' ОБ утверждении государственных образовательных стандартов высшего профессионльного образования'"，https://zakonbase.ru/content/base/39432. 2020-03-18.

② Н. М. Розин，"О разработке нового поколения государственных образовательных стандартов"，Высшее образование в России，2007(3)，p. 3-10.

航空火箭和宇航技术(9个方向)、海洋技术(3个方向)、交通运输(3个方向)、仪器制造和光学技术(5个方向)、电子技术和无线电、通信技术(4个方向)、自动化控制(9个方向)、信息学和电子计算机技术(5个方向)、化学和生物技术(3个方向)、森林资源再生和加工(3个方向)、食品和消费品技术(8个方向)、建筑学与建筑工程(5个方向)、生命安全、环保工程和环境保护(3个方向)。硕士目录包括27个领域(与学士目录中包含的领域相同)176个培养方向。与学士目录相比,硕士目录中少了宗教学、神学、师范教育(四年制)、农产品生产加工技术等四个方向,多了纳米系统与纳米技术、金融信贷、国家审计、高科技和创新经济学、高新技术产业的组织与管理、功能性与专用的高科技食品生产6个方向。①

专家专业目录与学士、硕士培养方向目录相比,少了社会科学、服务领域、森林资源再生和加工、食品和消费品技术,多了武器装备系统。专家专业目录共24类92个专业。②

1. 增加学科门类

新一版高等教育标准除了保留一部分传统的学科门类外,增加了很多近年新出现的学科门类,如仪器与光学设备、土地测量与管理、化学与生物技术、食品与消费品技术、生命安全、环保工程与环境保护。随着社会经济的发展和产业结构的调整,一些新兴的学科门类和专业应运而生。俄罗斯高等教育及时调整专业设置和培养方向,为国家和社会发展提供需要的专业人才。正因为如此,培养出的大学毕业生才能适应国家和社会发展的需要,成为符合国家和社会发展需要的重要人力资本,彰显出高等教育的社会效率。

2. 协同创新政策推动科研成果转化为生产力

为加快俄罗斯国家创新体系的建设,俄罗斯政府将创新确定为近几年高等教育发展的关键词。在创新发展过程中,高等教育起到了中流砥柱的作用。俄罗斯政府颁布多项协同创新政策,加速高等教育机构产学研合作,推动科研成果转化为生产力的进程,充分发挥高等教育服务地方经济、服务社会的职能,高等教育的社会效益凸显。

2011年12月,俄罗斯政府颁布《2020年前国家创新发展战略》(*Стратегия*

---

① Министерство образования и науки РФ, "ФГОС ВПО по направлениям бакалавриата", http://fgosvo.ru/fgosvpo/7/6/1,2020-03-09.

② Министерство образования и науки РФ, "ФГОС ВПО по специальностям", http://fgosvo.ru/fgosvpo/9/6/3,2020-03-18.

инновационного развития Российской Федерации на период до 2020 года)，该战略旨在解决俄罗斯当前在创新发展领域所面临的挑战与困境，确定国家创新政策的目标、优先发展方向和实施途径。创新发展战略实施分为两个阶段：第一阶段为 2011—2013 年，主要解决企业与经济创新发展问题，致力于教育和科学职能效率的有效提高。第二个阶段为 2014—2020 年，增加国家预算拨款在创新上的投入支持企业发展，扩大教育和科学支出，促进创新经济基础设施现代化。这一阶段，在教育领域的优先战略是调整高等教育的结构，在大学内发展研究和开发部门，深化高校、高科技公司和科研组织之间的协同合作，加速科研成果的转化。

为了规范高校与科研组织、企业之间的协同创新工作，2010 年 4 月，俄罗斯政府颁布了《关于国家支持高校与高科技生产组织进行合作的决议》（*О мерах государственной поддержки развития кооперации российских высших учебных заведений и организаций，реализующих комплексные проекты по созданию высокотехнологичного производства* ）、《关于国家支持高校发展创新基础设施的决议》（*О государственной поддержке развития инновационной инфраструктуры в федеральных образовательных учреждениях высшего профессионального образования* ）、《关于高校引进著名学者的决议》（*О мерах по привлечению ведущих ученых в российские образовательные учреждения высшего профессионального образования* ）（俗称 218、219 和 220 号决议）。这三个文件联结成一个高水平的统一体系，吸引大学加入科技创新活动中。俄罗斯通过协同创新政策的颁布与实施，构建起政府—高校—企业三位一体的协同创新发展模式。高等教育机构的协同创新发展为推动科研成果转化、繁荣地区经济、加快国家发展做出了积极的贡献。截至 2011 年 5 月，俄罗斯建立了 58 工业园区、63 个创新和技术中心、80 个企业孵化器和 86 个技术转移中心。① 俄罗斯高校引进的世界著名学者也带来了丰硕的成果，截至 2016 年，在引入的著名学者的带领下，俄罗斯高校和科研院所共创建 160 个科学实验室，其中很多都已经成为俄罗斯现代科学的增长点。一些大学的或科学院的

---

① Министерство образования и науки РФ，"Об итогах деятельности Министерства образования и науки РФ за 2010 г. и задачах на 2011 г.（по материалам коллегии Минобрнауки России 19.03.2011）"，http：//www.almavest.ru/ru/russia/2011/05/11/207/，2020-03-09.

实验室无论从设备还是教科研潜力方面都不逊色于世界上最好的实验室。①

3. 精英人才的培养

高等教育公平追求的是高等教育普及与规模，目的是尽可能为每个人提供上大学的机会；而高等教育效率追求的是集中优质教育资源，让一些有发展优势的受教育者优先使用，目的是培养少数精英人才。② 俄罗斯高等教育社会效率中还有一个指标不容忽视，那就是为国家和社会培养精英人才，这主要表现为世界一流大学建设和研究生教育。

2012 年 5 月，俄罗斯颁布联邦总统令《关于国家政策在教育科学领域的实施措施》（*О мерах по реализации государственной политики в области образования и науки* ），规定俄罗斯将通过竞赛，选拨、资助国内一流大学，努力建成世界一流大学。具体目标为：2020 年前，俄罗斯有不少于 5 所大学进入世界大学排名前 100 强。2012 年 10 月，俄罗斯政府颁布 2006 号政府令《俄罗斯一流大学提高国际竞争力实施计划》（*об утверждении плана мероприятий по развитию ведущих университетов, предусматривающих повышение их конкурентоспособности среди ведущих мировых научно-образовательных центров,* 2012 年年底进行部分修改），该文件是具体实施创建世界一流大学战略的核心政策。2014 年俄罗斯已经创建了 9 所联邦大学，29 所大学获得研究型大学地位，57 所大学实施创新教育纲要。因此，俄罗斯已经形成一批国内一流大学。这些大学占全国国立大学的 8%，但占全国 17% 的大学生和 22% 的教师，这里有最好的教师和最优秀的研究人员。③ 一流大学培养一流人才，俄罗斯努力创建世界一流大学，提高俄罗斯高等教育水平，使之在国际科教领域内具有较强的竞争力，为国家提供一流的管理人才和高技能人才。

俄罗斯另一个培养精英人才的途径为研究生教育，在俄罗斯被称为大学后职业教育。这一阶段主要包括副博士研究生和博士研究生教育。长期以来，

---

① Премьер-министр РФ，"Правительство РФ предусматривает выделение до 28 млрд. рублей до 2020 года на программу привлечения ведущих учёных в российские образовательные и научные организации"，http：//www. sib-science. info/ru/news/dmitriy-medvedev-20102016，2020-05-30.

② 董泽芳：《高等教育公平与效率兼顾论》，载《大学教育科学》，2014(1)。

③ Дмитрий Викторович Ливанов，"О развитии ведущих российских университетов"，http：//nasha-molodezh. ru/society/dmitriy-livanov-o-razvitii-vedushhih-rossiyskih-univer-sitetov. html，2020-03-11.

俄罗斯研究生教育都是不折不扣的精英教育，一直以要求严格而著称世界。在授予学位过程中，俄罗斯不仅对论文质量要求越来越高，授予的程序也更加严格规范。2002 年 1 月，俄罗斯联邦政府通过 74 号决议，即《学位和学衔的统一目录》(Единый реестр учёных степеней и учёных званий) 和《学位授予程序》(Положение о порядке присвоения учёных званий)，这两个文件都对论文的准备和完成提出了具体的实施细则，对研究方法、逻辑结构以及符号运用等都做出了具体、明确的规定。不仅如此，在学位的授予上，俄罗斯实施联邦集中统一管理制度，最高评定委员会严格遵循俄罗斯联邦科学教育部最高评定委员会章程，负责副博士和博士的学位授予工作；最高评定委员会下设的鉴定委员会由国家级科学院、高等学府及其他科研机构推荐的文化教育、科学技术的专家学者组成，对专业论文进行鉴定，各个专业论文答辩委员会负责本专业的答辩工作。鉴定委员会和论文答辩委员会的工作为最高评定委员会最终授予学位提供重要依据，同时他们的工作也受到最高评定委员会的监督和检查。可以看出，整个管理机构分工明确，各负其责，又相互制约。这样的制度安排旨在保证相应学位获得者的学历与能力相匹配、"货真价实"，从而彰显出学位授予的权威性和严格性。俄罗斯远东联邦大学网站的资料显示，2008—2013 年该校共有 424 篇副博士学位论文和 39 篇博士学位论文通过答辩(包括在校生和函授生)，其中在校生有 286 篇副博士学位论文、9 篇博士学位论文通过答辩。即平均每年毕业副博士 57.2 人，博士 1.8 人。[1] 俄罗斯国家统计局的数据表明，2018 年在研究生院就读的副博士生和博士生共计 9.08 万人，应届毕业生 1.77 万人，只有 2 200 人答辩成功。[2] 俄罗斯研究生严格的培养机制保障了其精英人才的纯粹性，副博士和博士学位有着较高的质量，在国际上得到普遍认可。

高等教育效率的评判有多个角度。例如，从学习花费的观点看，大学培养经济、法律领域的专业人才活动可能是有效的、盈利的。从社会发展需求的观点看，培养高技能专业人才可能是有效的，但却是没有盈利的。因此，有效性优先是结果，其次才是经济利益。同时，高等教育活动的效率也未必

---

[1] А. И. Колмакова, "Институт подготовки кадров высшей квалификации Дальневосточного федерального университета", http：//old. dvfu. ru /struct/institute/ipkvk/index. Htm, 2020-05-10.

[2] Высшая школа экономики. Образование в цифрах 2019, Москва, Национальный исследовательский университет 《Высшая школа экономики》, 2019，54.

只看结果，俄罗斯教育科学部追踪高等教育结果之后认为，所有的高等教育都会有成果，但在不同花费的情况下，不能永远都是最好的。以最低的成本获得较低的成果时，经济效益也不是有效性的唯一特征。效率是实现目的的优先选择，也就是资源、人才、技术、方法、设备、培养时间、毕业生等因素在社会再生产过程中的持续有效作用。

第三节　俄罗斯高等教育发展中公平与效率的协调发展

教育公平与教育效率是两个并行不悖、不可偏废的教育政策目标。政府应该在促进教育公平和提高教育效率两个方面都承担起主要责任。[①] 为了实现高等教育公平与效率的协调发展，俄罗斯首先实施多元化的高等教育形式，为公民提供社会公平和经济效率兼顾的高等教育；其次构建高等教育质量监控体系，平衡高等教育社会公平与社会效率；最后以高校内部管理为核心，通过国家对高等教育的管理、经费投入和高等教育准入制度完善高等教育外部保障机制，协调高等教育经济效率和社会效率，为社会公平和经济公平奠定物质基础。

一、社会公平与经济效率的兼顾——多元化的高等教育形式

俄罗斯政府建立多类型、多层次的高等教育形式，旨在为公民提供更多高等教育机会的同时，公民也可以根据经济条件选择不同类型的高校，满足不同人才就业的需求。俄罗斯政府既满足了公民接受高等教育的需求，也在高等教育经济的投入和产出之间做出了平衡的选择。

(一)高等教育公平与效率兼顾的分析

俄罗斯社会学者 Г. А. 科罗廖夫（Григорий Артурович Ключарёв）通过自己的研究，对俄罗斯公立和私立高等学校教育的可获得性和教育效率做出了分析，如表 6-3 所示。

---

① 褚宏启：《教育公平与教育效率：教育改革与发展的双重目标》，载《教育研究》，2008(6)。

表 6-3　公立和私立高等学校的教育可获得性和教育效率

序号	学校	可获得性	教学质量	毕业生专业对口就业情况	受教育成本
1	大众高校或商业性高校	高	中	40%～60%	中
2	半精英式高校	中	中或高	50%～70%	高
3	精英式高校	低	高	接近100%	高
4	昙花一现式的学院	高	低	20%～30%	低

资料来源：Ключарёв Григорий Артурович.《Проблема мелюзги》，образовательные неравенства и эффективность вузов как социально-экономические индикаторы. Вестник института социологии，2012(6)，p. 236.

值得注意的是，精英教育准入门槛高，可获得性低，但却效率高、优质，几乎所有的毕业生都能在有前景、薪水高的岗位任职，未来充满光明。相反，在其他大多数收费学校中，各个就业指标均远远落后于中等水平。还有一个特殊的现象，很多大学分部都是昙花一现，其教学质量很低，就业指标低于全俄罗斯平均水平的 1/2，学习费用也最少，在小城市和一些地区每月 5 000～10 000 卢布。实际上，这些学校只是通过合法方式出卖文凭。

（二）多层次高等教育结构和多类型、多等级的高等教育机构

1. 多层级高等教育结构

20 世纪 90 年代初，俄罗斯通过《关于俄罗斯联邦建立多级高等教育结构的决议》（*О введении многоуровневой структуры высшего образования в Российской Федерации*），使高等教育结构发生了重大变化。文件要求在原有单一培养文凭专家的基础上，增加学士和硕士两个学位层次。这样就形成了一个多级结构的培养模式，学习内容多样，期限各不相同，但又相互衔接。1994 年《俄罗斯联邦高等职业教育国家教育标准》颁布，进一步确定了高等教育阶段的三级培养模式及其内容和标准。2007 年 5 月 16 日，俄罗斯国家杜马通过《关于引入两级高等教育体制的法案》（*Закон о введении двухуровневой системы высшего образования*），要求联邦境内的高等教育机构全部开始实施学士＋硕士的两级高等教育体制。2013 年修订后的《教育法》规定，高等教育层次分为：学士，文凭专家、硕士，高技能人才。大学后职业教育即研究生教育分为副博士和博士。

多层次高等教育体系的建立，为学生提供了更多选择高等教育的机会，

学生可以根据自身的需要以及经济条件情况选择接受哪一层级的高等教育，具有不同需求的公民都可以选择适合的教育层次，避免过去因为高等教育层次单一和准入门槛较高而放弃高等教育的现象。

2. 多类型、多等级的高等教育机构

据俄罗斯国家统计局 2012 年 1 月数据，俄罗斯联邦统计有 1 046 所教育机构实施高等职业教育大纲，其中国立为 609 所，非国立 437 所，另外还有接近 2 100 个大学分部，共实施 36 767 个教育大纲，有大约 600 万名大学生在各类高等教育机构学习。[①] 截至 2018—2019 学年，俄罗斯共有各类高等教育机构 741 所，学生 416.17 万人。[②] 俄罗斯高等教育机构有三种类型：第一种是综合性大学（университет），实施科学、技术、文化多种专业的高等和大学后职业教育大纲，主要进行基础研究和应用研究，是所在领域的重点科研中心和教学法中心。第二种是专业大学（академия），主要在科学或文化的某一个领域开展基础研究和应用研究，培养某一领域的专门人才，以及对该方面的工作人员进行再培训。第三种是专业学院（институт），重点实施基础高等教育的培养计划，为职业领域培养高级工作人员。

高等教育机构的等级取决于其类型、法律形式，以及是否拥有国家认证等。除了具有特殊地位的莫斯科国立大学（Московский государственный университет им. М. В. Ломоносов）和圣彼得堡国立大学（Санкт-Петербургский государственный университет）外，现有大学的地位基本上可以分为国家研究型大学、联邦大学、创新型大学以及国立大学等。国家研究型大学、联邦大学等类型的大学都是俄罗斯高水平大学，目标是创建世界一流大学。这些大学提供优质的高等教育服务，同时具有较高入学条件和教学费用。

2013 年，俄罗斯大学按办学条件排名。前 10 所从高到低依次是：莫斯科国立大学、莫斯科国立国际关系学院（Московский государственный институт международных отношений）、莫斯科国立鲍曼技术大学（Московский государственный технологический университет им. Н. Э. Баумана）、莫斯科物理—技术学院（Московский физико-технический институт）、高等经济大学

---

① Национальный центр профессиональной-общественной аккредитации，"Система высшего образования в РФ"，http：//www. ncpa. ru/index. php? id＝251&Itemid＝375 &lang＝ru&option＝com _ content&view＝article，2020-01-09.

② Высшая школа экономики，Образование в цифрах 2019，Москва，Национальный исследовательский университет《Высшая школа экономики》，2019，39.

（Высшая школа экономики）、圣彼得堡国立大学、托木斯克理工大学
（Томский политехнический университет）、俄罗斯联邦政府财政大学
（Финансовый университет при правительстве РФ）、新西伯利亚大学
（Новосибирский университет）、莫斯科国立钢铁合金学院（МИСиС：
Московский государственный институт стали и сплавов）。这 10 所大学中，有
8 所是国家研究型大学，莫斯科国立国际关系学院和俄罗斯联邦政府财政大学
虽不是国家研究型大学，但也是当今俄罗斯最热门的大学，是俄罗斯人向往
的精英学校。2013 年按照学习费用排名的前 10 所大学情况如表 6-4 所示。

表 6-4　俄罗斯大学学习费用排名

排名次序	大学名称	一年的费用（以一年级为准，单位：千卢布）
1	莫斯科国立国际关系学院	356
2	高等经济大学	327.5
3	莫斯科国际高等商学院（Московская международная высшая школа бизнеса）	308.3
4	莫斯科国立大学	287.2
5	莫斯科联邦政府财政大学	242
6	全俄对外贸易学院（Всероссийская академия внешней торговли）	232
7	俄罗斯普列汉诺夫经济大学（Российский экономический университет имени Г. В. Плеханова）	230
8	莫斯科国立法学院（Московская государственная юридическая академия）	225.95
9	俄罗斯国民经济和国家行政学院（Российская академия народного хозяйства и государственной службы）	190.7
10	莫斯科鲍曼国立技术大学	186.8

资料来源：Открытое инновационное сообщество，"《Эксперт РА》публикует ежегодный
рейтинг вузов России"，http：//www. oiu. ru/user/vuz_vote/vuz_rus_2013/，2020-03-20.

从表 6-4 可以看出，高校一年学习费用相差较多。排名第一的莫斯科国立
国际关系学院是典型的精英大学，质量高，准入门槛高，费用也高。但同时
也可以看到费用几乎低于该校一半的莫斯科鲍曼国立科技大学，在办学条件
排名中居第三。经济并不宽裕的学生可以选择这种消费低、办学条件好的高
校就读。不同学习费用的高校满足社会各阶层接受高等教育的需求，基本达
成社会公平。不同阶层公民进入不同等级和不同质量的高校，其经济投入和

产出的效率也不同，满足了不同就业人才的各类需求，这样的设置基本兼顾公平与效率。

二、社会效率与社会公平的平衡——高等教育质量监控体系

公平与效率是高等教育发展中一对相辅相成的兄弟，在一定条件和一定因素作用下，公平和效率可以相互转化、相互促进。一方面，教育质量的提高最终带来人才质量的提高，促进高等教育社会效率的提高；另一方面，高等教育质量的提高给高校带来持久的生命力，从而使高校蓬勃发展，高等教育的可获得性有所提高，达成高等教育的社会公平。为实现高等教育社会公平与社会效率的协调发展，有效促进高等教育健康发展，俄罗斯政府严格规范高等教育行政管理运行程序，完善高校教育督导与评价机制，建立健全教育教学质量监控体系。

（一）高校认证制度

自教育私有化和教育办学体制多元化之后，非国立高等学校和国立高校的分校大量增加，许多高等教育机构存在办学质量低下、管理混乱等问题，高等教育整体质量下滑的现象日显严重。《高教法》颁布之后，俄罗斯加大高等教育法律法规的建设力度，促进高等教育的快速发展，加大对高等教育质量的监督。

1999 年 12 月，俄联邦政府批准《高等学校国家认证条例》（*Положения о государственной аккредитации высшего учебного заведения* ）。条例规定，各类高校每隔五年须进行一次国家认证，以获得国家地位。2001 年 7 月，联邦教育部又颁布《高等学校国家认证的文件审批程序》（*Порядка рассмотрения документов о государственной аккредитации высшего учебного заведения* ），进一步规范认证程序。在此基础上，俄罗斯逐渐确立高等学校认证体系，以此监督高等教育质量。认证体系包括认可、评定和国家认证三个部分。认可是认证的第一步，认证机构确定高校是否具备开展教育活动的条件，是否符合国家和地方要求。第二步为评定，主要由国家认证机构依据国家教育标准，对高校培养内容、水平和人才培养质量进行评价。第三步为国家认证，国家认证委员会对高校实施外部鉴定，并做出鉴定结论，通过国家认证的高校才有权向学生颁发国家式样的毕业证书。上述三个步骤是个连续的过程，没有

通过认可就不能进行评定，没有通过评定就不能进行国家认证，三个环节环环相扣。整个认证体系的构建有利于监督高校的教学质量和办学实力，对高等教育质量的整体提升起到了非常重要的促进作用。

该体系实施之后，积极效果显而易见，但是也存在一些问题。例如，国家学校评定督导司的报告只说明有多少所高校通过了评定，评定效果仅仅体现在通过评定的高校数量上，而不是高校的质量上。[①] 据 2004 年公布的高校认证结果，有 79％的高校通过认证，21％的高校未通过认证。其中，在国立高校中，93％通过认证，7％未通过认证；在非国立高校中，60％通过认证，40％未通过认证。[②] 教育科学部于 2003 年、2005 年对《高等学校国家认证条例》进行了修订，不断完善高校国家认证体系。2017 年，俄罗斯联邦教育与科学监督署宣布中止 11 所大学的认可，暂停 20 所大学的国家认证资格，并撤销 15 所大学的国家认证结果。[③] 高校认证制度确实在高等教育质量保障方面起到了不可替代的作用，确保了高等教育机构办学的必要条件和办学效率。

（二）高校追踪监控

俄联邦教育科学部 2012 年 8 月 3 日发布 583 号令《对联邦国立高等教育机构进行监察的决定》（*O проведении мониторинга деятельности федеральных государственных образовательных учреждений высшего профессионального образования* ），开始对俄联邦境内国立高等教育机构活动进行监察。

国立高等教育机构活动监察项目包括六大方面：机构信息；机构教育活动信息；机构的科研活动信息；机构人员信息；机构的物质—技术和信息设施；机构的财政—经济活动信息。与以往的监察项目及内容相比，此次监察突出了以下特点。

1．标准化

监察项目中，教育科学部重视信息采集的标准化。教育科学部在监察各项目之前，根据国家标准分类形式，确定所采集信息的代码，填报的信息都

① М. М. Поташник, Качество образованя：проблемы и технология управления（вопросах и ответах），Педагогическое общество России，2002：332.

② Е. Геваркян，Г. Мотова，В. Навовнов，"Развитие системы аккредитации высшего образования в Российской Федерации"，Высшее образование в России，2004，（1）：28.

③ Сергей Кравцов，"Рособрнадзор приостановил лицензии 11 вузов и лишил аккредитации еще 15 в 2017 году"，https://tass.ru/obschestvo/4088580，2020-03-09.

标注代码，做到标准化和统一化。例如，在教育机构归类中，教育科学部确定了各类学校的代码，按照代码对高等教育机构进行归类。在填报信息时，按照代码进行信息采集，做到信息标准统一。

2. 内容全面、详细

监察的项目十分全面和细致，包括高等教育机构的教学、科研和经济活动等多方面，特别是教学方面的内容更加详细。在"机构信息"一项中，实施的大纲包括大学后职业教育大纲和高等教育大纲两项。大学后职业教育大纲细分为研究生(副博士生和博士生)、实习生、医师、博士等教育大纲，高等教育大纲中又细分为硕士、专家、学士等几类教育大纲，每类大纲中又具体分为全日制和函授两种方式，囊括了高等教育机构中所实施的教育大纲种类。在"高等教育大纲详细信息"中，监察的内容涉及所有学生的培养方向和专业方向，在校学生、往届毕业学生和应届毕业学生以及外国学生的各方面具体情况。

3. 重视创新、科研内容的监察

在监察项目中，高校的科研创新活动被单独列为一项。教育机构的研究活动具体包括六个方面：工作范畴，科学、技术、工艺优先发展方向的研究，科学研究支出的内部财政来源，科研、科学—技术和创新活动的成果，专利活动，技术商业化。除了以往关注的科研活动之外，教育科学部将创新部门及创新活动放在重要的监察位置上，例如，监察的内容涉及创新科技中心、创新咨询中心的数量以及参与其中的工作人员。专利活动具体细化为发明、商品标识、工业产品、软件开发等项目。监察的内容还涉及技术商业化的问题，其中将技术的转化规范为专利实用模型、非专利发明、工程服务、工业产品等类，并详细登记每类的数量、成本和收入情况。

4. 首次关注外国学生和外国教师的相关信息

在教育机构的人员信息和学生信息中，监察首次特别关注外国学生和外国教师的信息。在第二项第四条中，单独列出外国学生的情况，对来自阿塞拜疆、白俄罗斯、格鲁吉亚、无国籍学生及其他国家的学生进行逐一统计，并详细监察各类学生的学费减免情况。第四项第二条将外国工作人员的信息单独列出，具体监察外国工作人员的国籍(是否来自独联体国家)、人员的学位、是否为编制内人员等状况。

教育科学部在2012年11月发布对俄联邦境内国立高等职业教育机构的监察结果。有502所国立高校和930个高校分支机构接受监察。教育科学部分别公布了各个联邦主体内的高等职业教育机构信息。

根据莫斯科国立大学和圣彼得堡大学联合会的建议，监察委员会确定衡量教育机构是否低效的监察标准和指标。这些指标和标准包括 5 项。(1)教育活动：学生国家统一考试的平均分。(2)科学研究活动：每个科研教学工作者所承担的科学研究及实验工作量。(3)国际活动：国外学生所占比例。(4)经济财政活动：大学所有的收入均摊到每个科研教学工作人员的收入。(5)基础设施：人均教学实验楼面积。

为提高教育领域的效率和质量，2013 年 8 月，俄罗斯联邦教育科学部颁布《关于追踪高等教育机构效率的决议》（*O проведении мониторинга эффективности образовательных организаций высшего образования*）。该文件是 2012 年颁布的 583 号令《对联邦国立高等职业教育机构进行监察的决定》的具体补充规定，并要求各高等教育机构在 2013 年 9 月前，将教育机构以及分部的具体信息、教育教学活动信息等情况以书面形式上报教育科学部；强调对高等教育机构的效率追踪将成为日后的常态工作。

(三)高等教育质量评价

上述高校的认证和监控追踪只是国家层面的教育质量检查与保障方式，除此之外，俄罗斯高等教育的质量保障还有质量评价。俄罗斯高等教育质量评价不只体现在国家层面，还包括高校自身对其教学过程与学生知识的评价上。

1. 教育质量的外部评价和内部评价

俄罗斯教育质量的外部评价体系由国家对学校的认可、评定与鉴定机构来实施，同时不同的教育科学和科学协会以及联合会形成社会鉴定机构。而教育质量的内部评价体系主要在教育机构中通过对学生的总结性评价和阶段性评价(自我评价)、对应届生的评价、(学校的)社会诊断，以及学校与其分支机构的自我评价等形式来进行。

高等教育质量的指标可以分为四部分：第一部分主要评价高校教育大纲和专业，以及培养方向的结构(目录)。第二部分主要反映国家教育标准对高等教育专家培养质量要求的规定。第三部分对高等职业教育质量的保障体系情况进行全面的评价。第四部分则是对教育活动结果的评价，也就是对高校毕业生培养质量的评价。评价的依据包括：国家对高校评定的数据和国家鉴定委员会考查的结果，利用专门基金进行的专门测量、测验，学位工作的评价结果，以及对毕业生和劳动力需求情况以及社会实际对毕业生"被预购"情况的分析结果。①

2. 教育质量评价的参照指标和要求

教育质量的评价必须以俄罗斯教育部确认的国家鉴定指标为基础，具体包括：培养内容；培养质量；教育过程的信息—方法保障；高校的信息化；物质—技术基础；大学生的社会援助；所实施的基本和补充教育大纲的目录；大学后和补充职业教育大纲方面教育连续发展的可能性；科研；科学—方法工作；教育科学人员的资质。②

从总体上说，国家标准和鉴定要求主要表现在以下方面。③

第一，师资质量。师资符合下列条件，即被认为是高质量的：有学衔和学位的教师比例，符合俄罗斯的平均指标并有向上发展的趋势；教授级别教师构成的平均年龄不超过 55 岁；在编教师的数量为 50％及以上；在科学—教育人才构成方面所做的工作（吸引自己的优秀毕业生进入研究生班，从事科学—教育工作；支持年轻教师进行再培训、论文答辩，提高技能水平）；提高教授级别教师的能力，使其更快地适应法律和规范要求的变化，以及劳动市场的需求，实施新的教学技术；具备提升人才潜力的选拔任职程序；教授级别教师的科学—教育活动的积极发展；具备权威的课程。

第二，教育大纲质量。职业教育大纲符合下列条件，即被认为是高质量的：符合国家教育标准的要求；在研究课程时考虑到高校的特点；有理论依据来支撑课程内容连续性的逻辑；具备足够数量的教学方法文献，以使大学生从事独立工作；课程和毕业论文的题目应当使科学与实际现实相结合，并具有应用价值。

第三，教育信息环境保障质量。教育信息环境如果能够满足以下要求，就被认为是高质量的：信息的普及，包括电子信息；信息资源的多样化并能满足不同消费者的需求；信息可靠并具有及时性；获得信息的条件；具有信息资源的积累、储存结构并能够反映信息的功效；在所组建的并支持信息资源的机构中，能够利用新的信息工艺（电子教科书，有因特网普及级别的数据库）；图书馆读者的数量与高校全体人员的比例不低于 90％；单位图书基金与读者数量的比例应不低于 1：50；具有足够的出版基础；在教学过程中利用积

---

①②③　С. И. Плаксий, Качество высшего образования, Москва, Национальный институт бизнеса, 2003, 390-391, 394-395, 395-399.

极的教学方式，并应用现代教育技术。

第四，应届生的知识质量。如果能够满足以下条件，这项指标就被认为是高质量的：在高校创建了独立的大学前教育体系，以此来培养自己的应届生；入学考试对应届生的知识提出高水平的要求；进入不同形式的大学前教育的学生比率高，而这些大学生的淘汰率却比较低。

第五，大学生的知识质量。如果达到以下条件，大学生的知识质量就被认为是高的：全体大学生的保留率不低于75％；利用排行体系来进行知识检查；大多数学生都参加科研工作，并积极参加高校的日常生活；建立大学生的自我管理机构（大学生协会、学生中心等）。

第六，教育活动的质量。如果符合以下条件，教育活动就被认为是高质量的。从教授级别教师的构成来看：教学过程的性质应符合教育大纲的目的；所应用的资料应符合现有的教育内容、课程大纲内容以及整个教学方法资料；对教授级别教师活动的评价进行再评价；在教学过程中应用新的信息工艺和积极的教学方法；对教学结果进行系统的检查，形成教学动机（排行的检查体系）；教师对自己活动的评价要客观，能指出自身的问题；教师所研制的课程大纲和教学方法资料是教师活动质量的指标之一。从学生的角度来看：学生在课堂上积极地提出问题，并能根据自身的创造性做出回答；有很强的学习动机；对资料掌握的质量进行监控（排行体系）；具备大学生对于教育服务质量的调查体系。

第七，高校教育过程的管理质量。如果高校的整体管理状况能满足所应用的原则体系，就被认为是高质量的：一长制和委员制；系统化（行政管理体系囊括了高校活动的方方面面）；分散管理（权利和责任的界限分明）；在教学过程和资金的分配方面院系的独立水平；分支机构对自己活动质量的负责情况；开放性和公开性；管理活动的规范法律保障；具备奖励和惩罚体系；战略性和程序化管理的结合；具备层级决策体系。

从上述分析可以看出，俄罗斯首先从高校的认可、评定和鉴定入手，对高校的创办和资质进行严格的审核；其次对高校日常教育教学效率进行监控，并及时公布监控的结果；最后在高校内部建立多方面的教育质量评价。整个高等教育质量保障体系从外部和内部两方面提高高等教育效率，同时为高等教育机构公平竞争和发展提供有力的保障，从而为公民提供平等、优质的高等教育服务。

三、经济效率与社会效率的协调——外部保障和内部管理机制

高等教育的经济效率涉及高等教育经费的投入保障、经费的运行；社会效率涉及高校与政府之间管理与自治的关系。因此，为达到经济效率和社会效率的协调发展，俄罗斯构建起高等教育外部保障机制和高校内部管理机制。外部保障机制处理好政府与高校的管理关系，保障高等教育经费的供给，并从源头上即招生方面保障高等教育质量。内部管理机制从管理效率出发，以民主性、国家—社会性、自主性为指导原则，以校长为首的高等学校学术委员会为管理核心，确保高校内部管理的高效率。无论是经济效率还是社会效率的提高，最终都将成为实现高等教育公平的物质保障。

(一)高等教育外部保障机制

1. 外部管理机构及其管理形式

苏联解体后，俄罗斯国家教育管理部门几经调整。1992 年 3 月，俄罗斯教育部（Министерство образования РФ）和俄罗斯联邦科学、高等学校和技术政策部（Министерство науки，высшей школы и технической политики РФ）两部门正式成立，对全国教育体系进行管理，前者主管普通教育，后者主管职业教育。1996 年 8 月，俄罗斯新政府改组职能机构，成立俄罗斯联邦普通与职业教育部代上述两部，对全国的普通教育和职业教育实行垂直管理。2004 年 3 月，普京连任俄罗斯总统，联邦政府对其最高权力机关再次进行重组，原来的俄罗斯联邦普通与职业教育部与科学与技术创新部两部门合并，成立俄罗斯联邦教育科学部（Министерство образования и науки РФ），作为联邦政权在教育领域的最高执行机构。教育科学部下设联邦教育署替代以前的俄罗斯联邦普通与职业教育部行使职能，对各级各类教育实行联邦中央、联邦主体、地方三级管理。2012 年普京再次上任伊始，联邦教育科学部调整内部机构，调整后的俄罗斯联邦教育科学部作为一个联邦权力机构，负责制定教育、科学、科学技术、创新活动、纳米技术、知识产权、道德教育领域、学生社会支持和社会保护领域的国家政策和相关法律法规。改组后的联邦教育科学部不再设署，转为设置 16 个司。其中，高等教育政策司（Департамент государственной политики в сфере высшего образования）负责制定实施高等教育领域政策法规，调节高等教育领域的教育活动。

俄罗斯联邦教育科学部对教育的管理主要分为常规性管理和项目性管理。本着自治原则，俄罗斯联邦把办学权交给学校，使学校成为一定责任、义务制约下独立自主的办学者，学校享有较大的自主权。学校可以根据自身的具体情况，制定与联邦和地方教育法律法规要求不相违背的学校章程；自主选择本校工作的具体目标；在国家教育标准和示范教学计划、教材、课程基础上制定并实施本校的教育大纲、教学计划，确定教育内容。

2018 年，在新一次机构调整中，俄罗斯联邦教育科学部划分为两个独立的部分，即俄罗斯联邦教育部（Министерство просвещения РФ）、俄罗斯联邦科学和高等教育部（Министерство науки и высшего образования РФ）。俄罗斯联邦教育部负责普通教育、中等职业教育，以及相应层次的儿童补充教育、职业补充教育和青少年道德教育；俄罗斯联邦科学和高等教育部主要管理科学机构和高校，以及负责全国科学发展问题。

2. 经费投入制度

1992 年《教育法》颁布之后，俄罗斯首次在教育法律文本中明确规定教育财政拨款额度，保证教育在国家发展中的优先地位。《教育法》指出，国家和地方的教育拨款是国家保证俄罗斯联邦公民在国家教育标准范围内接受教育的基础，政府每年应该拨出不低于国民收入 10% 的资金用于教育需要，保证联邦预算、联邦各主体预算和地方预算中相应支出项目得到经费支持。

1996 年 7 月，俄罗斯联邦杜马通过《俄罗斯联邦高等和大学后职业教育法》即前述《高教法》。该法是俄罗斯第一部以教育基本法的形式颁布的高等教育法。《高教法》规定，俄罗斯联邦高等和大学后职业教育体系与世界高等教育实现一体化；国家高等职业教育机构的联邦预算拨款不得少于联邦预算支出的 3%，保证每万名俄罗斯联邦居民中在校大学生数不得少于 170 人；对高等和大学后职业教育投资的组织和个体提供税收优惠；保证俄罗斯联邦公民在竞试基础上免费接受首次高等和大学后职业教育；高等教育机构的教学、科研人员和学生享有教学和学术自由。2004 年版《教育法》删掉了国家对高等和大学后职业教育 3% 预算支出的拨款承诺，不再为高校及其补充教育机构提供税收优惠；对非国立高等学校的创办及运营也不再持支持态度。2004 年版《高教法》还规定，靠相应预算资金接受教育的面授生享受助学金的金额为 400 卢布，不再是过去最低劳动报酬的 2 倍；政府将从助学基金中划拨的补助资金从过去的 5% 提高到 25%，用于支持贫困学生，大大提高了对贫困学生的支持力度；取消过去有关饮食和车费的补助；依靠财政拨款开展教育活动的高校如造成额外开支，政府不再提供补偿。2013 年新修订的《教育法》颁布实施，同时原来的《高教法》效力终止。新修订的《教育法》规定，联邦教育国家财政拨款主要依靠联邦预算、地区（联邦主体）预算和地方（市级）财政预算，按照其在教育领域的权限分工来确定。即隶属于联邦国立高等教育机构的财政拨款，按照联邦财政拨款标准予以实施；俄联邦各主体所辖高等教育机构、市立高等教育机构的财政拨款，根据联邦标准和俄联邦主体标准予以实施。

可见，俄罗斯的高校经费投入制度首先保障公民接受高等教育的经费需求，每个接受高等教育的公民都能够得到国家教育拨款和奖学金及助学金的资助，基本达到高等教育经济公平的目的。其次，俄罗斯政府对高校的经费使用效率做出严格规定，兼顾了经济效率。俄罗斯国家统计局数据表明，2005 年、2010 年和 2018 年俄罗斯高等教育预算开支分别为 1 259 亿卢布、3 778 亿卢布和 5 542 亿卢布。①

3. 高校准入制度

俄罗斯国家统一考试既是中学毕业考试又是高校招生考试，2009 年开始在俄罗斯全境实施。2009 年俄罗斯联邦教育科学部规定，十一年级的所有毕业生都将参加 2 门国家统一考试必考科目——俄语和数学。此外，考生可以根据所要报考的高校和专业，自主选择其他 11 门国家统一考试科目。各高等院校必须按照 4 门国家统一考试成绩进行录取，即俄语成绩、专业课成绩和 2 门专业考试成绩。国家统一考试官方网站的入学考试目录刊登每个专业指定的 4 门考试科目，考生必须选择其中 1 门考试，作为该方向的专业课考试科目。这些新规定尊重学生的兴趣和特长，给学生提供较大的选择空间，学生能发挥侧重学习的优势，选择自己心仪的专业。

作为全国高校统一招生考试，国家统一考试确定考试的统一科目，以及进入高校的高中毕业生所应具备的知识水平，对接受高等教育的准入性进行统一规范。俄罗斯全境的大学生都考同样类型的题目，使用统一的评定量表，有效比较所有学生的水平。国家统一考试保障公民接受高等教育的平等条件和权利，同时在源头上保障高等教育的质量，为提高高校教学效率奠定了基础。根据国家实名制财政券政策，名牌大学招收更多实力强的学生，也会获得更多的国家财政拨款。这样，国家统一考试也促进了大学之间资金的再分配。

---

① Высшая школа экономики, Образование в цифрах 2019, Москва, Национальный исследовательский университет《Высшая школа экономики》, 2019, 27.

（二）高校内部管理

1. 高校管理原则及机制

俄罗斯高校内部管理的原则是民主性、国家—社会性、自主性。据此原则，高校自主权，特别是办学和财产使用方面的自主权较苏联时期明显扩大。高等学校的管理主要依据俄罗斯联邦法律和高等学校章程。高等学校章程由该校全体教师、科研人员、其他工作人员的代表和学生代表参加的全体大会通过。

以校长为首的高等学校学术委员会，对高等学校实行全面领导。俄罗斯高校由经选举产生的代表机构——学术委员会实行总的领导，由校长直接管理。学术委员会根据学校章程选举产生，由校长和副校长以及其他成员组成。校长由全体代表大会以无记名投票方式选举产生，报上级主管部门批准。学术委员会每届任期5年。为了体现高校管理的民主性，学术委员会由高校各方代表组成，其中大学生和研究生的代表不得少于25%。学术委员会的主要职能是：审议并批准高校章程及其内部规章；选举校长（据《俄罗斯联邦教育法》规定，高校校长既可由高校集体选举产生，也可由政府任命）；审议学校经济和发展中的主要问题；等等。

2. 校长负责制及管理层级

俄罗斯高校实行校长负责制，大学设校长一人，通常兼任校学术委员会主席，是学校行政元首。根据高等教学机构章程规定的程序，校长由全体代表大会以无记名投票的形式选举，任期5年，并由上级主管机关批准其任职。

学校设副校长多名，包括：第一副校长（协助校长负责全面工作）；教学副校长（负责学校的教学工作）；科研副校长（负责学校的科学研究工作）；外事副校长（负责学校的对外交流与合作工作）；后勤基建副校长（负责学校的后勤保障、规划建设和有偿服务工作）；总务副校长。另设总学术秘书，其在处理校级日常事务，包括专业性事务时具有很大权力，其地位相当于我国大学校长的第一助理，安排校长的接见活动和会议日程。

国立高校和地方高校实行校、系、教研室三级管理。高等学校工作人员有权选举和被选进高等学校管理机关，参与高等学校重大活动问题的讨论与解决。

3. 管理的自主化

《教育法》从多方面规定了学校内部管理的自主化。高校的自主权体现在多个方面：(1)拥有土地、房屋、设施和其他保障法定教育活动所必须的财产等权利，而以往这些财产均归国家所有；(2)拥有一切合法收入，作为智力劳动和创造性劳动成果的产品，以及用上述收入购置的财产等权利，而以前高校经费唯一的合法源泉是国家预算；(3)根据教育活动许可证，自行决定各方向和专业的招生规模和结构，自行制定招生条例与权利，而以往是国家统一规划专业设置和招生范围；(4)依据高等教育国家标准所提出的要求，制订教学计划和大纲，选择教学方式、方法等权利，高等教育国家标准系新制定颁布的，因此，以前高校根本谈不上有参照该标准制定教学过程中的任何内容程序；(5)确定学校结构、人员编制、劳动报酬(但不能低于法律规定的最低工资)等权利，而以前这些内容均由上级管理机关统管，劳动报酬的等级划分是全国统一的；(6)从事国际教育合作、在遵守俄罗斯联邦法律的前提下进行对外经济活动等权利，而对这种对外经济活动的规定在以往任何法律条文中均未见到。①

在教育教学内容上，学校有权依照国家教育标准和示范性教学大纲，自行制定并实施教学大纲。学校对教学过程的组织可按本校自行制订并通过的教学计划来实施，同样要考虑国家教育管理机关所制订的示范性教学计划。国家研究型大学还可以自行制定教育标准，而不必依照国家教育标准组织教学工作。

这种自主权在每个教师、学生身上的体现是：高校工作人员和学生均有权参与高校重大问题的讨论与解决；教学科研活动的每个参加者均有权在国家统一的教育标准范围内，按自己的酌定选取相应的课题及其讲授和学习的方式、方法，选取科研课题及其完成手段，以及吸取保证教学过程和科研进展所必需的知识或信息。高校学生有权参与校方有关部门协商确定学习科目的活动；有权听本校的各种课，也有权按校际协议听外校的课；有权在课余到任何企业、机关团体打工；等等。②

20世纪90年代初，为追求单纯的经济效率，俄罗斯高等教育曾一度迷失，专业人才培养质量受到社会质疑，高等教育权利的不公平引起民众的不满。进入21世纪之后，俄罗斯政府逐渐认识到高等教育公平与效率协调发展

① 肖甦、王义高：《俄罗斯教育10年变迁》，39页，北京，北京师范大学出版社，2003。

② 顾明远、梁忠义：《世界教育大系·苏俄教育》，668页，长春，吉林教育出版社，2000。

的重要性。2006 年，俄罗斯教育部部长在会见经合组织合作伙伴时指出，在俄罗斯高等教育领域，国家的利益和优先发展的方向不同，但可以将改革划分为六个方向：财政；保障公平和可获得性；质量评价（教学结果评价）；保障大学的责任和多样性；科研与创新；迁移和国际化。因此，高等教育现代化优先发展的方向为保障教育质量、可获得性、社会效率和经济效率。① 这一时期高等教育的发展目标中既保障社会公平，同时也兼顾社会和经济效率。《俄罗斯联邦 2013—2020 年国家教育发展纲要》（*Государственная программа Российской Федерации "Развитие образования" на 2013—2020 годы* ）强调，高等教育入学机会平等问题基本解决，俄罗斯高等教育未来将在教育过程和教育结果的公平方面继续努力。同时，"高质量"成为 2020 年前俄罗斯高等教育发展的关键词，要求教育结果与未来俄罗斯社会和经济发展的任务保持一致。这其中既有对高等教育培养人才的效率要求，也有对高等教育管理机制的效率要求。从保障高等教育的准入性到准入性问题基本解决，从教育质量的保障到教育结果的规格要求，这些都说明了俄罗斯高等教育在公平和效率方面取得的成绩。

俄罗斯在高等教育发展过程中，不断寻找实现公平与效率的平衡点。但这种平衡点的确定要依据国家和社会发展的具体情况，也要考虑民族意识和文化传统等因素。值得注意的是，俄罗斯高等教育发展的过程正值俄罗斯社会转型时期，民主社会的进步、经济的市场化、分配制度的改变都给高等教育的发展带来冲击，给公平和效率不断赋予新的内容。因此，俄罗斯高等教育实现公平和效率的协调发展更加不易。未来仍会朝着公平与效率两个并行不悖的目标有序发展。

---

① T. A. Мешкова, "По итогам встречи министров образования стран-членов и стран-партнеров ОЭСР《Высшее образование: качество, равенство, эффективность》", http: //ec-socman. hse. ru/text/33540263/, 2020-02-05.

第七章 日本高等教育发展中的公平与效率

公平与效率是永恒的命题。在高等教育从精英化向大众化、从大众化向普及化迈进的过程中，无论是欧美"先发内生型"国家还是亚洲"后发外生型"国家，都面对过或正在面对公平与效率的"两难选择"。教育公平与教育效率是人类不断追求的价值观念。构建竞争有序、动态稳定的高等教育体系，推动高等教育的健康发展，要求教育公平与教育效率协调统一发展，不可偏废其一。第二次世界大战后，日本高等教育顺利完成了从精英教育阶段向大众化教育阶段的转变，目前已进入"后大众（post-massification）高等教育"①阶段。日本高等教育在飞速发展的同时，一些涉及公平与效率的问题和矛盾也接踵而至：入学机会的城乡差异、性别差异、区域差异等公平问题，大学生资助的公平与效率的矛盾应当如何处理？经济领域中的"效率优先、兼顾公平"的原则是否适用于以培养人才为主要任务的高等教育？在促进教育公平与教育效率协调发展的过程中，高等教育应当采取哪些应对措施？聚焦日本高等教育发展中的公平与效率问题，能够准确把握第二次世界大战后日本高等教育大众化和改革的演变轨迹，具有时代特点。

---

① 日本教育社会学者有本章在《高等教育大众化阶段的现状与前景》(1997)一书中提出"后大众高等教育"这一概念。书中指出在 20 世纪 90 年代初，日本高等教育毛入学率接近 50％时，日本高等教育出现了诸多既区别于马丁·特罗所言的大众高等教育阶段的特征，又有别于普及阶段的质的变化。有本章认为，从高等教育大众化的实际发展情况来看，"后大众高等教育"阶段之后紧接着是"终身学习"(lifelong learning)阶段。

第一节　日本高等教育发展中的公平

教育公平是现代教育改革与发展的核心任务和必然选择，是世界各国政府教育改革的基本出发点和共同目标。教育公平贯穿于整个教育改革过程的始终，左右着教育改革的方向并最终决定着教育改革的成败。近代以来，"教育立国"是日本跨入世界强国之列、走上经济大国之路的坚强后盾。而教育公平原则的树立和实施则是日本教育发展的核心和灵魂所在。作为在推进教育均衡发展、促进教育公平方面起步较早、发展较为迅速的国家，日本的一切教育制度都是围绕保障每一位国民依法享有平等、充分地接受教育权利这一原则来制定并实施的。

一、行政法律法规中的高等教育公平

教育公平是社会公平的重要基础，是社会公平价值在教育领域的延伸和体现。维护和实现教育公平是一项复杂的社会系统工程。法律是实现公平的一种最常见、最可靠的途径，在教育公平的实践中正发挥着越来越重要的作用。教育法制是建立教育公平机制的根本保障，是维护教育公平既有成果的重要手段。

教育公平的核心是教育机会的均等。战后的新《日本国宪法》和《教育基本法》确立了日本教育的民主与公平的基本理念。遵照这一基本理念，为了保障国民的受教育权利，实现"教育机会均等"和"无差别教育"的目标，日本政府把依法保障公民享有平等受教育权作为制定和修改相关教育法律法规的重要原则，明确了各级政府和教育行政部门的职责，推进在重大政策与改革举措制定过程中的程序化、科学化和民主化水平，逐步构建起了教育公平的法制保障体系。日本关于教育公平的立法理念主要体现在对受教育权的平等、受教育机会的均等以及无差别教育的宣扬和追求上。日本高等教育领域涉及"教育机会均等"的相关法律依据如下。

首先，《日本国宪法》(1946年)第26条第1款规定："全体国民按照法律规定都享有其能力所及的平等接受教育的权利。"也就是说，虽然个人的能力存在个体差异，但是都享有平等的受教育权利。

其次，日本《教育基本法》(1947年)继承了《日本国宪法》第26条的精神，重申了教育机会均等的理念。新《教育基本法》(2006年12月22日修订)基本上沿用了旧法第3条关于教育机会均等理念的阐释，其第4条对"教育机会均等"的规定如下："(1)所有国民都具有平等地接受适应其能力的教育的机会，不得因人种、信仰、性别、社会身份、经济地位或门第出身的不同，而在教育上受歧视。(2)国家和地方公共团体为了使有障碍者能够适应其障碍的状态，接受充分的教育，必须采取必要的教育援助。(3)国家和地方公共团体对于尽管有能力但因经济原因而就学困难的人，必须采取就学奖励措施。"①以上三项既是"教育机会均等"的概念，也是"教育机会均等"的衡量指标。

再次，《经济、社会及文化权利国际公约》(日本于 1978 年签署)第 13 条第 2 款规定："高等教育应采取一切可行的措施，促进无偿教育的渐进式导入，给予所有人其能力所及的、平等接受教育的权利。"

最后，《独立行政法人日本学生支援机构法》(2003 年)第 3 条规定："该机构应为实现教育机会均等，提供学习费用贷款等方面的援助，资助改善大学生、中学生学习环境的措施，以期为社会发展培养德才兼备的创造性人才。"

二、少数民族——阿伊努族的高等教育公平

日本是民族构成较简单的国家，主要民族是大和族，但北海道地区约有1.68 万名阿伊努族(aynu)人②，占日本总人口的 0.01%。阿伊努族人是日本诸岛最古老的原住民，也是日本唯一的法定少数民族。2008 年 6 月，日本国会众、参两院首次通过决议，承认阿伊努族是日本的土著民族，拥有与其他人不同的语言、宗教和文化，并要求政府采取各方面措施提高该民族的社会地位。从隶属于北海道环境生活部的阿伊努民族文化研究中心发布的《北海道阿伊努生活实态调查》(始于 1972 年，每隔七年进行一次)和北海道大学阿伊努原住民研究中心发布的《北海道大学阿伊努民族生活实态调查》(2008 年)的结果，我们可以一窥阿伊努族人高等教育发展的现状。

北海道环境生活部于 2013 年公布的《北海道阿伊努生活实态调查》的相关数据显示，彼时阿伊努族的高中升学率为 92.6%，已基本与全国平均水平持平，大学(含短期大学)升学率为 25.8%，较 2006 年上升 8.4 个百分点，呈稳定上升态势，但仍然滞后于全国 32.8% 的平均水平。此外，考上大学的阿伊

---

① 张德伟：《日本新〈教育基本法〉(全文)》，载《外国教育研究》，2009(3)。

② 这一统计数字仅包括生活在北海道且自愿承认其族群性的纯血统阿伊努族人。实际上目前有许多阿伊努族人生活在北海道以外的地区，而且有相当一部分阿伊努族人由于长期以来受到来自社会的民族歧视而隐藏自己的族群身份。据不完全统计，日本全国具有阿伊努血统的人口约为 20 万。

努人的中途退学率为 20.3％，即约 5 人中有 1 人中途放弃学业。调查结果显示，北海道地区的阿伊努家庭收入仅为当地平均水平的 60％。在已申请家庭贷款的阿伊努族人中，教育贷款占 30.5％，仅次于住宅新建或翻新。在计划申请家庭贷款的原因中，教育贷款高居首位，占 52.2％。家庭经济收入的低下和生活的贫困是导致较低大学升学率和较高退学率的直接原因。①

经济收入、教育水平、社会地位的普遍低下是目前阿伊努族面临的问题，而这"三低"导致"恶性循环"，致使阿伊努族的整体状况难以得到改善。即较低的家庭经济收入水平使其无法拿出更多的资金来教育子女，导致阿伊努族子女普遍低学历，而低学历决定他们只能从事一些不需要太多专业技能和知识的临时的体力型工作，这又导致他们无法获得高且稳定的经济收入及较高的社会地位。②

为改变这一现状，日本文部科学省和北海道地方政府共同出资，为阿伊努族接受高等教育的学生提供特别助学金贷款。2012 年的国家预算执行情况显示，文部科学省与北海道地方政府各出资 6 400 万日元，共计投入 1.28 亿日元，资助了 189 名阿伊努族大学生。此外，大学方面也推出了相应的资助措施。例如，位于北海道的札幌大学在校内设立了阿伊努族子弟专项奖学金，在入学考试环节适度导入灵活的入学制度，提高阿伊努族学生的入学比例。③

三、区域间的高等教育教育公平

近年来，高等教育入学机会的城乡差异已经成为我国社会各界关注的热点和焦点。在学历主义不断渗透到社会各领域的情况下，能否向所有高等教育适龄人口公平地提供接受高等教育的机会，不仅会在很大程度上影响普通国民的社会生活，还将作用于各种社会资源的实际分布和社会价值观的形成，进而对整个国家的发展产生重大而深远的影响。

从高等教育招生考试制度来看，同为东亚高等教育"后发外生型"国家的日本与我国具有一定的同质性，例如，同样采取以全国统一考试为主、特殊

---

① 北海道環境生活部，"平成 25 年北海道アイヌ生活実態調査報告書"，http：//www. pref. hokkaido. lg. jp/ks/ass/ainu _ living _ conditions _ survey. pdf，2020-06-01.

② 黄英兰：《阿伊努民族文化保护与传承研究》，博士学位论文，中央民族大学，2013。

③ 白刚、杨光、吴明：《日本高校考试招生政策对弱势群体倾斜情况调研》，载《世界教育信息》，2015(7)。

类型的招生考试为辅的高考招生政策。但是，与我国计划经济和行政指令色彩浓重的分地区招生制度不同，日本的国立、公立、私立高校根据隶属于文部科学省的独立行政法人大学入学考试中心公布的《大学入学选拔实施纲要》和本校招生计划，在自主招生时以学生的考试成绩为主要依据，并不预先设定各地区的招生名额，各高校制定的考生报名条件均无地域、户籍限制，是一种较为典型的"市场导向"型招生制度。

《日本国宪法》规定，公民拥有迁徙自由，其户籍管理制度的显著特点是"户口随人走"。与我国城乡二元户籍制度不同的是，日本各地方政府对外来人口无区别地给予法律意义上完全平等的"住民"资格。一旦在某地居住下来，就自然成为当地的常住人口，住民在子女教育、国民健康保险、公共设施利用和公共服务享用等社会福利方面，就与原有的常住居民享有同等待遇，不受法律意义上的任何歧视。即使是从农村迁入城市，通常也可以自然获得城市居民的身份和基本权益。①

日本的高等教育机构根据运营母体的种类和归属关系的不同，可以划分为国立、公立（都道府县立及市立）和私立（学校法人经营的学校）三类。这三种设置形态迥异的学校类型，满足了社会对教育多样化的时代需求，实现了多样化兼具特色性发展。同时，日本高等教育在经历过第二次世界大战前的创建、调整和战后的改革与发展的一个多世纪的发展历程后，形成了研究生院、四年制本科大学和由短期大学、高等专门学校、专修学校（专门课程）组成的"非大学高等教育机构"的三级结构，呈现出多层次、多类型、布局得当、大规模、结构合理的特点。在日本，高等教育入学率是指四年制本科大学、短期大学、高等专门学校和专修学校（专门课程）入学者占适龄青年人口的比率。由于日本国民义务教育已经完全普及，各年度的高等教育升学率就是通过将该年度高等教育升学人数除以同年高中毕业生人数获得的。日本文部科学省 2019 年度公布的《学校基本调查》中的大学升学率的相关数据显示，2019年日本全国的大学升学率为 54.7%，含短期大学、高等专门学校、专修学校（专门课程）等在内的高等教育升学率约为 82.3%。② 按照马丁·特罗的高等

---

① 白刚、杨光、吴明：《日本高校考试招生政策对弱势群体倾斜情况调研》，载《世界教育信息》，2015(7)。

② 文部科学省，"学校基本调查—令和元年度结果的概要—调查结果的概要（初等中等教育机关、専修学校·各种学校）"，https://www.mext.go.jp/content/20191220-mxt_chousa01-000003400_2.pdf，2020-06-01。

教育发展阶段理论，日本已经进入了高等教育的普及化阶段。但是，日本全国 47 个都道府县①的大学升学率存在着明显的差异。大学升学率名列前茅的京都和东京分别达到 65.9％，65.1％，与此相对，升学率最低的冲绳县仅为 39.6％，差距不可谓不大。在 47 个都道府县中，升学率超过 60％ 的地区包括京都、东京、兵库（60.9％）、神奈川（60.7％）、广岛（60.6％）等大都市圈，除冲绳外，鹿儿岛（43.3％）、鸟取（43.3％）、岩手（43.7％）3 个县的大学升学率常年在 40％ 上下徘徊。②

根据空间位置，日本全国可大致分为 7 个地区，由北向南分别是：北海道地方、东北地方、关东地方、中部地方、近畿地方、中国地方、四国地方、九州地方、冲绳。其中，关东、中部、近畿 3 个地区的升学率远远高于全国平均值，均已进入普及化阶段。以东京为中心的关东地区和以京都、大阪为中心的近畿地区的 7 个都府县都位列前十，两大都市圈的高升学率引人关注。③

结合上文中日本文部科学省发布的《学校基本调查》（2019）大学升学率相关数据，我们可以看出，日本高等教育入学机会的地区分布呈现出两极分化加剧的趋势，与日本列岛的东北和西南两端各地区相比，中间部分各地区的大学升学率明显较高，首尾大学升学率差距高达 26 个百分点。东京、大阪、京都、名古屋等大城市所在地以及邻近地区获得了更多的高等教育入学机会，而地理位置相对偏远的地区显然处于不利地位。

在日本，东京（中央）与地方的这条主轴始终影响和制约着日本高等教育的等级结构。日本的第一所大学就是创立于 1877 年的东京大学，东京大学的建立标志着日本以大学为塔尖的多层、双轨制高等教育体系雏形的确立。作为日本历史最悠久的大学，同时也是日本的代表性大学，东京大学为近现代日本国家的发展做出了巨大的贡献。在国家的大力扶持下，东京大学在第二次世界大战前就成为日本的"旗舰大学"，是其他大学争相模仿和学习的对象，东京大学的发展史也可以说是日本高等教育发展史的缩影。第二次世界大战

---

① 日本的 47 个行政区共分为一都（东京都）、一道（北海道）、二府（京都府、大阪府）、四十三县。日本的各都道府县相当于我国的省级行政区，由于以"县"命名的行政区占多数，所以一般可以近似地认为日本该级别的地方行政单位是"县"。

② 文部科学省，"学校基本調查—令和元年度結果の概要—調查結果の概要（初等中等教育機関、専修学校・各種学校）"，https://www.mext.go.jp/content/20191220-mxt_chousa01-000003400_2.pdf，2020-06-01.

③ 窦心浩：《日本高等教育机会的地区差异研究》，载《教育与经济》，2011（4）。

后，为了削弱东京（中央）对地方的影响，日本政府积极采取了高等教育的地方分权化政策，却收效甚微。由于经济的高速发展，东京与地方的差距在社会生活的各个领域都缩小了，高等教育的地方分权政策缩小了各都道府县之间入学率的差距，基本上解决了教育公平问题。但是，由于东京所处地理位置的优势，东京（中央）地区的大学与地方大学之间的差距依然存在。这种差距体现在：（1）在人口日益聚集到大都市的进程中，以东京为首的大城市里的大学的新建受到严格的控制，这就大大提高了地处东京的大学特别是私立大学的入学难度，从而加剧了入学考试的竞争，提高了入学者的偏差值。（2）伴随着经济的高速发展，地区间收入差距逐渐缩小，但是在经济活动的中枢功能方面，愈发增强了东京作为首都的凝聚力。日本很多企业以总部录用应届毕业生为原则，因此企业总部集中在东京，就意味着在就业机会方面，地处东京的大学比地方大学更具有优势。（3）信息的国际化多以东京等大城市为中心进行，信息的集中也大大提高了地处东京的大学的吸引力和威信。

四、性别间的高等教育教育公平

第二次世界大战前，日本女子高等教育十分落后，公立高等教育机构几乎不招收女生，多数日本女性无权参与高等教育。第二次世界大战后，教育民主化改革为女子高等教育事业发展注入了新的生机和活力。日本政府在《女子教育刷新纲要》（1945 年）中提出要"促进男女间的教育机会均等、教育内容平等以及男女互相尊重之风气"。文件第 1 条规定"废除阻碍女子入学的规定，创设女子大学并在大学采用男女同校共学制"，第 5 条规定"大学及高等专门学校对女子开放"。《大学入学选拔实施纲要》（1946 年）允许女子报考大学。《学校教育法》（1947 年）颁布的首要理由是"基于教育机会均等的考虑"，"取消男女差别"。自此，日本女子平等受教育的权利有了法律保障。此外，1945—1949 年，日本政府设立了 352 所新制女子高等专门学校、2 所国立女子大学、5 所私立女子大学。由此，女子接受高等教育的机会大大增加。①

20 世纪六七十年代，伴随着日本经济的高速发展，女子高等教育机构、高等教育机构的女性在校生数以及女子高等教育入学率不断攀升，实现了女性高等教育的大众化。与此同时，日本高等教育也出现了新的男女不均衡现

---

① 臧佩红：《战后日本女子教育的发展及启示》，载《南开学报（哲学社会科学版）》，2012（2）。

象。其一表现在女性的高等教育水平低于男性，高等教育内部出现了"女生短大、男生四大"的结构性差距，即女生多考入两年制短期大学、男生多考入四年制大学。两年制短期大学是这一阶段日本女性参与高等教育的主要机构。其二是女性的专业选择范围较为狭窄，多偏向于文学、教育、家政等文科，重文轻理现象严重。

20世纪70年代末至90年代末，日本女子高等教育规模继续扩大，女子高等教育大众化呈现稳步发展的态势。随着《男女就业机会均等法》(1986年)等一系列有利于促进女性就业的政策的出台与实施，劳动力市场对女性的开放程度进一步提高，年轻的日本女性纷纷涌入四年制大学。1996年，女子大学入学率首次超过短期大学，自此，日本女性参与高等教育的途径逐渐演变为以四年制大学为主，短期大学、高等专门学校以及专修学校（专门课程）等高等教育机构为辅的局面。①

进入21世纪，女子教育获得了新的制度保障，在高等教育方面获得了更大的发展。《男女共同参画社会基本法》(1999年颁布，2001年实施)规定："国民必须在单位、学校、地区、家庭等所有领域，基于基本理念，为形成男女共同参画社会做贡献。"新《教育基本法》(2006年修订)将"培养男女平等的态度"确立为新的教育目标之一。2001年，日本国会内阁特设了"男女共同参画担当大臣"，文部科学省终身学习政策局内新设"男女共同参画学习课"。日本政府于2000年、2005年、2010年先后三次制订了《男女共同参画基本计划》，确立了发展女性事业的领域、目标及措施，其中均单列"充实可以多样选择的教育与学习、推进男女共同参画"一项。上述立法、机构、计划三位一体，形成强有力的推进机制，为女子教育的发展提供了制度保障。②

在21世纪的前20年，日本女子高等教育获得了更大的发展。文部科学省公布的2019年度《学校基本调查》相关统计数据显示，四年制大学、两年制短期大学以及高等专门学校的新生中女生比例都呈现出持续上升态势，保持了连续十余年的增长势头。其中，四年制大学各个学段新生中女生的规模持续扩大，本科生新生中女生约占45.9%，硕士研究生新生中女生约占30.4%，博士研究生新生中女生占32.4%，专业硕士新生中女生占33.9%；

---

① 丁坤、尹婧文：《女性主义视域下的战后日本女子高等教育》，载《山西师大学报(社会科学版)》，2010(5)。

② 臧佩红：《战后日本女子教育的发展及启示》，载《南开学报(哲学社会科学版)》，2012(2)。

两年制短期大学新生中女生占 88.4%，远远超过男生；高等专门学校新生中女生占 19.8%。① 此外，女子教育机构相对发达，女子社会教育方兴未艾，标志着日本女子教育的进一步发展。

纵观战后日本，女性获得了普遍参与高等教育的权利，女性入学率不断提高，就读机构逐步升级，女子高等教育、社会教育均获得了长足发展。然而，受"贤妻良母"女子教育价值观和劳动力市场严重性别隔离、性别歧视的影响，日本高等教育中由来已久的"性别轨道"问题依然明显，在教育过程和毕业出路上还远未实现性别平等，新形势下亟待进一步全面深化经济与教育改革。

五、不同阶层之间的高等教育公平

在社会学中，庞大的中产阶级一致被视为现代民主、富裕、发达社会的人群结构特征。从 20 世纪 80 年代至 90 年代初日本泡沫经济爆发之前，日本企业中的终身雇佣制度、年功序列制度以及覆盖整个社会的医疗保险制度、教育费用较低的教育系统促成了所谓"一亿总中流"的中产阶级崛起并成为社会结构的主流，具体表现为各阶层之间的贫富差距较小，生活水平均等化程度较高。② 20 世纪 90 年代，伴随着泡沫经济的破灭，日本经济低迷不振，进入长期低增长甚至负增长时代。与此同时，收入差距开始拉大，大量的中间白领在日本企业的组织变动中失去了原有的社会位置，"中流意识"面临前所未有的危机，学术界产生了关于"中流崩溃论"的大争论。贫富差距拉大的社会状态对即将升入大学的高中学生产生了消极影响，进而引发并导致平等受教育权利的丧失，而教育费用的连年递增可以视为教育机会不公平现象加剧的根本性原因。

日本政策金融公库综合研究所 2020 年 3 月公布的《教育费负担实际情况调查》数据显示，培养一名孩子从高中念到大学毕业所需的教育费用平均为939.1 万日元。子女教育支出已成为家庭经济支出的重要组成，支出比例平均占 17%。在年收入"200 万～400 万日元"的低收入家庭的教育支出中，这一比例高达 37.5%，支出负担过重。调查表明，为使教育费得到保证，32.7% 的家庭在努力"削减教育费以外的支出"。例如，日本低收入家庭主要通过减少

---

① 文部科学省，"学校基本調査 令和元年度結果の概要—調査結果の概要（高等教育機関）"，https://www.mext.go.jp/content/20191220-mxt_chousa01-000003400_3.pdf，2020-06-01.

② ［日］佐藤孝弘：《日本教育不公平问题分析》，载《教育与经济》，2010(2)。

和控制伙食费（不含外出就餐）、购置衣物费等方式来保证子女教育费用。23.5％的家庭通过"提取定期存款或保险金"，22.9％的家庭需要"受教育子女打工"，17.6％的家庭"正在领取奖学金"。①

在日本，子女的教育费用主要包括入学费用和在学费用。入学费用包括考试费用和入学金等。其中，高中的生均入学费用为 30.3 万日元，高等专门学校、专修学校等为 57 万日元，短期大学为 63.3 万日元，大学为 82.8 万日元。同样的学科，私立大学的入学金和学费的总金额就要比国立大学高得多。例如，私立大学的入学费用为理科 84.5 万日元、文科 86.6 万日元，国立、公立大学的入学费用为 71.4 万日元。在学费用包括学校教育费和家庭教育费（补习教育费）。学校教育费由学费及教材费、学习用品费、设备费等构成。高中的生均学费为 72.8 万日元，高等专门学校、专修学校为 144.7 万日元，短期大学为 138.1 万日元，大学为 151.9 万日元。其中，私立大学的学费为理科 184.3 万日元，是国立、公立大学理科学费的 1.7 倍；文科 157.6 万日元，是国立、公立大学文科学费的 1.5 倍。② 贫富差距的扩大还影响到低收入阶层子女升入大学的比例。日本高收入阶层和低收入阶层子女在接受国立、公立和私立大学的机会上存在差别，特别是在进入名牌国立和私立大学的机会上存在着显著的差异。近年来，在东京大学、早稻田大学等一些名牌大学中，来自高收入阶层家庭的学生要远远多于来自年收入 400 万日元以下低收入阶层家庭的学生，来自低收入家庭学生的比例呈现逐年下降的趋势。③

截至目前，日本中央政府在缩小不同阶层间高等教育机会差异方面，主要通过独立行政法人日本学生支援机构（JASSO）和国民生活金融公库两个机构对家庭困难学生给予助学贷款等援助，同时还要求国立大学、鼓励私立大学减免困难学生的学费，保证学生不因经济原因影响学业。具体有以下举措。

第一，设计日本国家助学制度。日本是世界上以贷款为主进行大学生资助的国家。日本的国家助学制度分为两个完全不同的下位制度体系，一个是由日本学生支援机构管理和经营的奖学金，另一个是由国民生活金融公库管理的助学贷款。后者的教育贷款主要面对学生家长，除利息稍低之外，其他

---

① ②　JFC 日本政策金融公库，"子ども1人当たりにかける教育費用（高校入学から大学卒業まで）が減少～令和元年度「教育費負担の実態調査結果」～"，https://www.jfc.go.jp/n/findings/pdf/kyoukihi_chousa_k_r01.pdf，2020-06-01.

③　卢彩晨：《日本缩小不同阶层子女高等教育入学机会差异研究——基于高等教育大众化视角》，载《复旦教育论坛》，2006(4)。

方面和一般商业贷款相同，使用者较少。日本学生支援机构管理和经营的奖学金，本质上属于国家助学贷款。该国家助学贷款制度在 2004 年 3 月之前由日本育英会管理，故名为"育英会奖学金"。日本育英会在并入日本学生支援机构之前已有 60 多年的历史，其作为国家助学贷款的机构在社会上影响巨大。日本学生支援机构管理和经营的奖学金有两大特征：完全采用贷款方式和国家设立独立机构经营国家助学贷款。从该奖学金申请者的学习阶段来说，不仅有高等教育的学生，就连初中毕业生和高中生也具备申请资格。有资格申请该奖学金的高等教育的学生包括博士和硕士研究生、四年制大学学生、短期大学学生、高等专门学校的学生、专修学校（专门课程）的学生。根据国家助学贷款的资金来源，可以把该奖学金分为第一贷款和第二贷款。其中，第一贷款的资金属于国家财政借款，每年由财政部门列入国家预算，由国家财政支出，属于无息贷款；第二贷款的资金来源分为两部分，一部分来自国家投资资金的融资即国家财政投资贷款，还有一部分是日本学生支援机构（原育英会）发行债券的收入，属于有息贷款。贷款申请者能够获得哪一种贷款，主要取决于贷款者的家庭经济状况和学习成绩两个标准。获得无息贷款的家庭收入标准远低于有息贷款的申请者标准，而学习成绩则要高于有息贷款的申请者标准。对于家庭收入更低者，如果无息贷款所获金额不能满足需要，可以申请两者兼有的混合贷款。该奖学金在选择对象学生时，首先注重照顾家庭经济特别困难的学生，然后以学习成绩为标准，在这些家庭经济困难的学生当中进行严格选拔。应该说，该奖学金作为国家高等教育投资，兼顾了公平和效率的有机统一，尤其是在公平方面具有较好的资助效果。①

第二，减免大学学费。根据文部科学省的行政命令，所有国立大学都制定了困难学生学费减免办法，政府还鼓励私立大学减免困难学生的学费，所减免学费的一半由日本私立学校振兴共济事业团（半官方机构）补偿给大学。一般来说，在入学后，成绩优异且因不得已的理由，不能支付学费的博士和硕士研究生、四年制大学学生可申请学费减免。经审核后，符合条件者可享受全额或半额的减免。

六、大众化高等教育结构体系与教育公平

规模、结构、质量、效益四要素在高等教育发展过程中发挥着不同的作

---

① 徐国兴：《在效率与公平之间——大学生资助体系中政府定位的中日比较》，6、57～60 页，上海，上海教育出版社，2009。

用，是相辅相成、相互依存的关系。其中，在科学统筹高等教育事业的问题上，高等教育的结构问题是非常重要的决策基础问题。高等教育结构合理与否，直接关系到高等教育的公平、质量与发展水平，关系到高等教育系统整体的规模与效益。

日本高等教育在由精英化向大众化、由大众化向普及化迈进的过程中，受日本社会经济飞速发展以及国家科技研究、人才市场需求变化的影响，其体系结构进行了一系列的调整，渐趋合理完整，基本上适应了社会经济发展的需要。日本的高等教育规模庞大，种类繁多，能够满足社会各个阶层的教育需求。日本高等教育体系包括大学(本科及包括硕士课程、博士课程、专门职学位课程在内的研究生院)、短期大学、高等专门学校、专门学校(设置专门课程的专修学校)、各种成人学校、教育培训机构、广播大学和函授大学、艺术类大学等不同类型的教育机构。文部科学省公布的 2019 年度《学校基本调查》相关统计数据显示，该年度日本高等教育情况如下：(1)日本有 786 所大学(其中，国立 86 所、公立 93 所、私立 607 所)，326 所短期大学(其中，国立 0 所、公立 17 所、私立 309 所)，57 所高等专门学校(其中，国立 51 所、公立 3 所、私立 3 所)。(2)大学在校学生总数 2 918 668 人(其中，国立 606 449 人、公立 158 176 人、私立 2 154 043 人)，短期大学 113 013 人(其中，国立 0 人、公立 5 741 人、私立 107 272 人)，高等专门学校 57 124 万人(其中，国立 51 298 人、公立 3 781 人、私立 2 045 人)，[①] 在日本的 786 所大学中，私立大学有 607 所，占学校总数的 77.2%，约为国立和公立大学的 3.39 倍；私立大学在校学生数为 2 154 043 人，占在校学生总数的 73.8%，约为国立和公立大学在校学生数的 2.82 倍。

经过第二次世界大战后半个多世纪的改革和发展，日本形成了"金字塔"型多层化的高等教育结构，高等教育分层发展。位于塔底的基础层由专门学校、高等专门学校、短期大学组成；中间层由四年制大学组成；顶端的最高层由注重精英教育的研究生院组成。其培养目标各有侧重：基础层侧重于职业能力的培养，强调职业性与实用性；中间层一直是高等教育发展的重点和主体，侧重于人才的培养；最高层立足"少而精"原则，侧重于学术理论的研

① 文部科学省，"学校基本調查—令和元年度結果の概要—調查結果の概要(高等教育機関)"，https://www.mext.go.jp/content/20191220-mxt_chousa01-000003400_3.pdf，2020-06-01.

究与精英人才的培养。

日本高等教育的主要特征是由承担不同社会职能的"官学"和"私学"两种设置主体构成的双元结构。设置主体的不同，决定了教育研究功能、资源分配模式的不同，进而确定了高等院校体系内部的等级序列，形成了独具日本特色的"官学"与"私学"并存、中央与地方并重的多层次的高等教育格局。根据《学校教育法》中"设置者经费负担"①的原则，日本高等教育机构可以分为国立、公立和私立。其中，（1）国立高等教育机构是由国家设立，并遵照《学校教育法》（1947 年）、《国立学校设置法》（1949 年）、同法施行规则及其他规章制度运行经营的。同时，《国立学校设置法》还规定在日本的都道府县等各级行政区域最少需设立一所国立大学，以协调区域间教育水平。自《国立大学法人法》（2003 年通过）生效之日起，国立大学的法律地位发生了重大变化，于2004 年 4 月 1 日正式过渡为独立行政法人国立大学。国立大学法律地位的改变，重构了大学与政府、社会之间的关系。（2）公立高等教育机构是由都道府县市区町村等地方公共团体设立并维持其日常运营的。从由地方公共团体设置、管理这一特性来看，公立高等教育机构承担着向地方提供高等教育机会和作为地方社会知识文化的据点等重要责任，同时也被寄予厚望，要对地方社会经济、文化发展做出贡献。截至 2004 年 4 月 1 日国立大学法人化政策正式实施之前，日本的国立大学和公立大学一直处于"国家设施型"（State Facility）②经营形态之中。国立学校、公立高等教育机构中的国立大学和公立大学并非法人实体，而是作为中央和地方政府机构的一个组成部分存在的。（3）私立高等教育机构是指遵照《私立学校法》（1950 年），由个人或民间团体等学校法人设立、管理，并维持其日常运营的高等教育机构。其经费源自学校法人的自筹资金和学生交纳的费用。与国立大学、公立大学相比，学校法人作为私立大学的设置者，独立性非常高。同时，由于其拥有自我决策的权力，因而对瞬息万变的社会变化的应对能力也较国立大学、公立大学强。根据《私立学校法》的规定，私立学校不是国立和公立学校的辅助机构，而是与国立学校、公立学校担负着同样任务的公共教育机构。同时，私立学校不是作为特许事业服从于国家的集中管制，而是适应国民的多样化要求而自由开设与经

---

① 《学校教育法》第 5 条规定："学校开办人管理其所办学校，除法令另有规定外，应负担所办学校经费。"

② ［日］金子元久：《大学的经营形态——日本的特征》，载《教育与经济》，2002(2)。

营的。与国立大学、公立大学这样由国家、地方公共团体设置、管理的教育研究设施相比，私立大学是作为以教育研究为目的的经营体而存在的。① 除《私立学校法》外，日本政府还制定了《私立大学振兴助成法》和《国家对私立大学的研究设施提供补助规程》等法律法规，对私立学校进行资助与扶植。

与欧美发达国家相比，日本是私立教育比较发达的国家，私立教育在整个教育体系中占有重要的地位。日本以官、公立学校为主的教育体系是经由国家严密定义和强大控制下确立的，尽管如此，具有革新性、灵活性特征的私立学校仍然对日本教育体系产生着重大影响。日本高等教育的特点是精英教育与大众教育相结合。位于高等教育金字塔顶的国立大学主要实施精英教育；私立大学则主要承担普及和发展大众教育的任务。特别是在非义务教育阶段，私立教育占据了主导地位，对非义务教育的普及和发展做出了很大贡献，在人才培养方面起到了不可或缺的重要作用。日本私立高等学校在第二次世界大战前就具有了相当的规模，私立高等院校被视为国立学校和公立学校的辅助与补充力量，单有国立学校和公立学校无法满足时代和国家发展的需要，在一些国立学校、公立学校能力不及或不愿意活动的领域，私立高等学校发挥了很大的作用。在日本高等教育大众化的进程中，作为高等教育大众化任务的主要承担者，私立高校所起的作用要远远大于国立高校和公立高校，为日本高等教育的普及立下了"汗马功劳"。

第二节　日本高等教育发展中的效率

效率是人类社会永恒的理念和追求。高等教育是现代人类社会的重要实践活动，因此，关注与追求效率一直就是人们从事高等教育活动时自觉或不自觉的价值取向。高等教育效率的内涵具有复杂性和多样性的特点。从宏观角度来说，高等教育效率指的是国家和社会的高等教育投入等教育资源经过一定方式的配置，对整个国民经济和社会发展所起的作用和贡献的大小。高等教育是准公共产品，高等教育应该注重效率。一方面，高等教育资源可以通过市场机制来配置，市场机制是以效率为基本价值的，所以，高等教育发展需要考虑效率。另一方面，以合理的资源投入和资源配置获得满意的政策效果是社会政策设计者、执行者和受益者的共同目标。因此，高等教育发

---

① ［日］丸山高央：《大学改革と私立大学》，198 页，東京，柏書房，1992。

过程必然产生效率问题。但是，高等教育的效率取向是相对的，即不是所有情形都适用效率原则。它也是从属的，即当公平与效率存在冲突时，效率必须服从公平。高等教育发展要做到的是尽量避免公平差—效率差的状况，努力实现公平好—效率好的状况。

一、日本高等教育发展中的市场化趋势

从 20 世纪 80 年代中期开始，缩减公共财政支出、削减政府财政赤字、通过采取市场调节和引入竞争原理等手段提高包括大学在内的公共行政机构的效率等，成为许多国家（地区）行政改革的共同课题。高等教育领域的这一变化反映了新自由主义和新公共管理"大市场与小而能政府"的理念。新公共管理理论认为，在公共领域引入自由竞争及采用自由市场的供需法则运作，可以打破政府部门对这些领域的传统垄断，使公共部门提高效率、降低成本，并且保证所提供的公共服务与产品的质量。

（一）引入竞争机制，追求效率

自 1984 年临时教育审议会成立以后，以教育自由化、市场化、多样化为口号的新自由主义教育改革率先在日本高等教育领域展开。日本高等教育领域逐步从"计划模式"向"市场模式"转化，进入"自由竞争、优胜劣汰、适者生存"的时代。在高等教育领域引入市场竞争机制，高等教育的市场化趋势反映在日本高等教育改革中的具体体现是"规制缓和"（deregulation）、消除垄断（de-monopolization）和私有化（privatization）三个方面。[①] 其中，消除垄断即政府放宽或取消那些禁止私立大学和国立、公立大学竞争的有关规定，如收费标准、招生标准、课程规划等，其目的在于促使具有不同设置主体的大学能够在一个平等的平台上自由竞争。私有化，日文译为"民营化"。在全球范围内的新公共管理运动中，国家预算中高等教育经费的增加对国家公共财政产生的压力导致旨在减少公共财政支出的民营化政策越来越流行。1997 年，由日本前首相桥本龙太郎直接领导的行政改革委员会将"国立大学民营化"构想纳入国家行政改革项目，其根本目的是在国立大学中引进市场竞争机制，使其向民营化方向发展，改变其"国立"性质，促进高等教育经费的多元化，

---

① 戴晓霞、莫家豪、谢安邦：《高等教育市场化》，23～25 页，北京，北京大学出版社，2004。

不以政府公共经费为国立大学办学经费的单一来源，在拨款机制中加入竞争元素，增加私有资金的比例。竞争和效益是市场介入高等教育带来的最为突出的影响，也是高等教育精英化到大众化转型过程中所体现出的基本特征。竞争原理的导入，产生了高等教育多样化的必然结果，高等教育系统内部的竞争机制逐渐形成，改变了以往精英教育阶段大学封闭在"象牙塔"之内的状况，为大学的发展注入了活力。

日本在推行"21世纪COE计划"和"全球COE计划"①之前，采用的是高度集权式的教育管理体制，其高等教育长期处于高度集权主义的控制之下。日本政府重点支持若干所国立大学，每年向这些大学按人头统一拨付办学经费。此时的国立大学的教职员工属于国家公务员，大学的管理机构实际上是政府行政机构在高等学校的延伸，权利为政府所垄断，大学成为一个无权无责的执行机构。从教育经济学的观点来看，高等学校也是提供公共产品的机构，这种特殊产品就是高等教育和科研成果。而之前的日本国立大学，由于处于政府教育主管部门的严格控制之下，自主性较差，具有强烈的行政机构色彩，其提供的公共产品，从任务指标、科研经费到评价机制都是政府部门下达的，实际上处于高度的受控状态。而新公共管理理论认为，政府机构与公共组织的关键性特征之一是其产出的非市场性质。允许一个机构对特定服务的提供进行垄断的通常理由在于为了避免浪费性的重复生产，但其结果却是使这些机构免除了竞争压力，变得没有效率。并且，政府机构产出的质和量难以进行测定和量度，加上在垄断服务的同时也垄断了信息，公众和民意机关难以对其工作效率实施有效的监督和控制。国立大学的"官体制"所造成的恶果，一方面是其自身的"结构臃肿"和资源浪费增加了国家的负担；另一方面是"大锅饭""铁饭碗"现象的存在使得大学教职员工普遍缺乏竞争意识和

---

① 为了推进具有国际竞争力的世界最高水平大学的确立，日本政府从提升本国国际竞争力的迫切需要出发，结合本国高等教育的发展实际，由文部科学省于2002年出台了"21世纪COE计划：为了形成世界性研究教育基地而实施的重点支援项目"。该计划以《大学结构改革方针：作为构建充满活力、富有国际竞争力的国、公、私立大学的一环》（通称"远山计划"，2001）为政策依据，作为文部科学省的"卓越研究中心建设费补助基金制度"的一项改革措施，于2002年起正式开始实施。"21世纪COE计划"（2002—2006年实施）突出了资助重点，向具有世界最高水平的研究教育中心倾斜，引导和促进各大学发挥自身优势、个性和特色，创建具有国际竞争力的、特色鲜明的世界最高水平的大学。在"21世纪COE计划"取得积极成果的基础上，日本政府又于2007年启动了作为其后续计划的"全球COE计划"。

效率意识，导致了大学工作效率的低下和竞争力的下降，从而无法提供高水准的教育与科研服务。因此，运用新公共管理原理对国立大学进行改革是必然选择，而"21世纪COE计划"和"全球COE计划"正是这场深刻变革在科研管理体制上的集中体现，是从过去的计划经济方式向市场经济竞争方式转变的结果，是根据市场机制进行运作的提升国际竞争力的计划。

在"21世纪COE计划"和"全球COE计划"的实施过程中，不管是COE的遴选还是基于绩效评价的研究资金的资助，都引入了竞争机制。这样一来，既维护竞争个体之间的公平，又有利于提高资金的使用效率。例如，在COE的遴选上，日本学术振兴会采取了公开竞争招标（competitive tendering）的形式，取消国立大学以往享有的优待，对国立、公立、私立大学一视同仁，最终入选凭借的是各自的综合实力，体现能者上、庸者下的原则；在研究资金的分配上，首先经由第三方评价组织"计划委员会"的专家、学者对各COE的大学未来发展规划报告、COE建设计划报告和研究教育活动报告等进行综合评价，决定是否给予资金支持；而后在中期考核评价阶段，通过书面评价与听证会·合议评价两种方式，对COE中期评价报告等进行审查后决定具体的资助数额。日本政府通过在大学之间引入市场竞争机制，不限出身的选拔方式刺激所有国立、公立、私立大学活跃起来，投入到"虚拟市场"中积极参与竞争，进而激发了所有大学的活力。

(二)放松严格管制，实行分权化管理

新公共管理理论认为，与集权的政府机构相比，授权或分权的机构更富有效率、灵活性，因而主张放松严格的规制，减少行政干预。1998年，经合组织在《重新定义高等教育》（Redefining Tertiary Education）报告中指出，国家（政府）应"还政于高等院校"，减少政府对大学财务、人事、课程设置等方面的管制，将决策权下发给学校，对高等院校的管理要由以往的微观调控转为宏观调控。

自20世纪80年代中后期起，"规制缓和"就成为日本国家改革的关键词。所谓"规制缓和"，换言之就是"去行政化"，即以市场力量取代政府行政干预，赋予高等教育机构更大的管理弹性，使其在面对社会变化及竞争时能够积极、迅速地做出反应。20世纪90年代以后，随着社会服务和公共政策私有化的流行，为了提高公共政策和社会服务的效率和效益，日本政府开始采取新公共管理的思维和手段来管理和营运大学。具体表现为：以市场逻辑引导大学的

发展，以自由化、弹性化、个性化以及绩效责任等取代政府的干预与管制。权责下放并不意味着政府放弃对大学的管理与控制，而是采取不同于以往的宏观指导手段，扩大大学办学自主权及自我负责的合理空间。在国家公共部门改革过程中，政府在提供公共服务时扮演的角色发生了巨大转变。新公共管理理论提出政府应将"掌舵"与"划桨"两种责权分离，应成为"掌舵者"而非"划桨者"，将微观管理领域放手给市场，由公共部门、私人部门或非营利部门来从事公共产品和服务的提供，保留政府"掌舵者"的角色，对公共产品或服务的提供者所提供的产品或服务的质量进行评价和监督，同时，还要对公共部门的绩效进行定期审查与考核，并根据公共产品或服务提供者的质量与绩效来对其实施奖惩。政府在提供公共服务过程中角色的转变体现在日本创建大学卓越研究中心政策上，就是采取了委托代理的方式，即由文部科学省制定和提供改革的方针政策，并不直接主导或干预具体的改革方案或改革进程，由委托代理机构——独立行政法人日本学术振兴会来提供公共服务，负责政策执行的相关事宜。

作为日本政府最重要的科学研究基金组织，日本学术振兴会于 2003 年 10 月起正式成为独立行政法人机构（Incorporated Administrative Agency，IAA），在基本任务和管理体制等方面发生了重大变革。在法人化改革前，日本学术振兴会作为文部科学省的下属机构，代表政府提供公共服务，无论是关系到机构运营的重大决策还是人事管理，都必须听命于上级主管部门，缺乏独立性与自主权。法人化改革后，日本学术振兴会实施自主管理，与文部科学省之间通过契约（合同）来履行各自的职责。文部科学省通过政策评价和行政监管，加强了制定政策以及监管的职能，而日本学术振兴会的职能则是重在提高执行力。文部科学省对日本学术振兴会的管理与控制由直接领导转变为通过"签订合同（制定 3～5 年的中期目标及计划）"以及第三方的"事后评价"等间接方式来实现。例如，日本学术振兴会的主要职能是履行契约，完成中期计划；而负责审查日本学术振兴会中期计划的文部科学大臣根据《独立行政法人日本学术振兴会法》对其工作提出意见和建议。相较于以往文部科学省对日本学术振兴会直接干预、过度干预的集权式管理模式，经过法人化改革后，文部科学省仅承担为日本学术振兴会提供科研经费和审查其中期目标是否达成的职责，对于"21 世纪 COE 计划"等科研项目的具体管理事项不再过问与干涉，而是交由后者全权负责。

(三)建立多元监控机制，注重产出控制

新公共管理理论作为公共行政实践与理论领域的新发展，受到管理学与私营部门管理的重要影响。新公共管理理论主张，政府作为公共产品或服务的提供者，其服务应以顾客或市场为导向，顾客作为公共产品或服务提供者的利益相关者，有权利对投入的资源所产生的效果进行监督。"顾客导向"(customer orientation)的理念促使公共问责制度诞生，而绩效评价与项目评价就成为公共组织加强管理的重要方法与手段，成为社会公众监督与参与管理的重要途径。相对于传统公共行政注重对管理规则的遵循以及对管理过程的重视，新公共管理理论更加强调管理的结果——绩效。随着新公共管理运动的兴盛，绩效被广泛运用到政府管理之中，政府管理的重心发生了转移，由注重"事前干预"转向重视"事后评价"。所谓"事后评价"，指的是对部门、机构所要达到的目标及管理运营的结果进行事后的监督和评价。

近年来，由于受到新公共管理理论的影响，大学开始从纯粹学术及文化教育机构转变为公营服务机构，大学教育已经被视为公共服务，也是一种待沽的"商品"。因此，近年来大学教育改革与发展的重心一直围绕有效运用公共财政资源、提高服务质量、强调公众问责等展开。国家公共财政中的高等教育经费来源于纳税人所缴纳的税款。随着高等教育规模的扩大，公共财政投放不透明、浪费现象时有发生，服务效率不太理想。作为纳税人的公民或消费者针对其所缴税款的具体花费情况而要求知情权的呼声愈加强烈。在此情况下，新公共管理理论借鉴私营部门的做法，在高等教育领域引入了以第三方评价为代表的绩效考核机制，加强社会大众对高等教育的问责，促使大学在多元监控机制的作用下，保证其所提供的产品和服务的质量。当然，在大学这一教育研究领域完全引进市场机制也许未必妥当。但是，政府通过第三方评价监控下的财政资源竞逐机制，促使大学不断提高教学与研究质量，完善有利于大学之间竞争的环境，对于推动大学积极开展教学与研究并提高自身水平是极为重要的。

文部科学省将"21 世纪 COE 计划"和"全球 COE 计划"的实施全权委托给既不直接隶属于政府也不完全由大学教师或研究人员等学术人员支配的中介机构——独立行政法人日本学术振兴会负责。该机构联合大学基准协会、大学评价·学位授予机构和日本私立学校振兴·共济事业团，专门成立了"21 世纪 COE 计划/全球 COE 计划委员会"，负责 COE 评审细则的制定、COE 的

审查及监督、COE 实施效果的评价等相关事务。在"21 世纪 COE 计划"和"全球 COE 计划"的实施过程中，"21 世纪 COE 计划/全球 COE 计划委员会"引入第三方评价机制，灵活运用大学基准协会、大学评价·学位授予机构和日本私立学校振兴·共济事业团等第三方评价机构，对国立、公立、私立大学实施第三方评价。第三方评价包括三个阶段的评价：事前评价（针对计划方案的必要性、有效性、妥当性、可行性等方面）；中期评价（或称"事中评价"，针对计划进展状况）；事后评价（针对计划方案完成情况，科技成果对社会、经济的贡献等）。由于有后续计划"全球 COE 计划"的出台与实施，委员会还进行了跟踪评价，即包括科技成果影响效果在内的整体验证与评价。文部科学省根据第三方评价机构的结果，有重点、倾斜性地分配有关大学建设卓越研究中心的补助基金。评价结果定期向学生、企业、赞助团体和社会全面公开。如此一来，文部科学省对大学科研活动的管理就实现了从"事前干预"向"事后评价"的新公共管理制度的转型。

二、日本高等教育发展中的课程与教学模式改革

以质量提升为核心的高等教育内涵式发展是各国提升核心竞争力的重要举措和必然选择。教育的核心是学习，优质教育的核心是优质学习。所谓优质学习（high quality learning），即高质量的学习。本科教育是高等教育的主体和基础，提高本科教育质量是高等教育发展的核心任务，抓好本科教学是提高整个高等教育质量的重点和关键。自 20 世纪 90 年代中期以来，日本的高等教育改革在国家"科学技术创造立国"论主导下，政策重点向构建高水平大学卓越研究中心倾斜，过分强调大学的科研职能，教育和教学没有得到应有的重视。同时，由于财政资助原则与设置基准面向大学的科研活动，出现了扶持对象向重点研究型大学"一边倒"的局面，阻碍了科研实力薄弱而教学具有特色的私立大学及地方公立大学的全面发展，对日本高等教育的整体发展产生了错误导向和一定的负面影响。为了纠正"重研究轻教学"的不良风气，有效地保障大学的特色定位和高等教育结构的均衡，对于那些没有获得政府资助、在科研方面不具优势而教学独具特色的大学，日本政府基于重视对大学教育活动的评价的考虑，将这类大学定位为教育基地，鼓励具有鲜明学科特色或行业特色的单科或多科大学发展。自 2003 年开始，文部科学省先后实施了"独具特色的大学教育改革支援计划"（Support Program for Distinctive University Education Good Practice，俗称"特色 GP"）、"满足现代化教育需求

的项目支援计划"（Support Program for Contemporary Educational Needs Good Practice 或译为"现代化教育需求配合支援计划"，俗称"现代 GP"）、"高质量大学教育推进计划"（Program for Promoting High-Quality University Education Good Practice，俗称"教育 GP"）等一系列"GP"教育支援项目，以能增强与提高学生学习实效，造就独具个性、富有魅力的特色化大学教育为最终目标。

（一）"独具特色的大学教育改革支援计划"

2003 年 6 月，文部科学省开始实施"独具特色的大学教育改革支援计划"。因其与"21 世纪 COE 计划"同样是采取重点资助金的形式，且申报及审批程序也相似，所以该计划又被称为"教育版 COE"，又称"COL 计划"（Center of Learning Program）。文部科学省将"Good Practice"（优秀实践）作为大学教育改革支援计划的关键词，对于诸如教育方法和教育课程（课程编制等）方面的创意与改进、为满足社会需求较高的课题而采取的举措、为提高教育质量而推行的富有特色的优秀教育改革方案进行募集、筛选并提供支持，从而达到改进大学教育、进　步激发高校人才培养活力的目的。

"独具特色的大学教育改革支援计划"以创建富有个性化的大学、提高大学教学质量、强化大学的国际竞争力为主要目的。其具体实施是在各大学自主改善自身教育活动的基础上，从改进和扩充大学教育内容的观点出发，根据授予学位的课程，公开募集有利于提高教育内容与方法的精度和丰富程度的富有特色的优良方案，遴选出富有特色的大学学科及专业并给予财政支持，通过项目推广，广泛地向社会公开优秀教育改革方案信息，实现资源共享，激发所有的大学努力改善教育活动的积极性，促使大学的教育活动满足 21 世纪知识社会的需求。

"独具特色的大学教育改革支援计划"的资助对象除面向所有的国立、公立、私立大学之外，也把短期大学列入资助范围。各大学既可以以整个大学作为申报单位，大学的专业学科也可以把下属学院、学科及专业作为一个独立的单位进行申报。该计划和"21 世纪 COE 计划"一样采取公开遴选制，有关项目的具体评选及审查工作由文部科学省委托财团法人大学基准协会组成"特色大学教育改革支援计划实施委员会"（以下简称"实施委员会"）负责操作。实施委员会下设"综合评价部会"和"各审查部会"两个分支机构，负责对不同类型学校所提交的项目进行评审，两个分支机构下又分设若干部门，按照学科领域的不同进行划分，负责各学科领域的评审工作。该计划预计在全国的国立、公立、私立大学中筛选出 100 所特别重视教育、积极推行教育改革，并在教学工作中形成一定特色、取得明显成效的学校，向它们提供财政支持，进行重点扶助。被选中的大学将获得私立学校扶助金或由国立学校特别审计部门划拨的重点扶助金。该计划的实施周期原则上规定为 2～4 年，每个受资助项目的最高金额不超过 2 400 万日元，其中文部科学省的拨款以 1 550 万日元为上限，其余不足部分由各大学及短期大学自主筹集。

2003—2005 年度，"独具特色的大学教育改革支援计划"在以下五种主题类型中开展了特色学科的申报及评审工作：(1)综合性教育活动的改善；(2)教育课程类教育的改善；(3)教育方法类教育的改善；(4)学生学习及课外活动等方面的支援；(5)大学与区域、社会关系的改善。2006 年度，文部科学省将申报的类别范畴更改为学士课程、短大学士课程和硕士课程三大类，而后又在学士课程和短大学士课程下设"教育课程类教育的改善""教育方法类教育的改善""非教育课程类及教育方法类的教育活动的改善"三种主题类别；在硕士课程下设"以人文社科类教育活动为主的改善""以理工农类教育活动为主的改善"和"以医疗类教育活动为主的改善"三种主题类别。2007 年度，文部科学省取消了对硕士课程的资助，仅保留了学士课程和短大学士课程两大类别。各大学、短期大学及其所属的学科及专业可以根据以上主题类型，结合自身学科与专业的特色进行申报。为避免资源配置和财政支持的重复浪费，该计划还规定各大学的研究生院研究科及短期大学的专门科等研究组织不能提出教育改革方案的申报。与"21 世纪 COE 计划"关注世界最高水平研究活动不同，该计划的审核基准更为关注学科及专业中教育活动的特色与发展前景，重视理念、特点、组织性、有效性、发展性。

2003 年度，"独具特色的大学教育改革支援计划"从 664 项应募中选出 80 项作为资助对象，投入 13 亿日元的预算，获得立项的每项计划可获得约为 1 550 万日元的资助，用于提高教育课程的质量，促进教育方法的改善。该计划从 2003 年度开始实施，截至 2007 年，共申报项目 2 270 个，批准设立特色学科 285 个。其中，2003 年度申报 664 个，获批 80 个，审批通过率为 12.0%；2004 年度申报 534 个，获批 58 个，审批通过率为 10.9%；2005 年度申报 410 个，获批 47 个，审批通过率为 11.5%；2006 年度申报 331 个，获批 48 个，审批通过率为 14.5%；2007 年度申报 331 个，获批 52 个，审批通过率为 15.7%。预算金额也由最初的 13 亿日元增至 35 亿日元。①

　　通过研究和分析 2003—2007 年度"独具特色的大学教育改革支援计划"的具体实施情况，我们可以看出：（1）从不同类别大学和短期大学每年度的申报情况来看，由于私立大学和私立短期大学的总数与申报基数较大，其获批特色学科的数量远远超过国立、公立大学（短期大学）的总和。该计划共设立特色学科 285 个，这些特色学科分别隶属于 278 所大学和 68 所短期大学。在获批大学中，国立大学 87 所，占获批学校总数的 31.3%；公立大学 28 所，占获批学校总数的 10.1%；私立大学 163 所，占获批学校总数的 58.6%。在获批短期大学中，国立短期大学 2 所，占获批学校总数的 2.9%；公立短期大学 10 所，占获批学校总数的 14.7%；私立短期大学 56 所，占获批学校总数的 82.4%。② 国立短期大学的特色学科获批率不尽如人意，这是由于日本的短期大学以私立为主体，以 2011 年度为例，在日本的 387 所短期大学中，国立 0 所；公立 24 所，占学校总数的 6.2%；私立 363 所，占学校总数的 93.8%。③（2）从特色学科在各类大学中的分布情况来看，私立大学也占据一定优势。在获批大学中，国立大学获批特色学科为 85 个，占大学获批特色学科总数的 40.9%；公立大学获批 18 个，占 8.7%；私立大学获批 105 个，占 50.5%。在获批短期大学中，国立短期大学 2 个，占短期大学获批特色学科总数的 2.9%；公立短期大学 10 个，占 14.7%；私立短期大学 56 个，占 82.4%。与"21 世纪 COE 计划"中具有悠久历史传统和雄厚科研实力的综合性研究型大学占据绝对优势地位不同的是，在日本高等教育体系中主要承担教学职能的私立大学在此次计划的申报及评审中受到青睐且斩获颇丰。（3）在特色学科的审批通过率上，国立大学的比率虽呈逐年递减的趋势，但仍然高出公

----

① 文部科学省，"特色ある大学教育支援プログラム—特色 GP の審査と選定"，http：//www. mext. go. jp/a _ menu/koutou/kaikaku/gp/003. htm，2020-06-01.

② 文部科学省，"平成 15 年度「特色ある大学教育支援プログラム」の選定について""平成 16 年度「特色ある大学教育支援プログラム」審査結果について（報告）""平成 17 年度「特色ある大学教育支援プログラム」審査結果について（報告），""平成 18 年度「特色ある大学教育支援プログラム」の選定状況について""平成 19 年度「特色ある大学教育支援プログラム」の選定状況について"，http：//www. mext. go. jp/a _ menu/koutou/kaikaku/gp/003. htm，2020-06-01.

③ 文部科学省，"学校基本調査—平成 23 年度（速報）結果の概要（高等教育機関）"，http：//www. mext. go. jp/b_menu/toukei/chousa01/kihon/kekka/k_detail/1296403. htm，2020-06-01.

立或私立大学的 2 倍左右。值得一提的是，短期大学虽然也被列入资助范围之内，但是无论是获批特色学科的数量还是审批通过率都逊色于普通大学太多。

(二)"满足现代化教育需求的项目支援计划"

2004 年，文部科学省推出了"满足现代化教育需求的项目支援计划"。该计划依据各种审议会提交的建议，针对社会各界要求较强烈的政策课题确立计划实施主题，如参与区域性服务、知识产权教育等，从全国各大学、短期大学、高等专门学校等高等教育机构上报的方案中，筛选出特别优秀的教育策划项目，并就选定的优秀方案广泛地向社会提供信息，进行财政支持，从而实现推动培养肩负未来新时代使命的优秀人才的目的。

"满足现代化教育需求的项目支援计划"的资助对象除面向所有的国立、公立、私立大学以及短期大学以外，把高等专门学校也列入资助范围。该计划的组织管理、审查机制与"独具特色的大学教育改革支援计划"一样，实行三级管理制度。计划的审查机构是由各领域的专家和有识之士组成的"满足现代化教育需求的项目支援计划选定委员会"。独立行政法人日本学术振兴会负责管理该委员会日常工作。

"满足现代化教育需求的项目支援计划"共设定了六大主题类型，根据不同年度社会需求的不同，对主题类型的内容进行适当的调整。例如，2004 年度的主题类型是：(1)对区域活性化的贡献；(2)对知识产权相关教育活动的推进；(3)对工作中能够熟练应用英语交流的日本人的培养；(4)通过与其他大学的联合、合作实现教育机能的强化；(5)通过人才交流实现产学合作教育；(6)运用信息技术开展实践性远程教育(网络教育，E-Learning)。2005 年度除保留了 2004 年度的第(2)、(3)、(5)项外，将(1)的"对区域活性化的贡献"范围扩展为当地密集型和广域展开型两大类，还增设了"以基于需求的人才培养为目标的网络教育项目(E-Learning Program)的开发"一个主题类型。2006 年度增设了"对实现社会的可持续发展息息相关的环境教育的推进"和"对实践性综合职业教育的推进"两个主题类型。各大学、短期大学、高等专门学校及其所属的学科及专业可以根据以上主题类型，结合自身学科与专业的特色进行申报。

"满足现代化教育需求的项目支援计划"从 2004 年度开始实施，截至 2007 年共申报 2 233 个，批准设立特色学科 401 个。总入选率不超过总量的 10%，每年拨款预算额从 10 多亿日元至 40 多亿日元不等。其中，2004 年度申报

559 个，获批 86 个，审批通过率为 15.4％；2005 年度申报 509 个，获批 84 个，审批通过率为 16.5％；2006 年度申报 565 个，获批 112 个，审批通过率为 19.8％；2007 年度申报 600 个，获批 119 个，审批通过率为 19.8％。①

通过研究和分析 2004—2007 年度"满足现代化教育需求的项目支援计划"的具体实施情况，我们可以看出：(1)从不同类别大学、短期大学和高等专门学校每年度的申报情况来看，在获批特色学科的大学、短期大学和高等专门学校中，国立 142 所，公立 38 所，私立 171 所，私立学校略胜一筹。"满足现代化教育需求的项目支援计划"共设立特色学科 401 个，这些特色学科分别隶属于 292 所大学、29 所短期大学和 30 所高等专门学校。其中，国立大学 110 所，占获批同类学校总数的 37.7％；公立大学 32 所，占获批同类学校总数的 11.0％；私立大学 150 所，占获批同类学校总数的 51.4％；国立短期大学 2 所，占获批同类学校总数的 6.9％；公立短期大学 6 所，占获批同类学校总数的 20.7％；私立短期大学 21 所，占获批同类学校总数的 72.4％；国立高等专门学校 30 所，占获批同类学校总数的 100％；公立和私立高等专门学校颗粒无收。② 导致国立高等专门学校一家独大现象的原因在于日本的高等专门学校以国立为主，这与其他阶段的学校私立占多数的情况形成鲜明对比，说明国家重视工业、科技方面的教育。以 2011 年度为例，在日本的 57 所高等专门学校中，国立为 51 所，占学校总数的 89.5％；公立为 3 所，占学校总数的 5.3％；私立为 3 所，占学校总数的 5.3％。③ (2)从特色学科在各类大学中的分布情况来看，在以私立为主体的大学和短期大学中，私立学校获批特色学科数量较多，而在以国立为主体的高等专门学校中，国立学校发挥了绝对优势。2005—2007 年度国立大学获批特色学科 92 个，占大学获批特色学科总数的 36.9％；公立大学获批 27 个，占总数的 10.8％；私立大学获批 130

① 文部科学省，"現代的教育ニーズ取組支援プログラム——現代 GP の審査と選定"，http：//www.mext.go.jp/a_menu/koutou/kaikaku/gp/005.htm，2020-06-01.
② 文部科学省，"平成 16 年度現代的教育ニーズ取組支援プログラム選定結果について(報告)"，"平成 17 年度現代的教育ニーズ取組支援プログラム選定結果について(報告)"，"平成 18 年度現代的教育ニーズ取組支援プログラム選定結果について(報告)"，"平成 19 年度現代的教育ニーズ取組支援プログラム選定結果について(報告)"，http：//www.mext.go.jp/a_menu/koutou/kaikaku/gp/005.htm，2020-06-01.
③ 文部科学省，"学校基本調査—平成 23 年度(速報)結果の概要(高等教育機関)"，http：//www.mext.go.jp/b_menu/toukei/chousa01/kihon/kekka/k_detail/1296403.htm，2020-06-01.

个，占 52.2％。国立短期大学 1 个，占短期大学获批特色学科总数的 4.2％；公立短期大学 5 个，占总数的 20.8％；私立短期大学 18 个，占总数的 75％。国立高等专门学校 31 个，占高等专门学校获批特色学科总数的 100％，公立和私立高等专门学校则"无功而返"。① (3)在特色学科的审批通过率上，不同类别的大学和高等专门学校的比率一直是相持不下的，短期大学则稍逊一筹。

(三)"高质量的大学教育推进计划"

在"独具特色的大学教育改革支援计划""满足现代化教育需求的项目支援计划"等一系列大学教育改革支援计划的推动下，日本的教育课程改革、成绩评价、教师培训等大学教育教学活动取得了长足的发展。2007 年文部科学省的调查显示，2003—2007 年，在课程改革方面，本科层次实施教育课程改革的大学由 553 所升至 628 所，增幅为 13.6％；在成绩评价方面，本科层次实施严格成绩评级，导入 GPA(Grade Point Average，平均成绩点数)的大学由 163 所升至 295 所，增幅为 81.0％；在教师培训方面，实施教师教育教学能力开发即 FD 制度的大学由 482 所升至 664 所，增幅为 37.8％。②

同年，日本广岛大学高等教育研究开发中心主任山本真一教授接受文部科学省委托，对"独具特色的大学教育改革支援计划""满足现代化教育需求的项目支援计划"的实施效果进行了问卷调查。调查对象是日本所有国立、公立、私立共计 756 所大学的校长，其中 532 所大学的校长对调查做出了回应，问卷回收率为 70.4％。关于"独具特色"的大学教育改革支援计划的实际成效，87％的校长认为其在改善教育方法方面起到了推动作用；86％的校长认为在充实学习支援体系方面起到了积极作用；85％的校长认为这些计划强化了区域和相关机构的合作、信赖关系；72％的校长认为充实了有关教育设施。③

日本私立大学协会附属私学高等教育研究所针对入选计划的大学的改革状况进行了调查。调查数据显示，77.8％的大学在教学大纲中明确提出预期学习成果；50.0％的大学备有将课程的目标及与其他相关课程的关系图表化的资料；80.0％的大学在设置教学课程时，办理了获得上级主管部门认可的手续；59.6％的大学在成绩的评分标准方面是通过协商决定的。④

此外，伴随着"独具特色的大学教育改革支援计划""满足现代化教育需求

---

①②③④　文部科学省，"教育 GP(大学教育推進プログラム)の成果"，http：//www.mext.go.jp/b_menu/shingi/chukyo/chukyo4/031/siryo/1294202.htm，2020-06-01.

的项目支援计划"等一系列大学教育改革支援计划的逐步推广与应用，计划的评审结果逐渐成为日本国内新闻媒体评价大学"教育力"的参考指标。例如，《周刊东洋经济》杂志在评选 2009 年度"实力强大的大学"综合排行榜时，把是否入选这些计划作为评价一所学校教育活动优劣的参考指标；《周刊读卖》杂志在评选 2009 年度"就业力最强的大学"时，把 2007 年度入选这些计划的大学名单作为了解大学的特色、优势专业及办学理念、选择大学的最新指标。①

2008 年，文部科学省将"独具特色的大学教育改革支援计划"和"满足现代化教育需求的项目支援计划"整合为"高质量的大学教育推进计划"。该计划以积极应对《大学设置基准》等规定的修订为前提，旨在从大学上报的为提高教育质量而进行的教育改革活动中，筛选出特别优秀的教育改革方案，予以重点财政资助。其最终目的主要有两个：一是使各个大学明确自己的个性和特色；二是加强各个大学的人才培养职能。独立行政法人日本学术振兴会接受日本文部科学省的委托，成立了"高质量的大学教育推进事业委员会"，专门负责对各大学、短期大学、高等专门学校申报的"大学教育改革方案"进行审查。

文部科学省按照"教育课程类教育的改善""教育方法类教育的改善""非教育课程类和教育方法类教育活动的改善"三大类别，对"高质量的大学教育推进计划"的申报内容进行了分类。该计划的审查基准主要着眼于大学自身和教育改革方案两个方面。首先，大学须明确人才培养目标定位和成绩评定基准，具备完善的评价体制和方法，实施大学教师生涯发展规划；其次，从方案的目的、内容、评价体制、实施计划四个方面对教育改革方案做出了具体规定。该计划的资助对象与"满足现代化教育需求的项目支援计划"一致，为国立、公立、私立的大学、短期大学以及高等专门学校。

2008 年"高质量的大学教育推进计划"共计投入预算 86 亿日元，共申报特色学科 939 个，批准设立特色学科 148 个，审批通过率为 15.8%。从不同类别大学、短期大学和高等专门学校每年度的申报情况来看，这些特色学科分别隶属于 92 所大学、17 所短期大学和 11 所高等专门学校。其中，国立大学 39 所，占获批同类学校总数的 42.4%；公立大学 11 所，占获批同类学校总数的 12.0%；私立大学 42 所，占获批同类学校总数的 45.7%；国立短期大

---

① 文部科学省，"教育 GP（大学教育推進プログラム）の成果"，http：//www. mext. go. jp/b_menu/shingi/chukyo/chukyo4/031/siryo/1294202. htm，2020-06-01.

学 0 所；公立短期大学 2 所，占获批同类学校总数的 11.8%；私立短期大学
15 所，占获批同类学校总数的 88.2%；国立高等专门学校 11 所，占获批同
类学校总数的 100%；公立和私立高等专门学校为 0 所。从特色学科在各类大
学中的分布情况来看，在获批大学中，2008 年度国立大学获批特色学科为 54
个，占大学获批特色学科总数的 46.2%；公立大学获批 11 个，占总数的
9.4%；私立大学获批 52 个，占 44.4%。在获批短期大学中，国立短期大学
0 个；公立短期大学 2 个，占短期大学获批特色学科总数的 11.8%；私立短
期大学 15 个，占总数的 88.2%。国立高等专门学校 13 个，占高等专门学校
获批特色学科总数的 100%，公立和私立高等专门学校为 0 个。① 总之，三大
教育支援项目是 21 世纪初日本高等教育改革的重要组成部分。它们着眼于通
过竞争机制来推动不同类别的高等学校重视教育教学活动改革，并逐步形成
个性和特色，达到提高教育质量、实现优质学习的终极目标。

第三节　日本高等教育发展中公平与效率的协调发展

追求教育的高效率、高质量和进一步促进教育公平是现代教育改革的时
代特征。公平与效率是两个密切相关的概念，两者的关系是辩证统一的。没
有效率就没有真正的公平，没有公平也不会有真正的效率。在选择公平优先
还是效率优先的问题上，要寻求公平与效率的平衡点。高等教育的公平与效
率之间既不是相互排斥、彼此对立的关系，也不是自觉转化、必然促进的关
系，而是相辅相成、相互兼顾，在一定条件下可以相互转化、相互促进的依
存和制约关系。当前高等教育改革与发展中的诸多热点问题都要根据公平与
效率的原则及其相互关系做出判断与选择。国际经验表明，实现高等教育公
平与效率兼顾需要根据特定的国情、教情、社情、民情与每个学生的条件和
意愿，以及效率与公平的理论结构，按不同层级安排，找到两者的平衡点，
从社会发展与个人发展两个方面求取相对公平与效率的最大值，促进二者的
动态适应与相互转化。

高等教育财政政策是影响高等教育各个运行环节的宏观政策，关系到高
等教育起点公平、过程公平和结果公平。随着全球范围内高等教育改革的不

① 独立行政法人日本学術振興会，"平成 20 年度質の高い大学教育推進プログラム
審査結果報告"，http：//www.jsps.go.jp/j-goodpractice/koubo.html，2020-06-01.

断深入发展，教育财政拨款制度改革成为当前世界各国面临的主要任务之一。本节拟以日本法人化改革后的国立大学为例，从高等教育财政拨款制度改革角度分析日本政府是如何促进教育公平与教育效率协调发展的。

一、日本高等教育财政拨款制度改革

自 20 世纪 90 年代以来，受经济低迷影响，日本政府迫于教育资源的制约而逐渐减少对大学的直接拨款，推动大学走市场化道路。以往完全依赖于政府从国家财政渠道保证大学的办学经费已经变得不切实际。日本政府开始逐步改变以往高等教育财政中以定量为基准的非竞争性资助方式，力求构建一种以效率为准则的竞争性资源配置体系，以期有效地发挥政府投资杠杆的作用，进而引导教育健康发展，实现国家可持续发展的终极目标。而后，随着第一期、第二期、第三期科学技术基本计划的相继实施，这种减少政府财政非竞争性"大锅饭"式拨款、扩大"优胜劣汰"式竞争性资金的举措逐渐成为日本高等教育财政拨款制度改革的重中之重。

如前所述，日本高等教育的主要特征是由承担不同社会职能的"官学"和"私学"两种设置主体构成的双元结构。设置主体的不同，决定了教育研究功能与资源分配模式的不同。根据《学校教育法》中"设置者经费负担"的原则，可以把日本高等教育机构分为国立、公立和私立三种。基于经费来源渠道的不同，又可以将上述学校类型分别称为国家支付型、地方政府负担型和学费依存型学校。以国家财政性投入为主体的国立学校特别会计制度、通过地方自治体向公立学校支付补助金的地方自治体会计制度以及以国家财政性补助为辅的私立学校振兴补助制度构成了日本高等教育财政的三大制度。科研经费配置制度是日本高等教育财政拨款制度体系的重要组成部分。日本政府主要通过非竞争性资助方式和竞争性资助方式对科研经费进行分配。

(一)非竞争性"大锅饭"式经常性研究经费

所谓非竞争性资助方式，也称统一分配方式，即把资金直接拨付给高等院校及科研机构的制度性拨款方式。例如，国立大学的经常性研究经费，目的是保障教育研究活动稳定、有序地进行。一般而言，非竞争性资助方式是通过公示、协商等形式拨付，竞争性成分较少，透明度较低，与学校的招生规模、学科特点等相关指标关系较大。在日本高等教育领域，政府采用非竞争性资助方式直接拨付研究经费的对象主要是国立大学，公立和私立大学仅占教育财政拨款的极少部分。

截至 2004 年 4 月国立大学独立行政法人化政策正式实施之前，日本的国立大学处于"国家设施型"经营形态①，是由国家（文部科学省）根据《国立学校设置法》设置的、归属文部科学大臣管辖的教育研究机构，其自身并不具有独立的行政权与财政权。根据《学校教育法》中"设置者经费负担"的原则，国家有承担国立大学教育经费的责任和义务。此外，国家财政税收支付国立大学的法律依据还有颁布于 1964 年的《国立学校特别会计法》。该法在国家财政预算中设立了区别于一般会计预算、遵从议会民主的、统一管理的国立学校特别预算。国立大学通过开展教育研究活动而产生的年收入和年支出的总额都要接受预算议会的事前统一管理，由文部科学大臣做出年收入和年支出的总预算，送交财务大臣，然后经由内阁会同一般会计预算一起向国会提出，并通过审议表决。国立大学的年收入除了一般会计转入金额（即政府的各项财政拨款）外，还包括学费、入学注册费、附属医院收入、通过产学合作等途径获得的外部创收资金，所有这些收入都要集中到国立特别会计账户，与政府财政拨款合并，共同纳入国家财政预算之中，然后根据国立大学规模的大小、办学质量及学术水平的高低等具体标准进行事后统一管理。

日本政府以政府财政预算拨款形式下拨到国立大学的经常性研究经费被称为"运营费交付金"。日本政府通常将国立大学的自我收入与维持正常运营所需经费之间的差额以"运营费交付金"的形式，按年度给予一次性拨款。而年支出中的设施购置、维修费是由文部科学大臣以设施费补助金的形式拨付的。运营费交付金由标准运营费交付金、特定运营费交付金和附属医院运营费交付金三类构成。其中，(1)标准运营费交付金由政府根据各国立大学的教职员工、在校生的人数等客观指标，对各大学采用统一的核算基准进行平等资源配置。作为保障和支撑各国立大学日常教育科研活动正常运作的资金，标准运营费交付金主要用于支付研究人员以及辅助人员的工资、最低限度研究经费、研究基础运营费（保养、维护设施费用、设备费）等。(2)特定运营费交付金是根据各国立大学的规模、所在地区以及职能等不同特点，对各大学采用不同的核算基准，确定其必要经费。(3)附属医院运营费交付金的拨付对

---

① ［日］金子元久：《大学的经营形态——日本的特征》，载《教育与经济》，2002(2)。

象限定为设有附属医院的国立大学。① 这种经常性研究经费对于大学研究人员来说，是其维持在尚未得到竞争性经费支持的前期工作中必不可少的资助资金。同时，在科研项目的实际操作过程中，经常性研究经费在改善大学附属研究所、研究中心的环境，保持国立大学科学研究基本条件，保障教育研究活动的正常、稳定进行等方面也起到了重要作用。

"国家设施型"大学的经营形态可以确保大学财政的长期稳定，国立大学只要遵循《教育基本法》《学校教育法》等相关法律法规，符合《大学设置基准》，就可以获得由政府提供的维持学校正常运营所需的日常经费资助。但是，在高度集中的教育管理体制下，无论是人员编制、学科设置、大额资金的使用，还是小到增减一门课程或实施跨学科的学分互认等教学计划，都必须遵守文部科学省的严格规定，独立地进行运作受到国家规制的强烈控制。这种国家"统包统办"式的做法带来种种弊端，导致"大锅饭"现象日趋严重，严重制约了人才培养及大学自身的发展。同时，这一体制也阻碍了国立大学之间良性的竞争，僵硬的大学运作体制在"教授会议自治"的名义下沦为保守的组织。并且，自20世纪90年代以来，日本经济的持续低迷甚至停滞不前，导致日本政府长期被严重的财政赤字问题困扰，体现在高等教育领域中，就是限制对高等教育的投入，作为公共财政支出对象的高等教育预算经费被大幅度削减。由于不同大学之间的预算分配受到国家的强烈控制，并且所有的国立大学采取相同的运作方式，独立地进行运作受到过多牵制，于是国立学校特别预算这项制度的缺点逐步暴露出来，严重制约了对资源进行合理有效的配置，束缚了国立大学开拓多元性资金渠道和开展灵活的财务举措，日本高等教育财政拨款体制亟待改革。另外，僵化的单年度预算制度导致国立大学在经费使用上存在着巨大的浪费，造成屡屡发生每个年度末普遍存在的"为花钱而花钱"现象。②

在当今经济全球化和知识经济的时代背景下，日本国立大学的这种"国家设施型"经营形态理念已越来越难适应社会的需求，国立大学僵硬、封闭的组织结构和日益僵化的行政体制运行机制使其应变能力受到很大限制，难以适

---

① 島一則，"国立大学における運営費交付金に関する実証的研究—効率化係数・経営改善係数がもたらす影響について—"，広島大学高等教育研究開発センター—大学論集，2009(3)，pp. 87－105.

② 高益民：《日本国立大学"独立行政法人化"决策过程分析》，载《比较教育研究》，2000(5)。

应科学技术发展和国际竞争的要求。国立大学法人化改革旨在利用立法的形式，赋予国立大学自主经营的权力。同时，为规避"大锅饭"现象，改革僵化的管理体制，对国立大学进行适当的"去行政化"改革，采取法人化的形式也是市场经济发展到一定阶段在高等教育领域的必然反映。

(二)"优胜劣汰"式竞争性研究经费

"优胜劣汰"式竞争性资助方式，也称"倾斜分配方式"，即把资金拨付给竞争优胜者。例如，日本政府把科研资金拨付给获批立项的 COE，通过中期考核结果进行差额配置，强调经费使用的效率性。竞争性资助方式主要通过公开招标等竞争性渠道获得，其目的性很强；与制度性拨款方式相比，效率较高。日本政府设立竞争性研究经费的目的在于扩大科研人员选择研究经费的范围，鼓励科研人员自由选题的创新意识，形成一种富有竞争性的科研环境等。竞争性研究经费主要用于重点资助富有创新意识的研究人员从事独创性研究。

自 20 世纪 90 年代以来，面对外在科技环境竞争激烈与内在财政资源紧缩的情况，日本政府开始尝试改革资源配置方式与激励机制，加快了通过竞争方式分配资源的市场机制的导入，探索一种对结果与质量负责的政府模式，开始了通过绩效评价进行资源分配，降低公共成本、追求效率和能率的"经营时代"和"淘汰时代"。

2001 年 6 月，日本文部科学省就"构建充满活力、富有国际竞争力的国、公、私立大学"正式提出了《大学(国立大学)结构改革方针》，全面阐述了面向 21 世纪日本高等教育改革的总体方针与具体内容。文部科学省首先对大学研究经费进行了结构性调整，在原有的国立大学经常性研究经费的基础上，增加了其他类型的经费，并采取竞争性、重点性资源分配政策，即对科研成果突出、社会信誉良好的大学在预算及科研补助金上实行方向性倾斜，优先给予财政支持，把大学评价的结果与有限的资源配置和资金援助结合起来，从而有助于政府财政拨款在大学间的有效配置。

图 7-1 显示了 1997—2003 年 7 年间国立大学经费的变化情况，从中可以明显看出，1997 年以来高等教育基础经费增长非常缓慢，2001 年以后甚至出现零增长的现象；而与政府公共财政资助范围和额度逐年减少形成鲜明对比的是竞争性研究经费的逐年递增。竞争性研究经费持续走高，意味着国立大学在充实自身研究活动的同时，唯有通过校际竞争，积极争取国家的竞争性研究经费和来自企业的委托研发等外部资金，才能获得充足的办学经费。

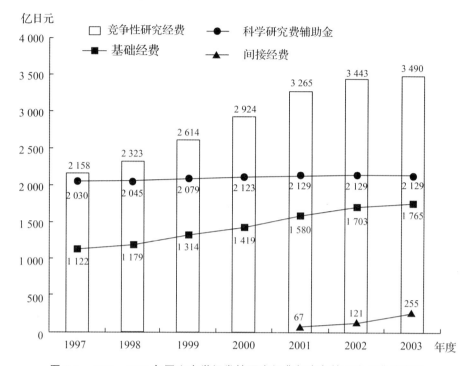

图 7-1　1997—2003 年国立大学经常性研究经费与竞争性研究经费的变化

资料来源：文部科学省科学技術・学術審議会，"国立大学の基盤の経費と競争的研究資金の"，http：//www.mext.go.jp/b_menu/shingi/gijyutu/gijyutu4/siryo/04112401/011/012.pdf，2020-06-01.

　　日本政府在对研究开发投资进行整体扩充规划时，一方面采取切实措施保障基础经费，另一方面力图扩大竞争性经费规模。这种扩大竞争性研究经费规模的战略意图在每一期科学技术基本计划中都得到了充分体现。《第一期科学技术基本计划（1996—2000 年度）》提出"重点扩增竞争性经费等多元性研究经费，包括采取公开招募形式的竞争性研究经费的大幅度增加"；① 《第二期科学技术基本计划（2001—2005 年度）》把"对资源进行重点配置，从而提升研发投资的效果"确定为振兴科学技术的基本方针之一，重视研究开发投资的重点化、高效化和透明化，大幅度加大竞争性经费的投入力度，在 2001—2005 年力争实现竞争性研究经费总量翻一番的目标。此外，《第二期科学技术

---

　　① 内阁府，"科学技術基本計画"，https://www8.cao.go.jp/cstp/kihonkeikaku/index5.html，2020-06-01.

基本计划(2001—2005 年度)》还强调，要通过公正、透明的审议、评价制度，确保竞争性经费的效果和效率。①《第三期科学技术基本计划(2006—2010 年度)》提出逐步减少对大学的直接拨款支持，大幅度提高研究经费中竞争性经费的比例。1990—2009 年，政府竞争性研究经费的数额从 700 亿日元增至 4 900 亿日元，在 15 年的时间里增加了 6 倍。在各国都加大科研资金投入的大背景下，日本政府出台这一措施的深意在于鼓励大学与企业等研究机构共同申报科研项目，推动"官产学"联合体系的建立，将三者紧密联系起来，实现优势互补。②

《第四期科学技术基本计划(2011—2015 年度)》确定了三项基本方针：第一是实现科学技术与自主创新政策的一体化展开；第二是更加重视人才培养，不断充实大学、公共研究机构等人才培养机构的支援性能；第三是实现与社会共同进步的政策。受东日本大地震的影响，日本政府将"灾后复兴与重建"、面向环境与能源的绿色创新、面向医疗与健康的生命创新作为国家未来发展的重要支柱，充分尊重产学研各主体的多样性与自主性，推进以新体制为首的体制改革。③

为了激起日本的巨大变化、引领大变革时代，强有力地推进"社会 5.0 (Society 5.0)"④战略，2017 年 1 月，日本内阁会议通过了《第五期科学技术基本计划(2016—2020 年度)》。第五期基本计划在重视未来战略布局的能力(预见性和战略性)和准确应对一切变化的能力(多样性和灵活性)的基本方针下，提出日本国家层面应当实现的四大目标，即保持持续增长和区域社会自律发展，保障国家及国民的安全放心和实现丰富优质的生活，积极应对全球性课题和贡献世界发展，源源不断地创造知识产权。⑤

日本的竞争性研究经费广泛分布在文部科学省、内阁府、总务省、厚生

---

①　内阁府，"第 2 期科学技術基本計画(平成 13〜17 年度)"，https://www8.cao. go.jp/cstp/kihonkeikaku/honbun.html，2020-06-01.

②　内阁府，"第 3 期科学技術基本計画(平成 18〜22 年度)"，https://www8.cao. go.jp/cstp/kihonkeikaku/kihon3.html，2020-06-01.

③　内阁府，"第 4 期科学技術基本計画(平成 23〜27 年度)"，https://www8.cao. go.jp/cstp/kihonkeikaku/index4.html，2020-06-01.

④　"社会 5.0"寓意继狩猎社会、农耕社会、工业社会、信息社会之后，科学技术创新引领社会变革所诞生的新型社会。

⑤　内阁府，"第 5 期科学技術基本計画(平成 28〜令和 2 年度)"，https://www8. cao. go.jp/cstp/kihonkeikaku/sihyou/index.html，2020-06-01.

劳动省、农林水产省、经济产业省、国土交通省、环境省等国家机构。其中预算比率较大的当数文部科学省、经济产业省、农林水产省等部门。以 2005 年度为例，分配至其他省厅的竞争性经费为 1 064 亿日元，分配至文部科学省的竞争性经费为 3 609 亿日元，占经费总额的 77.2%，成为竞争性经费的主要管理机构。① 文部科学省掌管科学研究费补助金、战略性创造研究推进事业、科学技术振兴调整费、世界顶尖研究基地建设计划等数十种竞争性研究经费。保障"21 世纪 COE 计划"和"全球 COE 计划"顺利实施运行的"卓越研究中心建设费补助基金"也属于竞争性研究经费的一种，归属文部科学省管理。为妥善管理竞争性研究经费，文部科学省将其划分为数个类别，资助不同研究领域的研究项目，并制定了"竞争性研究经费制度"，通过申报、审批、评价等手段，保障这些经费的使用效率和效果。

截至 2020 年 4 月，日本文部科学省主要的"竞争性研究经费"项目和资助金额预算、资助对象有以下几个。

(1)科学研究费补助金(又称"科研费")。资助领域涵盖人文社会科学和自然科学领域从基础研究到应用研究的所有学术研究领域。科学研究费补助金是日本振兴学术研究的基本经费，也是日本基础研究的主要经费来源。此项补助金为谋求人文社会及自然科学诸领域卓越的学术研究取得突破性进展的研究辅助费，其目的是鼓励科研人员的自由创新意识、培养优秀的研究人员、开展多领域跨学科的学术研究、开拓新的研究领域，以期尽可能多地产生具有创造性的新见解。它适应研究人员的多种需要及其研究的目的和特点，资助内容分"科学研究费""研究成果发表促进费""特定奖励费""特别研究员奖励费"和"学术创立研究费"等若干申请项目；研究人员可以自主提出课题申请，经学术审议会审核批准后拨发。资助对象为国立、公立、私立大学，国立、公立实验研究机构，以及企业、独立行政法人中的研究人员。申请者可以以个人为单位，也可以以集体为单位。

(2)战略性创造研究推进事业费。用于资助符合国家发展战略、满足经济社会发展需求、与科技发展和创新技术有关的研究领域的研究项目。例如，围绕生命、信息、环境和纳米技术及材料四大重点领域实施的基础研究。具体实施方法有公开招募型和负责人实施型两种。资助对象是国立、公立、私

---

① 文部科学省，"竞争的研究资金"，www. mext. go. jp/b _ menu/shingi/chukyo/chukyo0/toushin/05090501/021/003-50. pdf，2020-06-01.

立大学，国立、公立实验研究机构，以及企业、独立行政法人中的研究人员和研究集体。

此外，还有"创发性研究支援事业""未来社会创造事业""研究成果展开事业""国际科学技术共同研究推进事业""国家课题对应型研究开发推进事业""次时代癌医疗创生研究事业""新兴·再兴感染症研究基础创生事业"等等。①由上我们可以看出，自《第四期科学技术基本计划（2011—2015年度）》开始后，竞争性研究经费分配重心开始向确保国家及国民安全放心和实现丰富优质生活、应对全球性课题和为世界发展做贡献等领域倾斜。

二、法人化改革后的日本国立大学教育经费资助改革

在全球范围内的新公共管理运动中，国家预算中高等教育经费的增加对国家公共财政产生的压力，导致旨在减少公共财政支出的民营化政策越来越流行。在国立大学法人化改革之前，日本政府重点支持若干所国立大学，每年向这些大学按人头统一拨付办学经费。此时的国立大学的教职员工属于国家公务员，大学的管理机构实际上是政府行政机构在高等学校的延伸，权利为政府所垄断，大学成为一个无权无责的执行机构。国立大学"官体制"造成的恶果，一方面是其自身的"结构臃肿"和资源浪费增加了国家的负担；另一方面是"大锅饭""铁饭碗"现象的存在使得大学教职员工普遍缺乏竞争意识和效率意识，导致了大学工作效率的低下和竞争力的下降，从而无法提供高水准的教育与科研服务。

1997年，由日本前首相桥本龙太郎直接领导的行政改革委员会将"国立大学民营化"构想纳入国家行政改革项目。桥本内阁一方面寄希望于通过"国立大学民营化"改革使国立大学的教师脱离公务员身份，达到削减教育公务员编制的目的；另一方面通过改变以往根据大学的设置形态进行"差别化"财政支援的政策，在国立大学中引进市场竞争机制，使其向民营化方向发展，改变其"国立"性质，促进高等教育经费的多元化，不以政府公共经费为国立大学办学经费单一来源，在拨款机制中加入竞争元素，增加私有资金的比例，减轻政府对高等教育的投入压力。

2004年4月，伴随着"独立行政法人国立大学"这一新称谓的出现，日本

---

① 文部科学省，"文部科学省の競争的研究費一覧"，https://www.mext.go.jp/a_menu/02_itiran.htm，2020-06-01.

国立大学由国家行政机构身份转变为由文部科学省设置和监督的独立行政法人，其教育经费资助也发生了相应的变化。处于"国家设施型"经营状态的国立大学不具有独立的行政权和财政权，其财政收入主要包括运营费交付金、学费、入学注册费、附属医院收入以及通过产学合作等途径获得的外部创收资金等；而"法人型"国立大学与文部科学省之间"统制"与"被统制"的行政隶属关系逐渐淡化，此类大学在财政方面拥有一定的自由裁量权，其财政收入除自筹资金外，还包括运营费交付金、竞争性研究经费、公共奖学金和科学研究费补助金等。在日本国立大学法人财政经费来源中，与政府公共财政资助范围和额度逐年减少形成鲜明对比的是竞争性研究经费逐年递增。

法人化改革后，国立大学在运营上引进了区别于以往的由中期目标、中期计划、中期评价组成的目标管理与第三方评价制度，并且在资源分配方面引进了基于竞争原则所进行的资金分配方式，具体体现在国立大学的财政、财务方面导入的运营费交付金制度。其运作方式是各国立大学法人根据文部科学大臣设定的中期目标，每6年向文部科学省提交一次中期计划，期满时由专门评价机构"国立大学法人评价委员会"对目标是否实现、计划完成情况做出评价。文部科学大臣在听取意见之后，决定是否拨付由中期目标所确定的运营费交付金，而评价的结果又将成为下一个中期目标制订（包括财政预算）的基本依据。①

国立大学法人的教育经费来源主要包括政府拨付的公共财政资助和自筹资金。其中，公共财政资助由机构资助金、项目资助金和个人资助金构成，具体细分为运营费交付金、COE及教育支援计划等竞争性科研经费、公共奖学金和科学研究费补助金；自筹资金包括学费及入学金、附属医院收入、通过委托研究及企业派遣等途径获得的学校的外部创收。现对个别经费来源简述如下。

1. 运营费交付金

运营费交付金不再像以往在资金的使用途径上受到单年度预算的种种制约，并且其剩余资金可以结转到来年度继续使用，有利于大学财政自主性的增强。② 运营费交付金制度的明显特征是导入了效率化系数及经营改善系数。

---

① 吴遵民：《日本高等教育改革的现状与问题——访日本比较教育学会会长马越徹教授》，载《全球教育展望》，2004(6)。

② [日]山本清：《日本大学财政的结构和课题——以国立大学为中心》，载《教育与经济》，2002(2)。

所谓效率化系数，是指逐年削减对学校运营补助的特定运营费交付金预算中的 1%；经营改善系数是指逐年削减拨付给拥有附属医院的国立大学的运营费交付金预算中的 2%。其目的是期望通过适当地削减经费，促进大学资金结构的多元化、大学运作的效率化，推动高等教育的财政预算朝着追求高效低耗的方向发展。如表 7-1 所示，自 2004 年 4 月 1 日国立大学法人化改革实施以来，运营费交付金呈逐年下降趋势，由 12 415 亿日元降至 11 528 亿日元，共减少 887 亿日元，降幅为 7.1%。

表 7-1　2004—2011 年国立大学基础经费——运营费交付金的变化

单位：亿日元

国立大学基础经费	运营费交付金预算额	教育研究经费	特别教育研究经费	其他经费
2004 年度	12 415	10 369	741	1 305
2005 年度	12 317	10 148	786	1 383
2006 年度	12 214	9 984	800	1 431
2007 年度	12 043	9 884	781	1 378
2008 年度	11 813	9 735	790	1 288
2009 年度	11 695	—	—	—
2010 年度	11 585	—	—	—
2011 年度	11 528	—	—	—

资料来源：文部科学省，"国立大学法人運営費交付金の推移"，http://www.mext. go.jp/b_menu/houdou/20/05/08060201/001/008/004.pdf，2020-06-01.

注："—"表示暂无数据。

2. 学费收入

20 世纪 90 年代以来，日本政府在实施财政紧缩政策的同时，提出高等教育"受益者负担"的原则，教育成本依赖逐渐从政府或纳税人转移到家长和学生身上。日本政府开始逐年减少对国立大学办学经费的投入，减轻国立大学完全依赖于政府的状态。为了弥补经费补助减少造成的财务缺口，国立大学必须逐步负担自筹经费之重责，而自筹方式中最便捷的当数提高学费。由此，教育负担模式逐步从以公共开支为主转变为以学生及其家庭承担为主。

国立大学法人化改革后，为了鼓励大学开拓经费来源渠道，日本政府不再把学校的自我收入一并收缴国库，纳入运营费交付金的预算中。关于学费及入学金等收入，文部科学省在每年公布的"学费标准额"的基础上，给予校方一定的自由裁量权。同时，为了减轻受教育者负担，保障高等教育正常化，文部科学省将国立大学学费的调节上限设为"学费标准额"的10%。但是，为了减轻国家教育经费逐年递减带来的压力，维持大学的正常运营，共计81所国立大学于法人化改革的翌年采取了提高学费的措施，约占国立大学总数的93%。其中，2005年学费标准额是535 800日元，比2004年提高了15 000日元。① 2004—2008年国立大学法人财政收入情况可参见表7-2。

表 7-2　2004—2008 年国立大学法人财政收入统计　　单位：亿日元

国立大学财政收入	运营费交付金	学费及入学金	附属医院收入	其他收入	总计
2004 年度	12 415 (56.5%)	3 481 (15.8%)	5 957 (27.1%)	121 (0.6%)	21 974
2005 年度	12 317 (55.8%)	3 567 (16.2%)	6 062 (27.5%)	120 (0.5%)	22 066
2006 年度	12 215 (55.4%)	3 566 (16.2%)	6 145 (27.8%)	130 (0.6%)	22 056
2007 年度	12 044 (54.8%)	3 567 (16.2%)	6 219 (28.3%)	137 (0.6%)	21 967
2008 年度	11 813 (54.2%)	3 557 (16.3%)	6 284 (28.8%)	154 (0.7%)	21 808

资料来源：文部科学省，"国立大学等の法人化について"，http：//www. mext. go. jp/a _ menu/koutou/houjin/houjin. htm，2020-06-01.

注：括号内数字为该项经费占当年国立大学财政收入总额的比重。

3. 科学研究费补助金

与政府公共财政资助范围变小和额度逐年减少形成鲜明对比的是竞争性研究经费的逐年递增。总体来说，国立大学科学研究经费的来源主要由以下三部分组成。

（1）经常性教育研究经费。它是以各国立大学的教师人数为基数，乘人均补助额度，以政府财政预算拨款形式下发的一次性预算拨款。经常性教育研究经费作为保障日常教育研究活动正常运营的资金，是运营费交付金的重要组成部分，主要用于支付研究人员以及助理研究人员的工资、最低限度的研

---

① 芝田政之，"我が国の学費政策の論点（国立大学を中心に）"，大学財務経営研究，2007(8)，p.97.

究经费、研究基础运营费（保养、维护实验室设施费用、设备费、研究杂费）等。2004—2008 年的经常性教育研究经费分别是 10 369 亿日元、10 148 亿日元、9 984 亿日元、9 884 亿日元、9 735 亿日元，呈逐年递减态势。①

（2）竞争性研究经费。由日本文部科学省掌管的科研经费包括科学研究费补助金、战略性创造研究推进事业资助金、科学技术振兴调整费、研究基地创建费补助金等。其资助对象为国立、公立、私立大学，国立、公立实验研究机构，以及企业、独立科研政策与管理行政法人中的研究人员和研究集体。竞争性经费的设立改变了政府过去将专项研究经费按科研人员的人头平均下拨的做法，而是需要通过公开招标等竞争性方式来获取。

（3）外部研究经费。主要是大学与日本企业或财团合作的研究经费。日本政府鼓励产学合作，希望大学能够吸引社会上的委托和合作科研项目，推动科学研究成果的产业化。在日本文部科学省制定的"竞争性资金制度"中，金额数量最大并且保持稳定增长的是"科学研究费补助金"。科学研究费补助金由文部科学省与日本学术振兴会共同管理，用于资助人文社会科学和自然科学领域从基础研究到应用研究的所有学术研究。在 1993 年至 2011 年的 18 年内，科学研究费补助金从 736 亿日元增加到 2 633 亿日元，增幅超过 258%。②2004—2011 年的科学研究费补助金情况可参见 7-3。

表 7-3　2004—2011 年科学研究费补助金的变化

年度	2004	2005	2006	2007	2008	2009	2010	2011
预算额/亿日元	1 830	1 880	1 895	1 913	1 932	1 970	2 000	2 633
比上年度增长率/%	3.7	2.7	0.8	0.9	1.0	2.0	1.5	31.7

资料来源：独立行政法人日本学術振興会，"科研費パンフレット2011（詳細版・改訂版）"，http：//www.jsps.go.jp/j-grantsinaid/24 _ pamph/index. html，2020-06-01.

在文部科学省"竞争性资金制度"中，除科学研究费补助金的资助主体是国立大学，另一项与人文社会科学发展有密切关系的是"研究基地项目创建费等补助金"，主要包括"COE""教育支援计划"等一系列国家重点资助教育科研建设项目。与以往经由日本政府召开科学技术会议等形式来推动的重点科研

---

① 文部科学省，"国立大学法人運営費交付金の推移"，http：//www.mext. go. jp/b _ menu/houdou/20/05/08060201/001/008/004. pdf，2020-06-01.

② 独立行政法人日本学術振興会，"科研費パンフレット2011（詳細版・改訂版）"，http：//www.jsps. go. jp/j-grantsinaid/24 _ pamph/data/pamph2011 _ kaitei. pdf，2020-06-01.

基地建设项目不同的是，这类项目的科研资助经费的拨放主要依据独立于政府和大学之外的第三方评价机构对国立、公立、私立大学的绩效评价结果，强调竞争性原则，而不是按照大学设置形态来重点分配政府的专项资金。其目的是通过实行倾斜式的重点科研项目优先拨款，引导和促进各大学形成自身优势、个性和特色，创建具有国际竞争力的、特色鲜明的世界最高水平大学。这些重点资助项目的出台不但避免了由于相应财政资金不到位而导致计划"流产"，也意味着法人化改革后的国立大学虽然主要预算仍将由国家财政拨款，但也将同其他大学一样，更多地参与市场竞争，以获取充足的办学经费。随着法人化改革的推进，作为独立法人的大学由以往的政府经营转变为自律型经营模式，各大学的学费将会出现上调的可能性，教职员工的待遇也可能随着大学的运营业绩而变化。各大学之间的竞争将更加激烈，特别是"产学研"合作将使大学的研究活动更为活跃，外部资金的筹集竞争将更加白热化。

三、法人化改革给日本国立大学财政资助带来的成效、问题

一方面，法人化改革在进一步强化国立大学在财政管理方面的裁量权、提高大学财政的灵活性等方面起到了积极的推动作用。"独立行政法人国立大学"这一新称谓的出现意味着国立大学脱离了"国家设施型"的经营形态，在法律地位上发生了根本性质的改变。根据 2003 年 7 月 16 日颁布的《国立大学法人法》的规定，日本国立大学由国家行政机构身份转变为由文部科学省设置和监督的独立行政法人。两者之间"统制"与"被统制"的行政隶属关系逐渐淡化，国立大学作为一个独立的采用企业会计制度、提供行政服务的机构将享受一定的裁量权。新的财政管理体系旨在保障国立大学拥有相对独立于政府的自主性的同时，提高大学组织的自律性。它改变了以往政府对行政事业单位的事前干预与限制，使政府的管理重心转为事后监督。为此，除了直接管辖大臣的管理与监督之外，来自政府的财政干预只能保持在必要的最小限度内。虽然国立大学仍然处于政府的间接管理之下，国立大学的教育经费的主要来源依然是政府的财政拨款，政府作为国立大学主要经费负担者的地位并没有发生本质上的改变，但是在高等教育大众化、大学机能多样化的潮流中，"法人型"（Corporate）的国立大学在财政方面不必再束缚于政府预算的种种烦琐的制度，在依赖来自政府的财政拨款及学生缴纳的学费的同时，也可以通过向

社会提供教育、研究等服务来增加学校资金来源，进一步开拓多元性资金渠道，提高大学财政的灵活性。①

另一方面，法人化改革对原有的国立大学的财政资助体系造成了强烈冲击。具体体现为：第一，运营费交付金制度中"效率化系数"及"经营改善系数"带来的"双刃剑"效应不可小觑。一方面，法人化改革有利于减轻日本政府财政负担，政府将依据对国立大学的评价结果，通过资源分配的重点性、倾斜性方针重新对其财政收入进行分配，进而提高资金的有效利用率。另一方面，由于国立大学在设立之初就存在财政和制度上的差距，不同的国立大学间存在金字塔式、相对固定的等级关系，占绝大多数的普通地方国立大学与占少数的社会威望和声誉极高的研究型国立大学之间在国家财政的各项拨款上存在巨大差距。法人化改革打破了原来教育经费的分配比例，对每年的运营经费实施逐年削减1%的措施，与此同时，在经费配置上增加了竞争性科研经费拨款的比例，这就使在外部资金的竞争中处于不利地位的"非研究型"国立大学陷入运营经费短缺的困境之中，进而影响到大学日常教育研究活动的正常运作。再加上政府只把有限的财政资源重点分配到培养社会精英和推动国家科研竞争力提升的一些有实力的综合性国立大学及实用性领域，并未从根本上改变传统的倾斜性教育财政投入机制。长久以来，这种资源分配的重点性、倾斜性方针导致了国立大学间的不均衡发展格局，法人化改革不但没有对此从根本上加以改善，反而对在法人化后的大学评价过程中外部创收没有发生很大变化、财政压力很大的地方国立大学以及以培养教师为主的师范类大学造成更为猛烈的冲击。② 第二，学费的上涨违背了教育机会均等的原则。国立大学法人化改革后，随着政府教育经费拨款的逐年递减，为了弥补经费补助减少造成的财务缺口，国立大学必须逐步负担自筹经费之重责，而自筹方式中最便捷的当数提高学费。由此，教育负担模式逐步从以公共开支为主转变为以学生及其家庭承担为主。例如，绝大多数国立大学都于2005年采取了提高学费的措施，2005年学费标准额是535 800日元，比2004年提高了15 000日元。如此一来，无疑增加了中低收入家庭的学生的择校难度和家庭开支负担，高额的学费侵害到教育机会均等及宪法保障的国民受教育的权

① ［日］金子元久：《大学的经营形态——日本的特征》，载《教育与经济》，2002(2)。
② 鲍威：《法人化改革后日本国立大学财政管理体系的重构——从"行政隶属型"向"契约型"的转化》，载《比较教育研究》，2007(9)。

利，并且学费的划一性也阻碍了国立大学个性化、多样化的发展。

此外，国立大学虽然在称谓上发生了改变，但在根本性质上可以将其看作介于政府直属机构和民间法人组织之间的一种"准"政府机构，财政大权、制定中期目标的主导权以及中期计划结束后决定国立大学的存亡特权依旧紧握在政府手中。这种政府权力的隐性膨胀，无疑会严重影响大学的自主权与学术自由。支撑学术自由必须允许浪费、重复等与学问有关的没有效率的投入等现象的出现。过度的注重效率，追求收益，尽可能减少资源分配，有陷入追求利润倾向的危险。只有在一定广度上开展研究活动，才能够形成激发研究整体活力的基础。特别是如果对大学的财政支援过渡依赖短期研究的绩效评估的话，不仅会危害长期性研究的生产率，而且会妨碍教育质量的提高。

日本国立大学法人化改革是 21 世纪初日本高等教育改革的重要方略。在国内经济不景气、现有教育资源有限的前提下，日本政府开始追求竞争和教育投资效率，希望在减轻财政负担的同时，将国立大学推向市场，增强其竞争能力，激发大学在科研方面的潜力。从高等教育政策层面来看，政府的管理由原来的统一管制转变成为政府宏观调控和指导，政府的拨款由以往对各大学"均摊"的非竞争性"大锅饭"式分配方式转变成以科研能力为评判基准的"优胜劣汰"式竞争性研究经费拨款方式。日本高等教育财政拨款制度改革摒弃了平均主义、本位主义的做法，打破"出身"桎梏，刺激了大学之间的竞争，有利于加快大学的优胜劣汰，提升国家的整体科研水平，代表了高等教育的改革方向。但是，由于日本大学长期以来形成的传统不可能在短期内得到改变，在体制转轨时期必然会出现这样那样的问题，因此法人化改革难免会给国立大学财政资助带来诸多问题。

第八章 促进我国高等教育公平与效率协调发展的政策建议

  公平与效率是人类社会永恒的理念，也是包括高等教育改革在内的一切社会改革的价值追求。高等教育公平衡量的是一个国家的高等教育体系在满足人的基本受教育权利、实现人的共同发展方面所达到的水平，高等教育效率衡量的是一个国家的高等教育体系在推动社会和个人发展以及实现其自身功能方面所达到的水平。[①] 公平与效率也是一个经典的公共政策目标的权衡问题。[②] 社会选择或者公共政策涉及三个基本问题：第一，在做出社会抉择时哪类信息是相关且必要的？第二，如何获得必要的信息？第三，应采纳哪种社会福利功能？在权衡高等教育公平与效率之间的关系过程中，也应该从这三个维度考虑政策的制定与实施，通过实施适宜的政策促进高等教育公平与效率协调发展。改革开放以来，我国实施了一系列的高等教育改革政策和措施，高等教育快速发展，2019 年我国各类高等教育在学总规模达 4 002 万人，高等教育毛入学率达 51.6％[③]，已经进入高等教育普及化阶段，使更多人获得了接受高等教育的机会，扩大了实现教育公平的空间，也提高了高等教育的办学效率。但伴随着我国高等教育的跨越式发展，也出现了一些深层次的矛盾，高等教育公平与效率之间仍存在不平衡的状况，需要在对二者之间的关系进行深入探讨的基础上，进一步从政策角度探

[①] 李枭鹰、周盂奎：《论高等教育公平与效率》，载《中国成人教育》，2006(7)。

[②] 范先佐：《关于教育领域公平与效率的抉择》，载《江苏教育》，2009(5)。

[③] 教育部：《2019 年全国教育事业统计公报》，http://www.moe.gov.cn/jyb_sj-zl/sjzl_fztjgb/202005/t20200520_456751.html，2019-05-27。

索协调二者之间关系的途径。为此，本章在对各国教育公平与效率进行比较研究的基础上，探讨我国高等教育发展中公平与效率协调发展的政策建议。

第一节　促进我国高等教育公平的政策建议

教育公平是指教育机会的公平和教育资源配置的公平，不同性别、社会阶层、种族、语言障碍条件和地域差异的学生要求获得平等的教育机会、资源和产出。① 教育公平不仅是社会公平的重要方面，同时对社会来说也具有经济价值。美国智囊机构兰德公司在 1999 年的教育研究报告《填平教育的鸿沟：收益和成本》(*Closing the Education Gap：Benefits and Costs*)中认为，教育公平能够给政府创造巨额财政收入，给社会带来巨大的经济效益。② 也正因为如此，教育公平成为世界各国普遍关注的问题，促进教育公平成为世界教育改革与发展的主旋律。在教育公平中，高等教育公平始终是教育公平的核心内容。如何促进高等教育公平，成为我国一系列教育政策的价值取向。《国家中长期教育改革和发展规划纲要(2010—2020 年)》明确提出"必须把促进公平作为国家基本教育政策"。《中国教育现代化 2035》也要求提高教育质量，促进教育公平，优化教育结构，为决胜全面建成小康社会、实现新时代中国特色社会主义发展的奋斗目标提供有力支撑。纵观世界各国为实现高等教育公平所制定和实施的相关政策，针对我国高等教育在教育公平方面的发展现状和存在的问题，下面从区域公平、城乡公平、性别公平、民族公平等几个方面提出我国实现高等教育公平的政策建议。

一、促进我国高等教育发展的区域公平

我国幅员辽阔，区域之间社会经济发展水平有着比较大的差异，从而导致高等教育发展的不均衡，导致不同区域高等教育入学机会的不均等，因此，促进高等教育发展的区域公平是促进高等教育公平的重要内容。

---

① 马健生：《公平与效率的抉择——美国教育市场化改革研究》，319 页，北京，教育科学出版社，2008。

② 陈中原：《教育公平的经济效益——读美国兰德公司报告札记》，载《中国教育报》，2000-09-24。

(一)通过招生补偿政策实现不同地区高等教育入学机会公平

入学机会是衡量高等教育起点公平的重要指标之一，能够在某种程度上反映高等教育公平的现状。我国高等教育入学机会在不同地区之间的差异仍比较明显。普通高等教育在校生在适龄人口中所占比重在东部地区、中部地区和西部地区近几年都有稳步增长，我国高等教育入学机会不断呈现出上升趋势，但这三个地区之间的差异仍然十分显著，西部地区尤其差距明显。详见表8-1。

表 8-1　2018 年东部、西部高等教育规模和每十万人口在校生数

地区	学校数/所	在校生数/人	每十万人口中在校生数/人	人口/万人
全国	2 663	28 310 348	2 658	139 652.81
东部	1 015	10 769 938	3 070	53 750.14
西部	695	7 321 851	2 308	37 955.87

资料来源：根据中华人民共和国国家统计局《2019 中国统计年鉴》、中华人民共和国教育部《2018 年教育统计数据》数据整理而成。

为了解决东、中、西部地区高等教育发展不均衡的现象，我国从 2008 年开始试行"支援中西部地区普通高校招生协作计划"（以下简称"协作计划"），从招生计划增量中专门拿出 3.5 万人，安排给高等教育资源丰富、办学条件较好的天津、辽宁、上海、山东等 11 个省份，由其所属高校指定到高等教育资源缺乏、升学压力较大的内蒙古、安徽、河南、贵州、甘肃 5 个中西部省份招生，旨在为中西部学生提供更好的教育机会，着力缩小区域差距。2011 年，"协作计划"不断扩大，教育部安排北京、天津、辽宁等 15 个支援省市继续面向山西、内蒙古、安徽、河南、广西、贵州、云南、甘肃 8 省区，招生计划共 15 万人。在"协作计划"的直接影响和引导带动下，2011 年中西部考生入学人数比 2007 年增加约 52 万人，8 个"协作计划"受援省的高考录取率均超过 60%，与全国平均水平的差距缩小到 10 个百分点左右，取得了很好的社会效应。① 党的十八大后，"协作计划"的力度进一步加大，2017 年安排"协作计

---

① 教育部：《教育史上的今天》，http：//www.moe.gov.cn/jyb_sjzl/moe_1695/tnull_30652.html，2020-03-18。

划"28.7 万人。该计划自实施以来，中西部录取率最低省份与全国平均水平差距缩小到 5 个百分点以内，圆了 100 多万个中西部地区孩子的大学梦。① 这在某种程度上解决了我国高等教育不同区域发展不均衡的问题。

为了进一步保障我国中西部地区学生接受高质量高等教育的权利，实现中西部高等教育入学机会公平，我国应继续实施"协作计划"，并在此基础上，具体从以下几个方面实施中西部招生补偿政策。

首先，在高等学校招生方面，应根据不同区域的具体情况，制定相应的招生政策。我国应根据每个地区参加高考的考生数、本地区高校招生计划等具体数据，每年根据具体情况调整招生倾斜政策，切忌大而全的"一刀切现象"。由于在高考招生中，不同省份之间的分数线不同，不同省份高考录取率也存在明显差异。因此，在招生时应根据不同地区、不同省份的实际情况，适时调整招生政策，综合考虑比例平等原则、能力原则和差异补偿原则来合理分配招生名额，向贫困地区、民族地区以及高考竞争激烈的省份倾斜，从而真正实现不同区域高等教育入学机会公平。

其次，制定倾斜政策，吸纳优秀生源。我国应通过制定倾斜政策，并配套财政拨款，给予中西部高校招生方面更大的自主权，增强中西部高校对优秀生源的吸引力，从而提高中西部高校生源质量，形成良性循环，促进中西部高等教育质量提升。比如，建立中西部高校优秀生源奖励机制，吸引优秀考生报考中西部院校，激励学生勤奋学习、不断进取，以优异的成绩完成学业。这也可以在某种程度上形成一种良性机制，从而真正实现高等教育区域入学机会公平。

最后，建立有利于中西部高等教育国际化发展的中外合作办学招生制度，提高中西部高校国际化水平。我国应根据"一带一路"倡议的要求，配合国家提高中西部高等教育质量的相关政策，建立适合中西部高校中外合作办学发展的招生制度，解决目前中西部高校中外合作办学质量不高、招收学生数量有限、生源不足和生源质量不高等问题；鼓励中西部高校，通过改进合作办学项目、扩大宣传等措施，切实扩大中外合作办学范围，提高办学质量，在实现中西部学生入学机会公平的同时，使中西部高校的高等教育国际化进程

① 于慧娟、赖配根、施久铭：《中国教育的民生情怀——党的十八大以来教育改革发展成就述评·促进公平篇》，http://www.moe.gov.cn/jyb_xwfb/moe_2082/zl_2017n/2017_zl48/201710/t20171016_316344.html，2020-03-18。

与东部地区保持一致。

(二)缓解不同地区师资水平差距显著问题

我国西部地区、中部地区和东部地区高等教育师资水平差异性较大。根据对 2016 年、2017 年以及 2018 年的普通高校专任教师中拥有博士学位的教师数量和全国占比的分省区统计分析，高等教育专任教师中具有博士学位的教师所占比例情况，东部地区拥有博士学位的教师人数明显高于中部地区（见表 8-2）。总体来看，中西部地区高等教育师资水平落后于东部地区。针对这一现状，我国应通过优惠政策，鼓励优秀人才到中西部高校任教，彻底解决中西部高等教育领域所存在的"孔雀东南飞"的困境，促进中西部高等教育水平的提升。

表 8-2　普通高校专任教师中博士学位教师数量及占比分地区统计

年份	2016 年		2017 年		2018 年	
省区	博士学位教师数量/人	该地区博士学位教师在全国博士学位教师总数中所占比例/%	博士学位教师数量/人	该地区博士学位教师在全国博士学位教师总数中所占比例/%	博士学位教师数量/人	该地区博士学位教师在全国博士学位教师总数中所占比例/%
东部	208 348	56.88	225 264	56.60	245 116	56.50
中部	92 087	25.14	99 687	25.05	108 017	24.90
西部	65 854	17.98	73 023	18.35	80 674	18.60
全国	366 289	100.00	397 974	100.00	433 807	100.00

数据来源：根据中华人民共和国教育部网站数据整理而成。

注：本表中的东部省份包括北京、天津、河北、辽宁、上海、江苏、浙江、福建、山东、广东和海南共 11 个省（直辖市）；中部省份包括山西、吉林、黑龙江、安徽、江西、河南、湖北、湖南共 8 个省；西部省份包括四川、贵州、云南、西藏、陕西、甘肃、青海、宁夏、新疆、内蒙古、广西、重庆共 12 个省（自治区、直辖市）。

第一，实施针对中西部地区高校教师的专项培训计划，并提供专项财政支持，改变中西部地区高校教师队伍的学历结构。针对我国中西部地区高校具有博士学位教师占比低于东部地区的现状，一方面，应该通过专项教师培训计划，鼓励和支持中西部高校教师在国内在职或脱产攻读博士学位，并在攻读学位期间给予生活补助和职称评定优待；同时，鼓励中西部高校教师到国内知名高校进行短期学习和交流，或者与国内知名高校教师开展跨区域科研项目合作，并在教师职称评定等方面认可教师的各种学习、交流、合作成果。另一方面，实施中西部高校教师出国留学支持计划，鼓励和支持中西部高校教师到国外知名大学学习和交流，提升中西部高校国际化水平。例如，国家留学基金委员会所实施的"西部计划"对提升我国中西部高校师资水平发挥了不小作用。从 2012 年开始，国家留学基金委员会与英国阿伯丁大学开展合作培训项目，实施为中西部高校培养英语教师的培训项目，对提升中西部地区高校英语教师教学能力和教学水平发挥了积极的作用。因此，可以从政府层面制定相关政策，支持类似计划的开展。这需要政府政策支持和稳定的财政支持，通过教师培训、进修和交流等各类专项计划，提供政策倾斜，投入资金，切实使教师能够有条件、有精力、有热情不断提升自我，安心献身中西部高等教育事业。

第二，制定相关政策，完善中西部教师队伍建设的长效机制。我国应制定和完善中西部地区教师津贴补贴制度，设立边远贫困地区教师专项津贴；制定各种优惠政策，鼓励和吸引优秀高校毕业生和社会优秀人才到中西部地区高校从事教育教学工作。

(三)缩小不同区域高等教育优质资源差距

随着我国经济水平的提高，国家对高等教育的投入逐年增加。2018 年，全国教育经费总投入为 46 143.00 亿元，比上年的 42 562.01 亿元增长 8.41%。国家财政性教育经费占国内生产总值比例为 4.11%。[①] 我国地域辽阔，各地经济社会发展状况差别大，这种区域之间社会经济发展不均衡问题，直接影响着我国高等教育发展，造成不同区域的差异性。从重点高校在不同地区的分布来看，我国高等教育优质资源在不同地区之间的分布存在明显差异。为了改变我国高等教育区域优质资源分布的不均衡状况，提升我国高等教育的总体质量，2015 年，国务院印发了《统筹推进世界一流大学和一流学科建设总体方案》。2017 年 1 月，教育部、财政部和国家发展改革委印发了《统筹推进世界一流大学和一流学科建设实施办法(暂行)》。随着我国高等教育领域"双一流"建设进程的推进，政府通过实施具体向中西部倾斜的政策，同时引入竞争机

---

① 教育部、国家统计局、财政部：《关于 2018 年全国教育经费执行情况统计公告》，http：//www. moe. gov. cn/srcsite/A05/s3040/201910/t20191016_403859. html，2020-04-26。

制，使中西部高校能够有机会参与竞争，促进了中西部地区高等教育均衡发展。但东部与中西部高校之间的发展差距仍然存在，东部地区入选"双一流"高校和"双一流"学科的高校数量远远超过其他地区的数量(见表8-3)。

表8-3 "一流大学建设高校"与"一流学科建设高校"分地区数量及占比

地区	"一流大学建设高校"数量/所	数量占比/%	"一流学科建设高校"数量/所	数量占比/%
全国	42	100.00	98	100.00
东部地区	22	52.38	61	62.24
西部地区	9	21.43	19	19.39
中部地区	7	16.67	11	11.22
东北部地区	4	9.52	7	7.14

资料来源：根据中华人民共和国教育部网站"双一流建设高校名单"信息整理而成。

注：本表根据中华人民共和国教育部官方网站"双一流建设高校名单"信息整理。本表中第二列的数据是将"一流大学建设高校"中的42所高校进行分地区统计，而后在此基础上将各个地区"一流大学建设高校"数量在"一流大学"建设总数中的占比进行统计，得到第三列数据。第四列数据是将"一流学科建设高校"总数进行了分地区统计，但由于在95所一流学科建设高校中，中国石油大学、中国矿业大学、中国地质大学这3所高校在北京以外分别有另外的校区，并且所开设的一流学科也存在差异，因此本表中将"一流学科建设高校"总数标记为98所，第四列数据根据"一流学科建设高校"所处的地理位置进行了分别统计，得到东部、西部、中部和东北部地区的数量，并在此基础上统计了不同地区"一流学科建设高校"数量在98所"一流学科建设高校"中的数量占比，由此得到第五列的结果。

表8-4 "双一流"学科建设高校入选一流学科数量分地区统计

地区	一流学科建设数量/个	学科数量占总开设学科数量比重/%	单个学校开设≥2个学科的学校数量/所	单个学校开设≥2个学科的学校在"一流大学建设高校"和"一流学科建设高校"总数中占比/%
全国	465	100.00	63	45.00
东部地区	326	70.11	39	27.86
西部地区	51	10.97	9	6.43

地区	一流学科建设数量/个	学科数量占总开设学科数量比重/%	单个学校开设≥2个学科的学校数量/所	单个学校开设≥2个学科的学校在"一流大学建设高校"和"一流学科建设高校"总数中占比/%
中部地区	60	12.90	10	7.14
东北部地区	28	6.02	5	3.57

资料来源：根据中华人民共和国教育部网站"双一流建设学科名单"信息整理而成。

注：本表根据中华人民共和国教育部网站"双一流建设学科名单"信息整理。其中，第二列"一流学科建设数量"根据教育部公示的"一流学科建设名单"进行分学校统计，而后分地区统计，得到"一流大学建设高校"与"一流学科建设高校"共开设465个一流学科，因此本表按照不同地区的"一流大学建设高校"和"一流学科建设高校"所开设的学科数量进行了求和，得到全国140所一流（学科）建设高校中所开设的一流学科总数，并根据东部、西部、中部和东北地区分别进行统计，得到表中第二列的结果。而后对每个地区的"一流大学建设高校"和"一流学科建设高校"所开设的一流学科数量在总开设学科数量中的占比进行计算，得到表中第三列的结果。此外，在观察"一流大学建设高校"和"一流学科建设高校"时发现，大部分学校都仅有1个学科被设定为一流学科建设学科，因此，本表对于不同地区开设一流学科数量≥2个的学校数量专门进行了统计，由此得到了第四列中的数据。为更好地了解各个地区的差异，也对不同地区所有的一流学科建设数量≥2个的高校在"一流大学建设高校"和"一流学科建设高校"共计140所高校总数中（由于中国石油大学、中国矿业大学、中国地质大学均有2个校区，因此将不同校区进行分别统计）所占的比例进行再次统计，得到第五列数据。

为了进一步缩小我国不同地区高等教育优质资源的差异，我国在继续推进"双一流"建设的同时，应从以下几个方面考虑制定相关政策。

第一，增加国家财政拨款在中西部地区高等教育生均经费的占比，缩小不同地区之间生均经费之间的差异。通常来讲，生均财政性经费主要由国家及地方政府的财政拨款两部分构成。一方面，中央财政拨款额度按照招生人数拨款，东中西部没有差异，但由于东西部高校招生人数的差异，中央财政拨款的总额在不同区域之间存在差异；另一方面，地方财政拨款额度由于各地区经济社会发展水平存在差异，对高等院校的生均经费拨款也存在差异（见表8-5），东部与中西部的差异尤为明显。在地方政府财政不能够提供足够的财政拨款以保持与其他地区生均经费拨款持平的情况下，中央财政拨款可以根据各地区经济社会发展的差异性，适当提高对中部和西部地区的拨款额，以缩小不同区域之间的差距。

表 8-5　东部、中部、西部高等教育生均一般公共预算教育经费　单位：元

年份	东部	中部	西部	全国
2018 年	26 610.73	16 917.89	22 611.22	22 245.81
2017 年	25 713.01	15 940.64	21 607.05	21 471.03

资料来源：教育部、国家统计局、财政部：《2018 年全国教育经费执行情况统计公告》，http：//www. moe. gov. cn/srcsite/A05/s3040/201910/t20191016_403859. html，2020-04-30。

第二，结合"一带一路"倡议，重点支持中西部院校"双一流"建设。根据西部高校的具体情况，重点支持中西部重点高校和一些高校的重点学科与特色学科的发展，实施相关政策并配套财政支持，使这些高校脱颖而出，使优势学科获得进一步发展的空间。同时，结合"一带一路"倡议，加强国际合作，使中西部高校在教师队伍建设国际化、科研合作国际化等方面得到不断发展，推动中西部高校与国际高等教育领域接轨，从而全面提升中西部地区高校的国际化水平。

第三，建立统一的高等教育优质资源平台，分享优质高等教育资源。我国应通过政策支持和中央财政投入，重点建设中西部高等教育优质资源平台，以促进优质资源的共享；进一步加强网络课程建设，使西部高校学生能够享受优质教学资源；鼓励中西部高校教师积极参与慕课等网络课程建设，或者与国内一流水平高校的教师开展合作，进行网络资源建设，通过网络共享平台满足中西部地区对优质高等教育资源的需求。

二、促进我国高等教育发展的城乡公平

我国高等教育领域一个非常突出的问题是城乡之间的差异。由于城乡差距，农村无论是办学的硬件还是师资水平均无法与城市相比。国务院印发的《国家教育事业发展"十三五"规划》指出，到 2020 年我国高等教育毛入学率将达到 50%。我国农村学生接受高等教育的机会大大提升，农村接受高等教育的人数不断攀升，但广大农村地区的学生在优质教育机会的获得上仍处于劣势地位，农村学生的高等教育入学机会无论是在数量上还是在质量上都与城市学生有很大差距。我国在高等教育由大众化迈向普及化的进程中，应吸取国外高等教育公平的经验和教训，关注农村学生接受高等教育入学机会问题。2014—2017 年连续四年的《政府工作报告》均指出，要增加贫困地区农村学生招生规模，强调要畅通农村和贫困地区学子纵向流动的渠道，让每个人都有

机会通过教育改变自身命运。为了应对近年来重点高校来自农村学生的比例不断下降的局面，政府在制定政策时应从以下几个方面考虑。

第一，应继续实施针对农村地区学生的招生优惠政策，通过实施多元化的高等教育招生政策，向农村地区倾斜，使更多的农村学生实现大学梦。我国每年通过贫困地区定向招生专项计划（包括国家专项、高校专项及地方专项），为贫困地区学生提供进入重点大学学习的机会。这三大专项计划招生规模从 2012 年的 1 万人增加到 2017 年的 10 万人。截至 2017 年，累计招收农村贫困地区学子超过 30 万人。北京大学、清华大学、复旦大学等重点大学来自农村的学生比例也超过了 15％，有效地增加了农村贫困地区学生上重点大学的机会。[1] 具体来说，在继续实施重点大学招生向农村地区学生倾斜的政策，进一步增加重点大学农村学生人数和提高录取名额的比重的同时，应在政策方面定位更为精准，避免政策执行过程中的失范现象，切实保证政策落实。

第二，由于农村学生在知识基础和文化素养方面存在差异性，应进一步调整和完善各种奖助学金制度和助学贷款制度，为这些学生提供良好的学习环境和法律制度环境，保障贫困学生能够在大学学习过程中顺利完成学业，实现过程公平。

第三，通过政策扶持和相应的中央财政配套制度，提高广大农村地区基础教育水平。我国可以充分利用现代网络技术，建设优质教育资源平台，为广大农村学生提供优质教学资源，解决农村地区生源质量不高的问题。通过提高农村教育的整体水平，在不断扩大农村地区学生接受高等教育机会的同时，实现我国高等教育发展的城乡公平。

三、促进我国高等教育发展的性别公平

《中华人民共和国教育法》第三十六条规定，受教育者在入学、升学、就业等方面依法享有平等权利。2018 年，我国普通本科女生人数为 9 163 131 人，占本科生总数的 53.99％；女性硕士研究生 1 198 490 人，占 51.18％；女性博士研究生 157 255 人，占 40.37％。[2] 从女性接受高等教育的比例来看，普通本科和硕士研究生女生比例均高于男生，但博士研究生女生所占比例低

① 董鲁皖龙：《专家建议对定向招生专项计划学生提供个性化帮扶"招进来还有培养好"》，载《中国教育报》，2018-12-03。

② 教育部：《各级各类学校女学生数》，http：//www.moe.gov.cn/s78/A03/moe＿560/jytjsj＿2018/qg/，2020-04-08。

于男生。随着我国高等教育规模的持续扩大，在我国高等教育从精英教育到大众化教育以及迈向普及化阶段的进程中，男生和女生的高等教育参与机会均在不断增加，高等教育领域性别差异逐渐缩小，但性别不均衡的现象依然存在。如何促进高等教育中的性别公平，仍是一项紧迫的课题。

第一，通过制定相关政策，实现高等教育入学机会方面的性别公平。从我国高等教育发展历程来看，在我国高等教育发展的精英阶段，男生的机会高于女生，而到了大众化时期，女生的机会开始反超男生，高等教育领域"男少女多"现象正在形成。重点高校中男生的受教育机会较多，但女生与男生之间的差异有所缩小；普通本科和专科院校中，男生的优势急剧下降，而女生的优势，尤其是在普通本科院校中的优势越来越凸显；男生主要集中在重点高校和专科院校，两极分化现象比较严重。在学科分布方面，男生越来越多地集中在工科，女生除了在文学和艺术学中占比较高外，选择教育学和管理学的人数也在逐渐增多。① 针对这种状况，可以制定相关政策，在招生方面给予高校一定的灵活度，保持性别比例的平衡。比如，某些专业存在着明显的性别差异，有一些专业女生人数微乎其微，而有些专业领域则很少有男生涉足。针对这一现象，我国需要进一步完善高等教育性别公平的保障政策；鼓励学生在选择专业过程中客观地看待专业领域，改变成见，理性选择专业。此外，在基础教育领域进行相关课程等方面的改革，提高男生学业成绩，解决全球普遍存在的"男孩危机"问题。

第二，通过制定相关的政策和为企业提供优惠政策，鼓励企业在接受高校毕业生就业方面坚持平等对待不同性别的学生。据统计，2013 年，中国高校毕业生初次就业率为 71.9%，其中女性初次就业率仅为 65.9%，就业情况明显低于男生。② 针对女性大学生就业难的现状，我国应制定相关政策，消除女大学生就业难的现象。一方面，鼓励企业在招收大学毕业生时坚持性别平等，同时政府应完善相应的法律法规的具体细节，监督相关政策的实施，禁止用人单位招聘过程中采取任何方式的性别限制；另一方面，通过一系列的制度性保障，为女性提供婚姻、养育子女等方面的社会保障，解除企业的后顾之忧。

---

① 王伟宜、桂庆平：《高等教育机会获得的性别不平等及其变化(1982—2015)》，载《清华大学教育研究》，2020(1)。

② 谢再莲、詹淑兰：《女子高校专业设置与优化问题探究》，载《企业导报》，2015(5)。

第三，加强女子学院建设，拓展女子学院的学科领域。为了实现我国女性高等教育公平，应加强女子高等院校的建设，不断加强女子学院的学科建设，拓展女子学院学生选择学科领域的范围。这也有助于改变关于女性选择学科领域的传统偏见，实现不同学科领域的性别平衡。截至2019年，我国仅有独立设置的女子普通本科院校3所，女子高等职业技术学院3所。① 我国女子高等院校的发展远不能满足女性对高等教育的需求。因此，我国应加大女子学院建设的投入力度，包括资金支持和师资培训，满足女性对高等教育的需求。

四、促进我国高等教育发展的民族公平

我国是一个由56个民族组成的多民族国家，历史发展原因以及民族地区分布的差异，造成了不同民族之间在教育发展上的差异。自1950年以来，我国出台了一系列有利于少数民族高等教育发展的政策，以实现少数民族高等教育的公平。长期以来，为了实现少数民族高等教育的平等权，扩大少数民族接受高等教育机会，提高少数民族地区高等教育的入学率，我国通过针对少数民族考生的招生降分政策、开设民族班和预科班政策、同等条件优先录取政策等扩大少数民族地区学生的入学机会。教育部发布的《高等学校一九五零年度暑期招考新生的规定》明确规定对少数民族学生实行优惠和宽松政策。1953—1961年，政府对这一政策进行了修改，规定如果少数民族学生与汉族学生获得同样分数，少数民族学生优先。1963年，教育部和少数民族事务委员会发布《关于高等院校少数民族学生入学优惠的通知》，规定在分数相同的情况下优先录取少数民族学生。1980年，高考恢复两年后，教育部《高等教育学生录取工作通知》规定，在一些重点院校为以低分数线录取的少数民族学生开设专门少数民族班。根据教育部的决定，从1980年开始，清华大学、北京大学、北京师范大学等大学先后举办了民族班，中央民族大学、西南民族学院等举办了少数民族预科班。1984年颁布的《中华人民共和国民族区域自治法》规定"高等学校和中等专业学校招收新生的时候，对少数民族考生适当放宽录取标准和条件"。经过长期努力，我国民族高等教育发展很快。2018年，

---

① 教育部：《2019年全国高等学校名单》，http：//www.moe.gov.cn/jyb_xxgk/s5743/s5744/201906/t20190617_386200.html，2020-05-29。

高等教育少数民族学生人数为 3 943 967 人，占学生总数的 8.7%。① 但我们也应看到，少数民族接受高等教育的人数比例与少数民族的人口比例还是有一定的差距，少数民族接受高等教育的数量和质量均有待提高。我国改革开放的不断推进、社会体制的转变和就业结构的变化，以及高等教育领域改革的不断推进，对民族地区高等教育的公平发展提出了更高的要求。

第一，保障民族地区高等教育入学机会公平。我国有 55 个少数民族，各少数民族的人口数量、语言文化发展程度和地域分布不同，各少数民族所拥有的教育资源存在很大差异。因此，未来少数民族招生中应针对不同少数民族结合地方的具体实际，实行差异化的招生政策，针对人口特少的少数民族实行相对更为优惠的招生政策。在不同的民族地区，应按照民族地区的划分，制定优惠政策的标准。根据少数民族的居住地区分为少数民族聚集地区和少数民族散居地区，不同省份根据自身的情况划定不同的分数等级，采取不同的招生政策。不同省份的少数民族高等教育的发展状况不同，人口数量的比例也有所差异，应区别对待。因此，我国应制定相应的政策，引导不同省份，立足少数民族人口调查的实际情况，采取有差异的高等教育招生政策，切实保障不同省份少数民族高等教育的入学机会公平。同时，我国还应该配合少数民族招生政策改革，实施相关的配套政策。例如，针对少数民族招生过程中出现的弄虚作假问题，以及少数民族生源质量问题等，通过制定科学的少数民族认定标准和认定程序，保证少数民族考生认定过程的公开性和有效性，确实保障少数民族考生的权益，并通过进一步完善民族预科班和民族班政策等提高少数民族生源质量。此外，还应使少数民族招生政策具有一定的激励性，通过招生政策激发少数民族学生学习的兴趣和动机，增强少数民族学生的竞争意识。在我国高等教育"双一流"建设背景下，应不断促进民族地区高等教育向高水平发展，不断调整针对少数民族招生政策的精准性，考虑到地区、民族和语言等多方面的因素，增强政策的灵活性和多样性，使真正需要照顾的群体获得应有的教育补偿。

第二，实现少数民族高等教育过程公平。长期以来，我国各种立法和相关教育政策非常关注少数民族考生接受高等教育的起点公平问题。例如，1980 年以来，我国高等院校设立各种少数民族班和预科班。这一政策极大地提高了少数民族学生的文化和知识基础，使他们能够顺利为高校录取，在提

---

① 李银华：《少数民族预科教育内涵式发展研究》，载《新西部》，2019(18)。

高少数民族学生入学机会的同时，加快了少数民族高等教育过程平等。为了进一步发挥少数民族班和预科班在实践民族教育公平中的作用，教育管理部门应建立相应的教育督导机制，对各高等院校设立的少数民族班和预科班的教学进行教学评估和督导，改革预科班的管理、运行和评价机制，保障少数民族学生能够有充足的知识准备，成功完成学业，实现高等教育过程公平，从多方面保证少数民族学生接受高质量的高等教育。

第三，优化高等教育布局，促进少数民族地区高等教育的发展。针对少数民族地区高等教育领域优质资源缺乏的状况，我国应加大对少数民族地区院校的政策倾向和资金投入，促进少数民族地区高等教育的发展。根据相应的政策，中央财政对少数民族地区高等院校重点投入，支持这些院校的基础设施建设和师资队伍建设；同时，改革少数民族地区高等院校的课程设置，增加多元文化的内容，招聘不同民族的教师，对少数民族地区的文化、传统工艺等进行研究，形成一些特色专业，促进我国高等教育的多元化发展。

五、保障残疾学生的高等教育公平

在我国高等教育不断发展的进程中，要实现高等教育公平，必须保证每一个学生平等接受高等教育，包括残疾学生，实现残疾学生教育机会公平、教育过程公平和教育结果公平。1985年，《教育部、国家计划委员会、劳动人事部、民政部关于做好高等学校招收残疾青年和毕业分配工作的通知》指出，高等学校招生时应注意录取德智条件优秀的残疾考生，体现了国家对残疾考生的关怀。2017年新修订的《中华人民共和国残疾人教育条例》对普通学校中跟班就读的残疾学生有了更加明确的规定。随着相关政策的出台，我国残疾人接受高等教育的人数不断增加，2014—2018年共有4.79万名残疾学生通过高考被普通高校录取。国家通过实施相关优惠政策，使更多的残疾学生获得了接受高等教育的机会(见表8-6)。但是，与正常群体相比，残疾学生接受高等教育的机会仍然有限，扩大残疾学生接受高等教育的机会依然任重道远。

表8-6 2014—2018年高等院校残疾大学生录取情况和普通大学生录取情况

年份	普通高等院校录取残疾人数/人	高等特殊教育院校录取残疾人数/人	高等院校录取人数/万人
2014	7 864	1 678	721.40

续表

年份	普通高等院校录取残疾人数/人	高等特殊教育院校录取残疾人数/人	高等院校录取人数/万人
2015	8 508	1 678	737.85
2016	9 592	1 941	748.61
2017	10 818	1 845	761.49
2018	11 154	1 873	790.99

资料来源：根据中国统计出版社出版的历年《中国残疾人事业统计年鉴》和教育部历年全国教育事业发展统计公报等数据汇总而成。

第一，通过制定相关政策，保障残疾学生接受高质量高等教育的机会。残疾学生如何更好地融入普通大学生群体之中，如何充分利用高校各种资源学习知识、掌握技能、发展能力，提升自身的社会竞争力，实现自身价值，需要政府、高校、社会以及残疾学生自身的共同努力，从而真正实现残疾学生接受高等教育的起点公平和过程公平。政府应通过各种措施确保残疾学生高等教育公平政策的具体落实，从总体上保证实现残疾学生的高等教育公平。政府要通过相关政策鼓励高校招收残疾学生，提供相应的政策和财政支持，并对高校招收和培养残疾学生的过程进行监督，促使高校不断改进相关工作。各高校应在落实各种关于残疾学生的招生、培养以及就业等政策的同时，从各方面保障残疾学生接受高等教育过程的公平。例如，保障残疾学生学习和生活的各种设施、相关的课程设置、对残疾学生的心理指导及就业指导等。从各种教学设施来看，要满足残疾学生的需求，图书馆、实验室等应考虑残疾学生的需求；高校应积极进行无障碍环境建设，改变校园无障碍环境落后现状，为残疾学生提供学习、生活便利，使残疾学生在一个最适当、最有利的环境中实现其学业、社交与情绪的成熟发展。[1] 高校还应在学科设置方面拓展残疾学生可选择的专业范围，提高学生的自主选择空间，保障其教育过程的公平。政府还应根据残疾学生的现状，在延续现有的残疾学生资助政策的基础上提高资助金额和扩大资助的覆盖面，使残疾学生的大学生活和学习得到应有的保障。

第二，通过政策保障残疾学生就业公平。随着我国残疾学生接受高等教

---

① 马宇：《美国残疾人高等教育支持体系的特点及其启示》，载《现代特殊教育》，2012(6)。

育人数的不断攀升，残疾大学生就业问题日益突出。残疾大学生的就业普遍存在就业率较低、层次不高、结构不合理等问题。残疾大学生找到适合的工作岗位不仅有利于实现自身人生价值，而且对社会公平也具有重要意义。残疾大学生就业问题是保障残疾学生高等教育结果公平的重要维度，需要政府、学校、社会各界以及残疾大学生的共同努力，以构建适合我国国情的残疾大学生就业支持系统。我国关于残疾人就业问题的相关政策，在一定程度上缓解了残疾人就业问题，但仍存在政策内容不到位、精准度不高、相关配套措施不完善等问题，影响了政策的实施效果。针对这些问题，应建立政府绩效问责制度和社会监督机制，提高政府政策的执行力，使相关政策切实落实到具体的残疾学生就业实际运作之中。政府也应在发挥主导作用的同时，鼓励和支持社会相关组织和企业积极参与到残疾大学生就业工作之中，通过政策性支持和引导，以及相关社会保障机制的建立与完善，增加公共部门残疾学生的就业机会，大力拓宽残疾大学生的就业渠道。政府还应通过政策引导、财政支持和过程监督等环节，促使高校通过就业指导、学生心理辅导和咨询、课程设置改革等与残疾学生就业密切的相关措施，帮助残疾学生做好就业准备，从而真正实现残疾学生高等教育过程公平和结果公平。

六、保障贫困学生接受高质量高等教育的机会

为了保障低收入和贫困学生接受高等教育的机会，我国已经建立了包括奖学金、助学金、学生贷款、勤工助学、学费减免等在内的大学生资助体系，帮助经济困难学生不仅能够顺利上大学，还能够顺利完成学业。但由于社会经济的发展，以及其他各种因素的影响，我国大学生资助政策还有待进一步完善。

第一，有效实施无偿资助和有偿资助，建立资助申请评估机构。我国高校贫困生资助项目以是否需要偿还为标准，可以划分为以国家助学金为代表的无偿资助和以国家助学贷款为代表的有偿资助。但在具体实施过程中遇到了一些问题。比如，学生比较重视无偿资助，申请人数比较多。而相应地，有偿贷款申请比例不足，这就造成了很多需要资助的困难学生不能获得有效的资助。我国应在借鉴其他国家经验的同时根据我国国情制定大学生资助政策，建立助学贷款申请评估机构，通过客观、公证的评估，使真正困难的学生获得有效资助，增强资助政策的针对性和精准性，同时完善学生贷款制度运行机制建设，进一步细化贫困生的困难等级认定标准，并从学费和生活费

两方面提供具体的资助。

第二，在加大中央财政对贫困学生的资助的同时，出台相关政策，鼓励社会机构、企事业单位和个人资助贫困学生，拓宽资助渠道，使更多的贫困学生受益。

第三，关注民办高校贫困学生的资助问题。虽然民办院校的学费相较公立高校来说比较昂贵，但还是有不少贫困学生就读于民办高校，需要政府制定相应的政策，关注民办高校贫困学生的资助问题，使对贫困学生的资助覆盖更多的民办高校学生。

第二节　提高我国高等教育效率的政策建议

高等教育中的效率可从两个层面来解读，即社会效率和个人效率。狭义的社会效率是指受高等教育的人较未受高等教育的人能为社会创造更多的社会财富。广义的社会效率是指高等教育的发展不仅可以为社会经济和科技文化的发展提供必要的人才资源，而且可以从整体上提高民族素质，增强综合国力，推进社会文明程度。在个人效率方面，如果个人受到更多更好的高等教育，就能获得更多的知识和技能，当这些知识和技能融入生产劳动过程时，就可以提高劳动生产率，从而获得较高的经济收入。

随着我国经济体制改革的不断深入，市场化的理念和原则不断渗透到社会生活的各个层面，高等教育领域不可避免地也受到市场化的冲击，这体现在高等教育领域就是对效率的追求。要提高我国高等教育效率，应首先拓宽对高等教育效率问题的认识，处理好高等教育经济效率与社会效率之间的关系、内部效率与外部效率之间的关系，避免出现重视高等教育内部效率而忽视外部效率的现象。具体到高等教育的实际运作中，高等教育效率体现在高等教育的经济效益、高等教育质量和高等教育结构等方面。

一、提高高等教育的经济效益

经济效率主要指高等教育内外部的经济效率，不论是内部效率还是外部效率都是从教育投入和产出之间关系的角度进行界定的，主要考察资金投入方面。外部效率更多地涉及对高等教育领域以外的社会目标的实现状况，产出涉及比较宽泛的社会目标，如经济增长和就业率提高等方面。而内部效率更多地是针对高等教育内部投入与产出之间关系的界定。投入在这里指的是学生本身通过高等教育的"生产过程"成为"产出"，即毕业生的人数和毕业生的知识获得与掌握状况。从这一角度来看，高等教育的内部效率包括经济效率和技术效率。在衡量高等教育内部效率时，可以采用毕业率、辍学率和学习时间等指标，利用横向数据对学生的进步效率进行比较。具体如何衡量高等教育内部效率，有多种途径，可以通过不同国家之间数据的比较，获得关于高等教育内部效率的数据。比如，在欧盟成员国之间进行比较。衡量外部效率一般可以采用相关高等教育的经济收益指标，如就业率、失业率和报酬等，并将这些指标与中等教育的相关指标进行对比。影响高等教育经济效益的因素主要包括对高等教育的投入、学校生均培养成本、高校的财务管理等方面。从政策制定角度来看，我国应从以下几个方面考虑如何提高高等教育的经济效益。

第一，优化高等教育经费投入结构。从高等教育投入来看，我国高校教育经费的投入效益不高制约着高等教育经济效益的提升。在经费投入方面存在三个问题。一是从全国高校来看，总体高等教育经费在不同类型院校之间的投入不均。长期以来，我国高等教育领域一些重点院校占据了大量的教育经费资源，并由此导致了院校之间的差异性，固化了不同层次高等院校之间的地位，没能激发高校之间的良性竞争。普通高等院校，尤其是民办院校经费严重不足，导致一些院校教育软件和硬件设置均难以满足高等教育发展的需求。二是院校层面经费投入不合理。院校层面的经常性基础经费投入比例与竞争性经费投入比例结构失调，经常性经费比例远远低于竞争性经费比例。有些院校经常性经费比例只占30%，竞争性经费比例高达70%，难以保证院校的基本运转。三是高等教育经费投入在不同学科之间的分布不均。有些热门专业的投入较冷门专业要高得多。有些人文社会科学领域的学科投入严重不足，影响了这些学科的教学质量，从而影响高等教育效率的提升。为此，应该制定相关政策，优化高等教育经费投入结构。具体来说，应对高等教育领域的中央财政投入进行合理配置，合理分配不同地区和不同类型院校的政府财政性投入，提高高等教育的经济效益。同时，通过相应的政策规范各高等院校内部经费的投入，促使各高校合理调节和控制投入的经常性经费和竞争性经费的比例结构，扩大经常性经费的投入比例，减少竞争性经费的比例。在学科发展经费投入方面，通过政策引导，缓解和改善目前高等教育经费在不同学科之间分布不均的现状，加大对一些人文学科领域的投入，提升这些学科领域的教学质量。总之，在教育投入方面应根据具体地区和不同高校发展的实际情况，形成以政府对高等教育投入为主体、学费和社会筹资为辅助的多渠道高等教育投资体制，即形成合理的高等教育投入结构，提升高等教育的效率。

第二，提高高等教育生均经费。从生均培养成本来看，我国高等院校生均经费偏低，如果生均经费不能随着高等教育规模的扩张而稳步增长，高等教育的效益就无法得到保障。2007—2014 年我国普通高校生均经费增长缓慢，2011 年之后，生均经费几乎没有增长，生均经费指数不断下降。除北京和上海等少数地区，我国高等教育生均经费的绝对水平远低于发达国家，而且政府投入比例低于发达国家。[①] 为此，政府应通过与政策相配套的中央财政投入，在财政状况允许的情况下适度增加生均经费投入，同时制定向中西部高校倾斜的政策，根据地区差异给予中西部高校一定补贴，缩小东部高校和中西部高校之间生均经费的差距，保证我国高等教育总体效率。

第三，规范高校内部财务管理。高校内部财务管理机制不健全，没有明确的经济责任制，高校内外部监督机制不完善，造成高校资金使用效益不高的现状。我国需要制定具有针对性的政策，从各个环节入手，规范高校内部财务管理制度，以提高中央和地方财政投入的效益，从而提高高等教育的效率。

第四，促进高校内部创新。政府应通过制定适应经济社会发展的相关政策，鼓励高校学生及教师进行科研创新，使科研成果转化为现实生产力，以有效提高高等教育的经济效益；[②] 形成能够使科研成果迅速转化的机制，促使科研成果能够通过有效渠道被推广到社会中，使高校成为科学技术发展和创新的基地，实现高等教育的经济效益。

二、提高高等教育质量

改革开放 40 多年来，中共中央、国务院以及地方政府制定并实施了一系列提升高等教育质量的政策，我国高等教育质量保障体系不断完善。1995 年11 月，国家计委、国家教委、财政部共同制定的《"211 工程"总体建设规划》经国务院批准发布实施，"211 工程"正式启动。该工程的总体目标是在"九五"

---

① 方芳、刘泽云：《普通高校经费收入结构对生均经费的影响》，载《高等教育研究》，2017(3)。

② 李雅娟：《浅谈高等教育经济效益提升的制约因素及提升途径》，载《现代经济信息》，2014(6)。

期间重点建设一批高校和重点学科，并在此基础上经过若干年的努力，使100所左右的高校及一批重点学科在教育质量、学科研究、管理水平和办学效益等方面有较大提高。1998年12月24日，教育部发布《面向21世纪教育振兴行动计划》，决定重点支持部分高等学校创建具有世界先进水平的一流大学和一流学科。1999年1月13日国务院批转了该计划，正式启动"985工程"。这两项工程的实施，对集中优势资源，提高我国高等教育质量，具有重大意义。2003年，《教育部关于启动高等学校教学质量与教学改革工程精品课程建设工作的通知》出台，我国正式启动精品课程建设。通知明确规定，要全面提高教育教学质量，造就数以千万计的专门人才和一大批拔尖创新人才，提升我国高等教育的综合实力和国际竞争力。2007年1月22日，《教育部 财政部关于实施高等学校本科教学质量和教学改革工程的意见》（以下将该工程简称为"高等教育质量工程"）出台，指出要在全国范围内开展本科教学改革，以提高高等院校的教学质量。"高等教育质量工程"是我国继"211工程"和"985工程"之后又一项提高高等教育质量的举措。通过实施"高等教育质量工程"，我国高等教育的基础设施建设、学科建设和师资配备等在数量和质量上都有提高。2015年8月18日，中央全面深化改革领导小组第十五次会议审议通过《统筹推进世界一流大学和一流学科建设总体方案》，将"211工程""985工程"及"优势学科创新平台"等重点建设项目统一纳入世界一流大学和一流学科建设。之后，随着高等教育领域"双一流"建设的实施，我国将在竞争的基础上，实现不同层次、不同类型院校之间的良性竞争局面，促进高等教育在高水平层次上公平的实现。这就需要提高高等教育质量标准，实施切实可行的绩效评估方案，对高等院校进行绩效考核，改革课程设置，加强教师队伍建设，从整体上提高高等教育质量。为了进一步提高我国高等教育质量，应从以下几个方面采取有效措施。

第一，通过改革评估体系，保证高等教育质量。目前，我国高等教育评估仍然是由政府主导的自上而下的评估。评估标准及其实施都是由教育主管部门负责，这不可避免地造成了评估中的一些问题。为此，应改革现有的高等教育评估体系，形成由国家从宏观上对高等教育质量进行控制和管理，制定相应的质量标准和办学标准，由第三方评估机构进行评估的模式。同时，还应形成以各高等院校自评为基础，并为国家教育行政部门提供必要的信息的自下而上的评估模式。应考虑实施分类评估，避免以一个标准衡量具有不同特色的院校的现状，使评估能够真正促进院校的发展，提升我国高等教育的总体质量。

第二，关注高等教育的社会效率。政府应通过政策引导，促使各高校和社会各方关注高等教育的社会效率。高等教育的社会效率既包括经济效率，也包括政治、文化和道德效率，但目前对高等教育社会效率的追求过分强调经济效率，而忽视了其他方面的社会效率，并由此造成了高等教育改革和发展过程中的诸多问题，从而阻碍了我国高等教育的健康发展，影响到高等教育质量的提升。我国应该在提高高等教育效率的过程中，克服过度重视高等教育经济效率的问题，多维度思考高等教育质量问题，处理好高等教育的内部效率与外部效率以及高等教育的经济效率与社会效率之间的关系，全方位提高高等教育效率。

三、优化我国高等教育结构

从高等教育宏观发展来看，提高高等教育效率，必须优化高等教育结构。1999 年高等教育的扩招，使我国高等教育规模不断扩张，到 2002 年高等教育毛入学率超过 15%，实现了高等教育大众化。我国高等教育发展由精英向大众再到普及的发展进程，客观上要求不断优化高等教育结构，以实现我国建设高等教育强国的目标。优化高等教育结构是一项复杂的系统工程，需要全方位考虑诸多要素，进行统筹规划，合理布局，从而在保证高等教育公平的基础上，实现资源合理配置，保证高等教育的效率。

第一，优化我国高等教育区域结构。造成我国高等教育发展区域结构不合理现象的原因是多方面的，既有经济社会发展的差异，也有历史原因，还有政策原因。因此，如何制定适宜的政策，是实现我国高等教育区域结构优化的关键。我国需要从高等教育总体规划方面，统筹考虑高等教育的区域发展，合理布局；扩大省级政府统筹高等教育的权限，推动东部地区高等教育率先发展，建成若干高等教育强省（市），为高等教育改革发展发挥带动作用；重点支持一批中西部本科高等学校加快发展，提高中西部高等教育发展水平，支撑中西部区域经济、社会和文化建设的快速发展；扩大实施"协作计划"，推进东西部高等学校对口支援工作，促进高等教育的区域协调发展。

第二，优化我国高等教育层次结构。2018 年，全国各类高等教育在学总规模达到 3 833 万人，高等教育毛入学率达到 48.1%。全国共有普通高等学校 2 663 所（含独立学院 265 所），其中，本科院校 1 245 所，高职（专科）院校 1 418 所；全国共有成人高等学校 277 所、研究生培养机构 815 个。在学研究生 273.13 万人，其中，在学博士生 38.95 万人，在学硕士生 234.17 万人。普通本专科在校生 2 831.03 万人，其中，本科生 16 973 343 人，专科生 11 337 005 人。① 基于世界高等教育层次结构的发展趋势和我国社会经济发展对人才培养的需求，我国应该大力发展专科层次的教育，使之成为高等教育普及化发展、培养技能型人才的主力军；稳步发展本科生教育，使之成为提升人才培养质量、培养应用型人才和理论型人才后备力量的主要力量；培养积极发展硕士研究生教育，使之成为高层次应用型人才和理论型人才的主要力量；适度发展博士生教育，培养应用型人才和理论型人才的领军人才。

第三，优化高等教育科类结构。科类结构是指高等教育中各科类教育的结构情况，是一种横向结构，具体分为学科结构、专业结构两个层次。随着我国高等教育的不断发展，我国已经形成了科类齐全的高等教育体系，但科类结构方面依然存在结构比例失调的现象。为了优化高等教育科类结构，我国需要引导不同地区、不同层次、不同类型的院校合理定位，根据社会经济发展的需求，调整学科专业设置，鼓励新兴学科和交叉学科的发展，重点培育和发展优势学科与特色学科，形成合理的学科层次结构。

第四，优化高等教育形式结构。我国高等教育形式多样，包括全日制的普通高校、成人高校，也包括开放大学、广播电视大学、高等教育自学考试等。随着教育信息化的深化和人工智能技术的发展，各种形式的线上教育、混合式学习迅速发展。我国在发展传统的面授高等教育的同时，要积极运用现代科学技术的成果，积极发展各种形式的线上教育，积极推进泛在学习和混合式学习。

第五，加强高等学校分类管理，促进高等学校特色发展。我国应该进一步研究高等学校分类依据，建立分类体系，实行分类建设、分类管理、分类评价，发挥政策指导和资源配置的作用，引导高等学校合理定位、各安其位、办出特色、办出水平。

第三节　我国高等教育公平与效率协调发展的政策建议

从逻辑上讲，高等教育公平与效率不是一对矛盾概念，而是两个非线性

---

① 教育部：《2018 年全国教育事业发展统计公报》，http：//www. moe. gov. cn/jyb _ sjzl/sjzl _ fztjgb/201907/t20190724 _ 392041. html，2020-04-30。

相关概念。但在一定情况和条件下，高等教育公平与效率之间往往会产生矛盾，需要在两者之间做出平衡，需要根据高等教育的实际情况及其面临的主要矛盾，权衡利弊而定。① 阿瑟·奥肯（Arthur M. Okun）认为，并非凡有利于这一方面的因素就必然有害于另一方，但有时，为了平等就要牺牲一些效率，为了效率又不得不影响到平等。因为平等和效率之间的冲突是不可避免的，这也就需要在平等中放入些合理性，在效率里添加些人性。② 在实际运作中，很难同时满足公平和效率的要求，因此在社会发展进程中也就会经常出现"厚此薄彼"的现象。即便是基于严肃学术研究的学者们的观点也莫衷一是。政治学家和伦理学家罗尔斯主张把优先权交给平等，而经济学家、诺贝尔奖获得者弥尔顿·弗里德曼（Milton Friedman）则主张把优先权交给效率。在坚持效率优先原则的同时，必须通过制度安排和政策调整来增进教育公平。③

　　高等教育公平与效率作为高等教育改革的价值追求，两者的协调发展是高等教育健康发展的关键，也是社会和谐发展的重要维度，需要通过政府的政策支持。改革开放40多年来，我国在社会经济发展的公平与效率关系问题上经历了一个不断探索和深化认识的发展过程。1978—1987年为第一阶段，强调以公平为基础，同时兼顾效率；1987—1992年为第二阶段，强调在促进效率提高的前提下体现社会公平；1992—2004年为第三阶段，强调效率优先、兼顾公平；2004—2012年为第四阶段，注重社会公平，初次分配和再分配都要兼顾效率和公平，再分配更加注重公平；2012年至今为第五阶段，强调公平与效率并重，更加注重公平。④ 但是，在高等教育领域，"效率优先、兼顾公平"仍是高等教育发展的基本价值取向。潘懋元先生强调"优先"应当适度：首先，要"兼顾"，而不是不顾，效率优先要兼顾公平而不是制造不公平；其次，要根据进程及时调整政策。政策的调整，不仅是为了避免矛盾激化，更是为了寻求更高层次的公平。⑤ 为了更好地促进高等教育公平与效率协调发展，参照世界各国实现高等教育公平与效率协调发展的经验，这里提出以下

---

① 李枭鹰、周孟奎：《论高等教育公平与效率》，载《中国成人教育》，2006(7)。

② 转引自［美］阿瑟·奥肯：《平等与效率》，121页，北京，华夏出版社，1999。

③ 转引自［美］阿瑟·奥肯：《平等与效率》，90页，北京，华夏出版社，1999。

④ 杨宝国：《公平与效率：实现公平正义的两难选择》，前言8～9页，北京，中国社会科学出版社，2017。

⑤ 转引自李枭鹰、周孟奎：《论高等教育公平与效率》，载《中国成人教育》，2006(7)。

具体建议。

一、建立一流多元的高等教育体系

随着我国由高等教育大众化阶段步入普及阶段，高等教育的改革重点也应从"世界一流大学""双一流"建设，向创建世界一流高等教育体系转变，建设更有质量和更加公平的高等教育体系。

第一，要建设多层次、多类别的高等教育体系。我国社会经济的发展以及高等教育自身发展推动高等教育不断改革创新。在高等教育大众化背景下，我国高等教育呈金字塔型结构。塔尖是少数重点院校，而大多数普通高等院校、专科院校、高职院校构成金字塔的底端。教育资源大量投入到重点院校，造成了不同院校之间的巨大差异。菲利普·阿尔特巴赫（Philip G. Altbach）曾指出中国顶尖大学获得的财政经费可与世界上最好的大学相媲美，但绝大多数处于高等教育底端的普通高等院校、高职院校等经费则严重不足，只能提供低质量教育，学生质量不高。① 随着我国高等教育迈向普及化阶段，客观上要求高等教育均衡发展，实现不同层次、不同类别院校共同发展。根据高等教育均衡发展的原则，政府应合理配置资源，关注私立院校和高职院校等在高等教育体系中处于不利地位的院校的发展，使不同层次的院校在高等教育体系中都能够寻找到自己的准确定位，根据自身的特点追求卓越。

第二，多方协调，全方位发展。我国高等教育大众化阶段强调"世界一流大学"的建设，社会资源和教育资源更多地投入到少数重点院校，目的是"以点带面"，希望通过少数重点大学的建设，引领我国高等教育的发展，但这在某种程度上造成了整个高等教育结构的僵化。教育经费和教育资源投入的不均，固化了高等教育结构，形成了高校之间的不公平竞争，而且不同层次、不同类别的高等院校之间相互隔离、无法衔接。为此，政府应调整相关政策，优化高等教育资源投入，使所有维持高等教育良性运转的各种直接资源和间接资源得以合理配置，财力资源、物力资源、人力资源、信息资源和其他资源都能获得最为合理的配置，在不同层次、不同类型的院校之间形成良性动态竞争，在保证高等教育公平的基础上提高高等教育的效率。

---

① 梁显平、林成华：《基于生态学视角的高等教育体系失衡问题研究》，载《高教探索》，2020(3)。

二、完善高等教育财政拨款制度

良好的高等教育财政拨款制度有助于高等教育稳步发展，是实现公平与效率协调发展的基础。虽然拓宽筹资渠道，实现高等教育投入来源的多样化是我国高等教育投入体制改革的基本思路，但是财政拨款仍然是我国高等学校经费收入的主要来源之一。因此，完善高等教育财政拨款制度，是高等教育公平与效率协调发展的重要前提。

第一，改革政府对高校的投入模式，实现高等教育公平与效率协调发展。长期以来，我国政府对高等教育的经费投入存在政策上的倾斜，对不同层次的大学的经费投入存在不均衡现象，对重点大学的财政投入相对其他院校来说更多，而普通地方院校吸纳社会资金的能力有限，办学经费紧张是一种普遍的现象。为实现高等教育公平与效率的协调发展，政府在政策制定上应该关注如何针对不同层次的高校进行经费的合理分配，增加基础性投入，降低竞争性投入，使基础性投入和竞争性投入保持适当的比例，在保证基本性投入满足高校基本运转需求的基础上，重点支持部分院校和部分学科追求卓越，使有限的教育资源发挥最大的效益，同时兼顾教育公平，给各个高等院校以公平竞争、共同发展的机会。

第二，改革政府对学生资助的投入模式。政府财政投入对高等教育发展的公平与效率之间关系的影响还体现在对学生的资助政策和措施上。伴随着我国高等教育收费制度的实施，贫困学生资助问题也成为高等教育公平的重要方面。我国政府制定相关法律和政策，使更多的贫困学生能够接受高等教育并顺利完成学业。未来，我国应进一步扩大奖助学金的资助范围，加强国家奖助学金运行的制度化，由专门的机构负责奖助学金评选程序，通过相关政策鼓励更多的社会资本投入到奖助学金的设立上来。针对我国国家助学贷款制度存在的助学贷款不能满足贫困学生的需求、商业银行参与助学贷款积极性不高、贷款学生还款拖欠率高等问题，应通过制定和实施适宜的政策，缓解助学贷款供求失衡的现状，满足贫困学生的需求，通过各种制度建设减少学生拖欠还款的现象，例如，建立专门的学生贷款担保机构等担保制度，以激发更多的商业银行积极参与到国家助学贷款行动中。

第三，根据国家经济发展情况，逐年增加政府对高等教育的财政投入。我国高等教育投入体制机制的改革方向，是完善高等教育以举办者投入为主、受教育者合理分担培养成本、学校设立基金会接受社会捐赠等筹措经费的体制机制。基于高等教育投入、生均经费严重不足的问题，我国要进一步加大对高等教育的投入，按照培养层次和学科专业特点，逐步提高公办高等学校生均拨款标准。中央要建立和完善支持地方高等教育发展的转移支付机制，促进区域协调发展。

三、完善高等教育评估体系建设

高等教育质量评估体系包括外部质量评估体系和内部质量评估体系。外部质量评估体系包括政府评估、质量认证和大学排名等，内部质量评估体系包括学生学习成果评估和课程评估等。通常所说的高等教育质量评估主要指外部质量评估。① 改革开放 40 多年来，我国高等教育领域已经建立起了由多主体参与的、形式多样的多元化评估体系，在保证我国高等教育质量方面发挥着重要作用。但从总体上看，我国高等教育质量评估还存在着评价主体和评价标准单一等问题。为了加快一流大学和一流学科建设，实现高等教育内涵式发展的目标，迫切需要改进我国高等教育评估工作。具体来讲，需要从以下几个方面考虑完善我国高等教育评估体系建设。

第一，实施分类评估。针对全国不同院校所实施的统一评估模式，在某种程度上造成了我国高校趋同化现象，限制了一些院校的特色发展。2018 年，教育部、财政部和国家发展改革委印发的《关于高等学校加快"双一流"建设的指导意见》明确提出，要积极探索中国特色的高等教育评估制度。为此，我国迫切需要实施分类评估的高等教育评估模式，完善高等教育评估体系建设。2014—2018 年，国家教育督导部门通过实施分类评估，完成了对全国 700 多所高校的审核评估和对 200 多所院校的合格评估。合格评估和审核评估各有侧重，对不同类型高校的发展具有督促和指导作用。这是我国高等教育领域实施分类评估的有益尝试，为进一步开展分类评估打下了实践基础。我国不同高校在目标定位、教学理念、历史传统、资源建设、教师队伍等方面存在着很大的差异性，迫切需要通过评估引导高校发展其特色，提升高等教育质量。

第二，实施增值评估。增值评估是一种以师生为主体，关注师生的原有基础水平以及阶段教学活动变化，同时兼顾知识、技能、能力和态度的评价

---

① 全国教育科学规划领导小组办公室：《"社会问责视野中的我国高等教育质量评估体系有效性研究"成果报告》，载《大学（学术版）》，2012(10)。

方式。这种评价方法一方面能很好地揭示学校教学质量的本质特征，另一方面以学生的学业成长和进步来评判高等学校的教学。同时，注重学生的水平，以取得的进步而不是标准化的分数来评判学生，这样更能激发学生积极地参与教学活动、自主学习，为实现个体的更好发展而更加努力。与现行的教学评估相比，增值评估是一种更为科学的评价方法，是学校优化教学质量评价、提升教学评价实效性的新选择。在本科教学水平评估中，可采用增值评估的方式，以衡量不同类型院校的发展程度，而不是以统一的标准去衡量所有不同类型院校的水平。注重考查不同院校发展和进步的程度，鼓励不同院校特色发展，更能够体现高等教育质量评估在促进高等教育公平与效率协调发展中的作用。

第三，加强问责。我国高等教育评估体系强调对高等学校本科教学水平的评估，这种教学评估制度实质上是一种政府对高校的问责。但在实际运作上，为了更好地获得本科教学评估运行效果，需建立社会问责制度，由高校外部所有利益相关者根据评估结果，共同参与对高校的问责。这需要政府转变职能，推动社会中介评估机构的建立与发展，促使社会评估机构真正发挥其应有的作用。通过高校自评与外部质量评估相结合的方式，评估和问责并重，促进高校的改进，以全面提升高等教育质量，实现高等教育公平与效率的协调发展。

主要参考资料

一、著作图书

（一）专著

[1]［法］P. 布尔迪约、J.-C. 帕斯隆：《继承人——大学生与文化》，邢克超译，北京，商务印书馆，2002。

[2]［美］阿瑟·奥肯：《平等与效率》，王奔洲等译，北京，华夏出版社，1999。

[3]［美］伯顿·克拉克：《大学的持续变革——创业型大学新案例和新概念》，王承绪译，北京，人民教育出版社，2008。

[4]［美］伯顿·克拉克：《高等教育系统——学术组织的跨国研究》，王承绪等译，杭州，杭州大学出版社，1994。

[5]［美］德里克·博克：《走出象牙塔——现代大学的社会责任》，徐小洲、陈军译，杭州，浙江教育出版社，2001。

[6]［美］雷蒙德·E. 卡拉汉：《教育与效率崇拜——公立学校管理的社会影响因素研究》，马焕灵译，北京，教育科学出版社，2011。

[7]［美］理查德·A. 金、奥斯汀·D. 斯旺森、斯科特·R. 斯威特兰等：《教育财政——效率、公平与绩效（第 3 版）》，曹淑江、孙静、张晶等译，北京，中国人民大学出版社，2009。

[8]［美］理查德·D. 范斯科德、理查德·J. 克拉夫特、约翰·D. 哈斯：《美国教育基础——社会展望》，北京师范大学外国教育研究所译，北京，教育科学出版社，1984。

[9]［美］琼·C. 斯玛特：《高等教育学（第 17 版）》，吴娟等译，南京，江苏教育出版社，2010。

[10]［美］斯蒂芬·J. 鲍尔：《教育改革——批判和后结构主义的视角》，侯定凯译，上海，华东师范大学出版社，2002。

[11][美]亚瑟·M.科恩，卡丽·B.基斯克：《美国高等教育的历程（第2版）》，梁艳玲译，北京，教育科学出版社，2012。

[12][美]约翰·S.布鲁贝克：《高等教育哲学（第3版）》，郑继伟等选译，杭州，浙江教育出版社，2001。

[13][美]约翰·罗尔斯：《作为公平的正义——正义新论》，姚大志译，上海，上海三联书店，2002。

[14]陈欣：《高等教育问责制度国际比较研究》，北京，中央编译出版社，2014。

[15]程星：《细读美国大学》，北京，商务印书馆，2004。

[16]戴晓霞、莫家豪、谢安邦：《高等教育市场化》，北京，北京大学出版社，2004。

[17]顾明远、梁忠义：《世界教育大系·苏俄教育》，长春，吉林教育出版社，2000。

[18]靳淑梅：《教育公平视角下美国多元文化教育研究》，延吉，延边大学出版社，2010。

[19]马和鸣：《新编教育社会学》，上海，华东师范大学出版社，2002。

[20]马健生：《公平与效率的抉择：美国教育市场化改革研究》，北京，教育科学出版社，2008。

[21]唐霞：《英国高等教育质量保证体系》，北京，北京师范大学出版社，2013。

[22]翁文艳：《教育公平与学校选择制度》，北京，北京师范大学出版社，2003。

[23]吴向明：《美国高等院校招生制度研究》，北京，中国社会科学出版社，2008。

[24]吴雪：《英国高等教育质量管理制度变迁研究》，福州，福建教育出版社，2013。

[25]肖甦、王义高：《俄罗斯教育10年变迁》，北京，北京师范大学出版社，2003。

[26]徐国兴：《在效率与公平之间——大学生资助体系中政府定位的中日比较》，上海，上海教育出版社，2009。

[27]杨宝国：《公平与效率：实现公平正义的两难选择》，北京，中国社会科学出版社，2017。

[28]张人杰：《国外教育社会学基本文选》，上海，华东师范大学出版社，2009。

[29]赵勇：《迎头赶上，还是领跑全球：全球化时代的美国教育》，上海，华东师范大学出版社，2010。

（二）期刊文章

[1]白刚、杨光、吴明：《日本高校考试招生政策对弱势群体倾斜情况调研》，载《世界教育信息》，2015(7)。

[2]鲍威：《法人化改革后日本国立大学财政管理体系的重构——从"行政隶属型"向"契约型"的转化》，载《比较教育研究》，2007(9)。

[3]蔡弘、沈阳：《英国高等教育入学公平情况调研》，载《世界教育信息》，2015(4)。

[4]曹如军：《"高等教育效率"概念的理性分析与实然诊断》，载《辽宁教育研究》，2008(3)。

[5]陈德静、周爱国：《高等教育效率问题框架研究》，载《黑龙江高教研究》，2006(10)。

[6]陈锋正：《高等教育效率与公平的逻辑悖论与统一》，载《广西社会科学》，2012(9)。

[7]褚宏启：《教育公平与教育效率：教育改革与发展的双重目标》，载《教育研究》，2008(6)。

[8][美]戴维·拉伯雷：《复杂结构造就的自主成长——美国高等教育崛起探因》，载《北京大学教育评论》，2010(7)。

[9]丁坤、尹婧文：《女性主义视域下的战后日本女子高等教育》，载《山西师大学报(社会科学版)》，2010(5)。

[10]董泽芳：《高等教育公平与效率兼顾论》，载《大学教育科学》，2014(1)。

[11]董泽芳、陈文娇：《论我国高等教育质量标准的多样性与统一性》，载《高等教育研究》，2010(6)。

[12]窦心浩：《日本高等教育机会的地区差异研究》，载《教育与经济》，2011(4)。

[13]杜瑞军：《从高等教育入学机会的分配标准透视教育公平问题——对新中国 50 年普通高校招生政策的历史回顾》，载《高等教育研究》，2007(4)。

[14]范先佐：《关于教育领域公平与效率的抉择》，载《江苏教育》，2009(5)。

[15]范湘萍、周常明：《我国高等教育效率的微观量化测评研究》，载《河南社会科学》，2013(3)。

[16]方芳、刘泽云：《普通高校经费收入结构对生均经费的影响》，载《高等教育研究》，2017(3)。

[17]高益民：《日本国立大学"独立行政法人化"决策过程分析》，载《比较教育研究》，2000(5)。

[18]谷贤林：《在自治与问责之间：美国公立研究型大学与州政府的关系》，载《比较教育研究》，2007(10)。

[19]郭海燕：《高等教育效率与公平问题研究的回顾与展望》，载《天津工程师范学院学报》，2005(1)。

[20]姬璐璐：《美国高等教育内部问责制度探析》，载《外国教育研究》，2009(10)。

[21]靳淑梅、俞爱宗：《职前教师教育的多元文化课程资源开发——美国艾奥瓦大学多元文化课程研究与启示》，载《社会科学家》，2015(1)。

[22][日]金子元久：《大学的经营形态——日本的特征》，教育与经济，2002(2)。

[23]李莉：《社会转型时期高等教育公平问题研究——来自俄罗斯的经验》，载《清华大学教育研究》，2007(4)。

[24]李枭鹰、周孟奎：《论高等教育公平与效率》，载《中国成人教育》，2006(7)。

[25]李雅娟：《浅谈高等教育经济效益提升的制约因素及提升途径》，载《现代经济信息》，2014(6)。

[26]李银华：《少数民族预科教育内涵式发展研究》，载《新西部》，2019(18)。

[27]李志仁：《我国应建立高等教育质量保障体系》，载《高教探索》，2001(2)。

[28]梁显平、林成华：《基于生态学视角的高等教育体系失衡问题研究》，载《高教探索》，2020(3)。

[29]林华开：《试析弗里德曼经济伦理思想中的自由观、效率观及平等观》，载《湖北经济学院学报》，2010(7)。

[30]林杰：《加州大学平权法案危机的政策分析与组织模型》，载《高等教育研究》，2013(2)。

[31]卢彩晨：《日本缩小不同阶层子女高等教育入学机会差异研究——基于高等教育大众化视角》，载《复旦教育论坛》，2006(4)。

[32]马宇：《美国残疾人高等教育支持体系的特点及其启示》，载《现代特殊教育》，2012(6)。

[33]潘懋元：《公平与效率：高等教育决策的依据》，载《北京大学教育评论》，2003(1)。

[34]秦璟：《俄罗斯170万学生将继续享受公费助学金》，载《世界教育信息》，2013(9)。

[35]全国教育科学规划领导小组办公室：《"社会问责视野中的我国高等教育质量评估体系有效性研究"成果报告》，载《大学(学术版)》，2012(10)。

[36]任登波：《对高等教育公平与效率关系的再思考》，载《经济研究导刊》，2013(28)。

[37][日]山本清：《日本大学财政的结构和课题——以国立大学为中心》，载《教育与经济》，2002(2)。

[38][日]佐藤孝弘：《日本教育不公平问题分析》，载《教育与经济》，2010(2)。

[39]史瑞杰、梁晓琴：《在张力中实现高等教育效率与公平的动态平衡》，载《理论月刊》，2006(2)。

[40]孙进：《德国博士后科研后备人才资助：机构、形式与特点》，载《河北师范大学学报(教育科学版)》，2013(10)。

[41]孙进：《德国促进基础教育均衡发展的政策分析》，载《教育发展研究》，2012(7)。

[42]孙进：《由均质转向分化？——德国高等教育的发展趋向分析》，载《比较教育研究》，2013(8)。

[43]王红：《论高等教育公平的内涵》，载《现代教育论丛》，2001(4)。

[44]王景枝：《美国公立高等教育绩效问责制的成效分析》，载《高等工程教育研究》，2011(4)。

[45]王硕旺、黄敏：《公立大学如何回应社会问责——基于美国加州大学年度问责报告的比较研究》，载《中国高教研究》，2014(7)。

[46]王伟宜、桂庆平：《高等教育机会获得的性别不平等及其变化(1982—2015)》，载《清华大学教育研究》，2020(1)。

[47]汪文超：《美国：无平权法案的多元化目标，值否？》，载《比较教育

研究》，2013(8)。

[48]王晓辉：《法国工程师教育研究》，载《清华大学教育研究》，2013(2)。

[49]王晓辉：《法国公民教育的理论与当前改革》，载《教育科学》，2009(3)。

[50]王晓辉：《法国"面向 2010 年的新高中"的解析与思考》，载《比较教育研究》，2010(6)。

[51]王晓辉：《关注教育平等》，载《教育学报》，2005(03)。

[52]王晓辉：《试论我国教育演进过程中三重价值取向的交互作用》，载《北京师范大学学报(社会科学版)》，2012(04)。

[53]魏建国：《美国〈高等教育法〉修订与高等教育财政改革》，载《北京大学教育评论》，2008(4)。

[54]卫静：《基于"发展"的高等教育效率观》，载《民办教育研究》，2007(4)。

[55]吴佶园：《高等教育效率探析》，载《科教纵横》，2011(11)。

[56]吴向明：《美国高校招生的公平与效率研究》，载《比较教育研究》，2008(10)。

[57]吴遵民：《日本高等教育改革的现状与问题——访日本比较教育学会会长马越徹教授》，载《全球教育展望》，2004(6)。

[58]肖美良：《高等教育效率、效果、效益理论辨析及实践研究》，载《黑龙江高教研究》，2012(7)。

[59]谢再莲、詹淑兰：《女子高校专业设置与优化问题探究》，载《企业导报》，2015(5)。

[60]许丽英、袁桂林：《我国高等教育效率的社会学考察》，载《现代教育科学》，2007(1)。

[61]薛天祥：《高等教育公平和效率的内涵及其关系》，载《高等教育研究》，1998(4)。

[62]杨德广、张兴：《关于高等教育公平与效率的思考》，载《北京大学教育评论》，2003(1)。

[63]袁名伟：《试析比较视界下的高等教育效率》，载《黑龙江高教研究》，2012(8)。

[64]臧佩红：《战后日本女子教育的发展及启示》，载《南开学报(哲学社会科学版)》，2012(2)。

[65]赵晓梅、刘少雪：《处理高等教育效率与公平问题的系统方法》，载《复旦教育论坛》，2003(4)。

[66]赵鑫、周冠环：《英国追求高等教育机会公平的经验及启示》，载《高教发展与评估》，2014(3)。

[67]赵中建：《21世纪世界高等教育的展望及其行动框架——1998世界高等教育大会概述》，载《上海高教研究》，1998(12)。

[68]郑银华、姚利民：《对高等教育效率的思考》，载《大学教育科学》，2006(2)。

[69]中国驻德国大使馆教育处：《德国调查报告显示：高等教育公平仍面临严峻挑战》，载《世界教育信息》，2013(17)。

[70]张安富、靳敏、施佳璐：《高等教育质量与水平及相关概念辨析》，载《高等教育研究》，2009(11)。

[71]张德伟：《日本新〈教育基本法〉(全文)》，载《外国教育研究》，2009(3)。

[72]张帆：《卓越计划——世界一流大学建设的德国模式》，载《大学：研究与评价》，2008(2)。

[73]张倩：《英国大学内部治理结构及其启示》，载《当代教育科学》，2010(1)。

[74]张苏：《责任与效益——美国高等教育新问责制的兴起、发展与趋势》，载《比较教育研究》，2008(7)。

[75]周海燕、周景辉：《美国大学的多元文化教育及其启示》，载《外国教育研究》，2011(9)。

(三)学位论文

[1]冯晓艳：《美国基础教育领域教育机会均等问题的历史研究》，硕士学位论文，福建师范大学，2009。

[2]黄英兰：《阿伊努民族文化保护与传承研究》，博士学位论文，中央民族大学，2013。

二、外文文献

(一)专著

[1]Beaud，*Refonder l'université*，Paris，La Découverte，2010.

[2]Autorengruppe Bildungsberichterstattung，*Bildung in Deutschland 2014*，Wiesbaden，Statistisches Bundesamt，2014.

[3]Bülow-Schramm M.，*Qualitätsmanagement in Bildungseinrichtungen*，Münster，Waxmann，2006.

[4]Chapman D. W. and Austin，A. E.，*Higher Education in the De-*

veloping World，Westport，Greenwood Press，2002.

［5］Collectif，*Larousse-Dictionnaires de la langue français*，Paris，Larousse，1998.

［6］KMK（Hrsg.），*Das Bildungswesen in der Bundesrepublik Deutschland* 2009，Bonn，KMK，2009.

［7］Middendorff E.，Apolinarski B.，Becker K.，Bornkessel P.，Brandt T.，Heißenberg S. und Poskowsky J.，*Die wirtschaftliche und soziale Lage der Studierenden in Deutschland* 2016. Hannover，HIS-Institut für Hochschulforschung，2017.

［8］Mittag S.，*Qualitätssicherung an Hochschulen. Eine Untersuchung zu den Folgen der Evaluation von Studium und Lehre*，Münster，Waxmann，2006.

［9］Young M.，*The Rise of the Meritocracy*，Londres，Thames and Hudson，1958.

（二）期刊文章

［1］Chowdry H.，Dearden L.，Goodman A. and Jin，W.，"The Distributional Impact of the 2012－2013 Higher Education Funding Reforms in England"，*Fiscal Studies*，2012（2）.

［2］Cowan J.，"Effectiveness and Efficiency in Higher Education"，*Higher Education*，1985（3）.

［3］Euriat M. et Thélot J. C.，"Le recrutement social de l'élite scolaire en France，évolution des inégalités de 1950à 1990"，*Revue Française de Sociologie*，XXXVI，1995.

［4］Gurin P.，Dey E.，Hurtado S. and Gurin，G.，"Diversity and Higher Education：Theory and Impact on Educational Outcomes"，*Harvard Educational Review*，2002（3）.

［5］Jean-Claude F.，"Raymond Boudon-L'inégalité des chances. La Mobilité Sociale dans les Sociétés Industrielles"，*Revue Française de Pédagogie*，1975（32）.

（三）报告

［1］Coleman J. S.，el al.，*Equality of Educational Opportunity*，Washington DC，U. S. Department of Health，Education and Welfare & National Center for Educational Statistics，1966.

　　[2]Kerst C. und Schramm M. ，*Der Absolventenjahrgang* 2000/2001，
Berufsverlauf und aktuelle Situation. Hannover，HIS，2008.

　　[3]National Commission on Excellence in Education，*A Nation at Risk：
The Imperative for Educational Reform*，Washington DC，U. S. Department
of Education，1983.

　　[4] Schreyer F. und Hummel M. ，*Eckdaten zum Arbeitsmarkt von Per-
sonen mit Fachhochschulabschluss*，Nürnberg，Institut für Arbeitsmarkt-und
Berufsforschung，2009.